유튜브 7초에 승부하라

백만 조회수
영상 만드는
유튜브 마케팅 비법

유튜브 7초에 승부하라

팀 스테이플스 · 조시 영 지음 이윤진 옮김

매일경제신문사

아무도
신경 쓰지 않는다

자, 아무도 신경 쓰지 않는다. 일단 이걸 아는 것이 매우 중요하다. 당신이 방금 올린 영상, 어젯밤 인스타그램에 올린 사진, 특히 당신의 브랜드가 내보내는 광고 영상에는 아무도 신경 쓰지 않는다. 정말 누구도 관심을 두지 않는다.

개인적인 생각이 아니라 소셜미디어와 디지털미디어가 폭발적으로 성장하고, 자고 일어나면 수백만 개의 콘텐츠가 쏟아지는 것이 냉혹한 현실이다. 사람들은 메시지 폭격에 시달린 나머지 아무것도 듣지 않으려 한다. 그러므로 당신의 영상이 아무리 그럴 듯한 메시지를 잘 담아냈더라도 산만하고 혼란스러운 인터넷 눈사태에 곧 파묻힐 운명이다. 이것이 인터넷 세계의 현실이다.

하지만 주목받을 방법이 있다. 주요 브랜드와 작은 기업, 심지어 개인도 이 무관심의 벽을 뚫고 구글과 페이스북, 유튜브, 인스타그램 같은 지배적인 소셜 플랫폼들이 자신을 위해 일하도록 만들 방법이 있다. 사람들이 주목하게 만드는 비결은 기본적인 인간 감정을 이해하고 활용하며, 인터넷에서 먹히는 방법의 역학관계를 터득하는 데 있다.

그 과정은 전혀 이론적이지 않다. 실제 작동하는 것에 기반을 둔 실용적이고 유용한 방식이다. 이 방식만 이해한다면 당신도 1,900억 달러 규모의 광고 산업을 강타하고 미디어 환경을 바꾸고 있는 온라인 스토리텔링 혁명에 한 자리를 차지할 수 있다.

하지만 먼저 소개부터 해야겠다. 우리 회사 셰어러빌리티(www.shareability.com)는 인터넷 소음을 돌파하고 사람들이 콘텐츠를 볼 뿐만 아니라 그 콘텐츠를 공유하게 만드는 방법의 암호를 해독해온, 무척 강력한 콘셉트를 지닌 콘텐츠 마케팅 회사다. 우리가 제작하는 영상들은 폭넓은 인기를 얻고 있고 대체로 독특하지만, 단지 '좋아요Like'를 얻는 미끼 이상의 의미가 있다. 우리의 영상은 공감대를 형성하는 스토리를 담고 있다. 영상을 보는 즉시 친구들과, 친구의 친구들과, 친구가 되고 싶은 사람들과 공유하고 싶은 인간적인 충동을 느끼도록 만들어졌다.

마케터들이 알고 있는 가장 믿을 만한 판매 기법은 동시에 가장 활용하기 어려운 것이기도 하다. 바로 입소문word of mouth이다. 연구에 따르면 약 90퍼센트의 사람들이 가족이나 친구의 추천을 신뢰하는 것으로 나타났다. 개인적 추천이 마케팅의 묘약이 된 것이다. 마케팅 통념상 입소문은 측정할 수 없는 것이었다. 그러나 기술과 소셜 미디어의 급격한 발전 덕분에 이 통념은 더는 통하지 않게 되었다.

우리 회사는 콘텐츠를 제작하고 배포하는 과정을 통해 입소문을 측정하는 효과적인 방법을 알아냈다.

이 방법이 효과적임을 보여주는 몇 가지 숫자가 있다. 우리가 펩시Peps, 어도비Adobe, 하얏트Hyatt, 올림픽대회Olympic Games 같은 주요 브랜드를 위해 제작한 영상은 50억 건 이상의 조회와 5,000만 건 이상의 공유, 10만 개 이상의 기사를 만들어냈다. 많은 브랜드가 '번개를 유리병에 담는' 기적처럼 단 하나라도 성공적인 바이럴 영상을 만들길 꿈꾼다. 하지만 우리는 그 어려운 일을 계속해내고 있고 그 과정에서 우리를 부정적으로 보는 시선은 단호히 거부해왔다.

흥미로운 부분은 이 영상들이 사실 마케팅 도구라는 것이다. 크고 작은 브랜드가 새로운 고객을 찾고 그 고객이 행동하도록 유도하는 것이 영상의 핵심이다. 우리 회사는 유기적 공유성shareability을 극대화한 영상과 게시물을 제작하고 이를 배포할 때 페이스북이나 다른 소셜 미디어 플랫폼을 활용해왔다. 주요 브랜드들이 통상 지출하는 비용의 극히 일부만으로도 가능했다.

온라인상 콘텐츠 공유는 현재 브랜드가 고객과 의미 있는 관계를 형성하는 단 하나의 가장 효과적인 방법이다. 가장 가치 있는 콘텐츠를 제작하고 이 콘텐츠를 중심으로 가장 활발한 커뮤니티를 구축하는 일이 누군가에게는 수천 건의 조회 수나 수백만 달러의 가치가 될 수 있다. 오늘날 이런 콘텐츠를 제작하고 커뮤니티 관계를 구축하는 일은 이전보다 비용이 적게 들지만 훨씬 효과적이다. 단, 온라인 스토리텔링이 실제로 어떻게 작동하는지 이해한다면 말이다.

그럴듯하게 들린다. 하지만 마케팅 인력이 많지 않거나 당신이 실험하고 배우도록 기꺼이 지원하는 든든한 투자자가 없다면 어떻게 해야 할까? 사실 그건 문제가 아니다. 나도 둘 중 하나라도 갖추고 시작했던 것은 아니다.

현실적으로 당신은 충분히 성공할 수 있다. 크기에 상관없이 브랜드를 구축하고 알리는 데 적용할 수 있는 보편적 원리가 있기 때문이다. 가장 최근에 페이스북 알고리즘에 생긴 백만 번째 변경을 알 필요도 없다. 사실 온라인 세계의 전술들은 쉽게 구식이 되지 않는다. 오히려 페이스북 같은 소셜 플랫폼이 왜 만들어졌고 어떻게 작동하며 어떻게 당신을 위해 일하게 만들 수 있는지에 관한 철학을 알면 된다.

이 책은 페이스북에 중복하여 게시할 수 있는 84개의 버튼이나 영상을 퍼트리는 유튜브 알고리즘 해킹 방법 따위를 알려주지는 않는다. 오히려 이해하기 쉬운 몇 가지 개념에 초점을 맞춘다. 해킹 방법은 매일 변하지만 그 개념은 쉽게 변하지 않는다. 이 개념은 3년 전에도 우리 사업을 추진시켰고 3년 후에도 여전히 작동할 것이다. 주요 플랫폼에서 지금도 일어나고 있는 미묘한 차이 하나하나와 디지털 빵 부스러기에 불과한 사소한 변화만을 보고 계속 쫓아갈 수는 없다.

무척 간단한 일이다. 물론 훨씬 복잡한 것도 많다. 앞으로 우리는 현재 인터넷의 역학관계 속으로 깊이 들어가 소음과 혼란을 뚫고 당신의 메시지를 확실히 전달할 방법을 살펴볼 것이다. 이 책에서 다루는 아홉 가지 규칙을 통해 우리는 공유성이라는 강력한 개념을 완전히 파악할 것이다. 사람들의 공유 행동 뒤에 있는 심리를 이해하며, 궁극적으로 전통적인 광고 예산의 일부만 가지고 글로벌 브랜드를 출시할 수 있는 가치 있는 콘텐츠 사용 방법을 배우게 될 것이다.

이 아홉 가지 규칙을 이해하고 당신의 메시지나 브랜드에 적용해보아라. 무성한 전자 수풀을 헤치고 나가기보다 인터넷이 당신을 위해 일하도록 만들어라. 어떤 메시지라도 이 방법만 알면 수백만 명의 사람들이 보고 듣게 할 수 있다. 그 메시지가 누구에게 온 것인지는 중요하지 않다. 지역사회 활동가나 가수, 또는 성공할 만한 아이디어가 있는 누구라도 상관없다.

간단히 말해 이 책은 수백만 명의 사람에게 도달할 수 있는 활발하고 강력한 브랜드를 구축할 방법을 찾는 사람을 위해 쓰였다. 노트북 앞에서 그저 누군가와 말을 하고 싶은 10대든, 투자자를 설득하려는 기업가든, 좀 더 많은 고객을 만들려는 소상공인이든, 스타가 되고 싶은 유튜버든, 글로벌 500대 기업의 CEO든 이 공유성의 아홉 가지 규칙을 이해하고 실행해봐라. 당신이 전하고자 하는 바가 소음을 뚫고 상상 이상의 결과를 얻는 데 도움을 줄 것이다. 적어도 최악의 상황에 빠지지는 않을 것이다. 아무도 당신의 콘텐츠를 신경 쓰지 않는다는 것을 깨닫게 되는 상황 말이다.

1짱

공유할 만한
영상을 제작하라

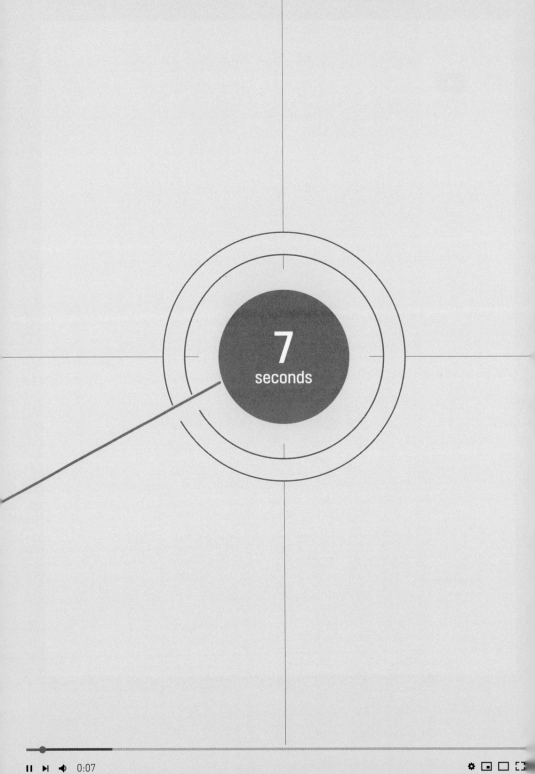

공유성의 힘을
활용하라

큰일이다. 나는 마드리드의 한 호텔 스위트룸 밖에 서 있었다. 한 겨울이었지만 얼굴에 땀이 비 오듯 흘렀다. 호텔방 반대편에는 세계적인 축구 슈퍼스타이자 세상에서 가장 유명한 사람 중 하나인 크리스티아누 호날두가 있었다.

방금 나는 호날두에게 쫓겨났다. 머리를 빨리 굴려보았다. 오늘은 내 경력에 한 획을 그을 만한 날이었지만 갑자기 최악의 날로 변하는 중이었다. 어두운 복도에 앉아 문틈으로 쏟아져 나오는 언성을 높여 나누는 포르투갈어 대화 소리를 들으며 오직 한 가지 생각에 휩싸였다. 우리가 너무 심했나?

이때는 2015년이었고 최근 몇 년 동안 가장 히트한 바이럴 영상 뒤에는 우리 회사 셰어러빌리티가 있었다. 우리는 새로운 영상을 제작할 때마다 더욱 큰 한계에 도전했고 그 결과 국제적인 주목을 받게 되었다. 그리고 마침내 호날두 팀과 만나 새로운 브랜드를 출

⑦
seconds

변장한 호날두Ronaldo in Disguise

이 영상은 인터넷 역사상 가장 짧은 시간에 조회 수 3,000만 뷰를 달성한 브랜드 영상이
되었고 누적 조회 수는 1억 뷰를 넘겼다.

시하는 사업을 함께하게 된 것이다.

　그런 이유로 우리는 호날두의 헤드폰 브랜드 ROC의 광고 영상을 촬영하러 마드리드에 와 있었다. 사실 우리가 좀 지나쳤다. 호날두 측에 일반적인 상업광고 대신 엉뚱하고 위험한 제안을 한 것이다. 그를 노숙자로 변장시켜 스페인에서 가장 복잡한 광장 한복판에서 구걸을 시킬 참이었다. 알다시피 사람들이 그를 금방 알아보고 몰려들 것이기 때문에 물론 정상적으로는 그를 광장에 걸어 들어가게 할 수 없었다. 당연히 호날두 정도로 명성 있는 슈퍼스타들 대부분은 이런 모험을 감행하려 하지 않을 것이다. 하지만 다행히도 호날두에게는 수많은 유명인들 가운데 그를 돋보이게 만드는 것이 무엇인지 잘 알고 있는 똑똑한 매니저 리카르도가 있었다.

18　　▶ 유튜브 7초에 승부하라

그러나 호날두가 촬영장에 도착했을 때 뭔가 달라졌다. 만약의 경우 광장의 안전을 위해 우리가 고용한 전직 모사드 출신 경호원 여섯 명의 무서운 얼굴을 봤기 때문일까? 아니면 그냥 기분 나쁜 하루를 보냈기 때문일까? 어찌 되었건 지금 그는 모든 것을 심각하게 다시 생각하는 중이고 나는 복도에서 꼼짝달싹하지 못한 채 8초에 한 번씩 이마를 닦으며 평정심을 유지하려고 사투를 벌이는 중이다.

몇 시간처럼 느껴지는 몇 분이 지났다. 마침내 문이 활짝 열리고 전 세계에 CR7이라고 알려진 남자가 걸어 나왔다. 그는 나를 쳐다보며 엄지손가락을 치켜올리더니 의상 팀 쪽으로 발걸음을 옮겼다.

촬영이 진행되었다. 그 결과로 얻은 "변장한 호날두Ronaldo in Disguise" 영상은 즉시 바이럴 센세이션을 일으켰다. 이 영상은 인터넷 역사상 가장 짧은 시간에 조회 수 3,000만 뷰를 달성한 브랜드 영상이 되었고 누적 조회 수는 1억 뷰를 넘겼다. 또한 그해 세계적으로 가장 많이 공유된 광고로 기록되었고, 애플, 삼성, 펩시 같은 글로벌 브랜드의 성공을 뛰어넘었다. 이 영상이 발표되기 전날 밤만 해도 누구도 들어본 적이 없는 브랜드였다.

이 과정에서 우리는 세계적인 스타와 함께 공유성shareability이라는 개념에 세계가 주목하도록 했다. 공유성은 콘텐츠가 온라인에서 어떻게 그리고 왜 공유되는지에 관한 것이다. 또한 공유성은 인터넷상 의미 있는 성공의 핵심에 있는 개념이고 내가 회사 이름으로 쓸 정도로 굳게 믿는 개념이기도 하다. 이 책에서는 엄청난 결과를 만들어내는 공유성의 힘과 이를 수용하고 사용하는 방법을 설명한다. 하지만 이 개념을 제대로 이해하려면 먼저 우리가 어떻게 여기까지 왔는지 살펴보고 우리가 사는 세상의 현실을 직시해야 한다.

일방적인 대화는
끝났다

30년 전 그러니까 인터넷이 나타나기 전 우리는 지금과는 사뭇 다른 세상에 살았다. 텔레비전이 지배적인 매체였고, 휴대전화로 콘텐츠를 만들고 공유하는 것처럼 오늘날 당연하게 생각하는 일들은 공상과학 소설에나 나올 법한 개념이었다. 1989년에 국내든 국외든 소비자에게 메시지를 전달하고 제품을 광고하려면 기본적으로 한 가지 선택밖에 없었다. 비싼 제작사를 고용하여 더 비싼 광고를 제작한 다음 수백만 달러를 들여 텔레비전이나 라디오 광고를 통해 메시지를 내보내야 했다. 광고의 대상은 텔레비전을 켰을 때 우연히 그 채널을 보는 사람들이었다.

만약 수백만 달러가 없다면 어떻게 해야 할까? 그렇다면 당신은 그냥 운이 없는 거다. 그 시대에 모든 미디어의 '파이프'는, 텔레비전과 라디오에서부터 인쇄 지면이나 광고판에 이르기까지, 주요 미디어 기업들이 통제했고 이 파이프에 접근하려면 누구든지 큰돈을 지불해야 했다. 심지어 텔레비전을 위한 콘텐츠를 제작하기 위해서는 비싼 장비가 필요했다. 결국 규모가 큰 기업이나 돈 많은 개인이 아니면 감당하기 힘들었다.

이런 현실 속에서 전통적인 광고에 돈 쓸 능력이 있는 기존의 기업들을 위해 독점 시장이 만들어졌다. 1980년대와 1990년대에 주요 기업들은 일 년에 수억 달러를 쉽게 지출했다. 포천 500대 기업만 따져도 전통적인 광고에 수백억 달러를 지출했고 이 비용은 대부분 텔레비전 광고로 들어갔다. 예컨대 2000년도에 미국의 대표적인 식품 기업 제너럴밀스는 광고 예산의 94퍼센트를, 코카콜라는 87퍼센트를, 세계 최대 맥주 기업 안호이저 부시는 86퍼센트를 텔레비전 광고에 사용했다.

이 시스템은 혁신을 불가능하게 하고 자본이 없는 브랜드에 기회를 차단하는 역할을 했다. 높은 진입 비용 때문에 새로운 브랜드나 아이디어가 시장에 진출하기란 극도로 어려웠다. 간단히 말해 개인은 말할 것도 없고 소규모 기업이 광범위하게 메시지를 전달할 방법이 전혀 없었다.

그러나 새로운 기술과 인터넷이 등장하면서 모든 것을 바꾸어 놓았다. 디지털 비디오 녹화기 티보처럼 광고 차단 기능이 있는 기기들이 텔레비전 광고를 방해하기 시작했다. 사람들의 관심이 온라인으로 옮겨가면서 TV 시청률 또한 천천히 그러나 지속적으로 감소했다.

사실 인터넷은 훌륭한 이퀄라이저equalizer(사람이나 사물을 평등하게 만드는 것)였다. 인류 역사상 최초로 사람들은 매일 자신의 메시지를 전국적으로 심지어 세계적으로 전달할 수 있는 강력한 파이프에 평등하게 접근할 수 있었다.

한 걸음 나가 기술은 수백만 명의 손에 스마트폰을 쥐여 주었다. 모바일 시청이 폭발적으로 늘어났다. 특히 밀레니얼 세대는 콘텐츠 대부분을 휴대전화로 시청하고 30분짜리 텔레비전 프로그램 대신 3분짜리 동영상으로 몰려갔다. 기본적으로 스마트폰은 휴대용 영화 스튜디오였다. 전문가 수준의 콘텐츠를 제작할 뿐 아니라 새로운 인터넷 파이프로 급성장하는 소셜 플랫폼에 콘텐츠를 내보낼 수 있었다.

이건 광고계의 기득권층에게 대혼란을 가져왔다. 주요 브랜드들은 급격한 변화에 어리둥절하거나 당황했고, 페이스북과 유튜브부터 훌루, 스냅챗 같은 틈새 소셜 플랫폼을 포함하는 새로운 세상에서 길을 찾을 준비를 제대로 하지 못했다. 텔레비전 광고라는 믿음직한 확성기의 강력한 지원이 사라지자 글로벌 500대 기업의 브랜드 정체성은 쇠퇴하기 시작했다. 주된 원인은 이들 기업이 고객과 연결하는 방법을 몰랐기 때문이다. 이들은 수십 년 동안 일방적인 대화에 수십억 달러를 쏟아부었을 뿐 지금 요구되는 방식으로 고객과 접촉한 적이 없었다.

그러나 혼란이 있는 곳에 기회도 있기 마련이다. 마케터들에게 이 상황은 텔레비전 출현 이래 가장 큰 기회였다. 인터넷을 통해 사람들에게 직접 접근할 수 있기 때문이었다. 인터넷은 콘텐츠를 민

주화했고 누구든지 모든 사람에게 도달할 수 있는 길을 열었다.

한동안 이 새로운 세상의 질서는 정말 달콤했다. 인터넷 콘텐츠 초기에는 경쟁이 심하지 않았다. 2005년 유튜브가 나왔을 때 가장 큰 문제는 이 플랫폼에 올릴 만한 것이 전무했다는 것이었다. 아이폰은 그 이후 2년이 지난 뒤에야 만들어졌다. 또한 당시 페이스북은 대학생들만 이용할 수 있었고 일반인은커녕 브랜드가 자체 콘텐츠를 만들고 게시한다는 생각은 완전히 딴 세상 이야기였다. 이런 까닭에 그 시절 온라인에서 이용할 수 있는 콘텐츠는 대부분 평범하거나 아니면 형편없이 만들어졌다. 따라서 브랜드나 개인이 뭔가 독특한 것을 일단 만들기만 하면 널리 공유되고 커다란 관심을 끌었다.

사람들은 영상을 보면 친구들과 공유했고 덕분에 참여가 급격히 증가했다. 그러면 유튜브 알고리즘은 이 콘텐츠를 더 많이 소개하도록 변경되었고 그것으로 인해 시청자 수와 참여가 더욱 증가했다. 일단 어떤 콘텐츠를 수백만 명이 보면 블로그나 디지털 언론이 시류에 편승하여 그 영상을 최신 트렌드나 인터넷 화젯거리로 보도했다. 덕분에 순위는 더 높이 올라갔다.

단순하지만 아름다운 순환이었다. 독특한 영상은 엄청난 힘과 함께 빠른 속도로 웹에서 공유되었다. 이런 현상을 설명하기 위해 새로운 용어도 만들어졌다. '바이럴 마케팅'이 탄생한 것이다.

바이럴에서
셰어러빌리티로

사실 '바이럴viral'이 단순히 바이러스를 의미하던 시절도 있었다. 이 다른 생물에 기생하는 작디작은 미생물은 숙주를 감염시킬 뿐 아니라 새로운 숙주로 전염되는 더 중요하고 우월한 능력을 개발하게 된다. 이렇게 작은 생명체가 이토록 빨리, 이처럼 많은 사람에게 확산될 수 있다는 생각은 매우 강력했고, 짧은 영상이 들불처럼 번지기 시작할 때 이 현상을 설명하기 위해 바이럴이라는 단어가 선택되어 그대로 자리를 잡았다. 이 개념에는 현대의 시대정신이 너무 깊이 박혀 있어 이제 사람들은 바이럴이라는 말을 들으면 영상을 먼저 떠올리고 그다음에 전염병을 생각하게 되었다.

2008년 무렵부터 2015년까지 인터넷 사용자가 수억 명으로 증가하자 바이럴 영상은 큰 인기를 얻었다. 특히 사람들이 친구들에게 이메일이나 문자를 보낼 때 바이럴 영상이 퍼지기 시작했다. "우와! 이거 끝내줘. 꼭 봐야 해!" 첫 번째 사람이 다음 사람에게 영상을 보내고 그렇게 계속 전달되다 보면 경쟁적으로 봐야 하는 것처럼 되어 버렸다. 그 입소문의 여파가 너무 큰 나머지 불타오르는 훌라후프를 강아지가 뛰어넘는 괴짜 동영상을 아직 보지 못했다면 어떻게든 하루빨리 온라인에서 찾아봐야 할 상황이 되어버렸다.

초기 유튜버들이 성공하자 브랜딩도 달라졌다. 스마트폰을 보며 자란 밀레니얼 세대가 텔레비전을 외면하고 인터넷의 독창적이고 엽기적인 콘텐츠로 옮겨갔다. 그러자 자수성가한 미디어 스타라는 새로운 세대가 탄생했다. 이 시기에는 발견 감각이 중요했다. 젊은 이들은 현실과 동떨어진 미디어 기업에 강요받기보다 자신들이 새로운 인재를 발굴한다는 느낌을 즐겼다. 그리고 이 새로운 인재의 성공에 관심을 쏟는 시청자들이 형성되었다.

유튜버들이 놀라운 가능성을 보여주자 주요 브랜드들도 같은 일에 뛰어들었다. 바이럴 영상을 제작하고 팔로워 커뮤니티를 구축하는 일이었다. 인터넷에서 이루어지는 브랜드 홍보는 모두 바이럴에 초점이 맞춰졌다. 가능한 한 많은 사람에게 광고가 노출되도록 수백만 달러가 쓰였다.

2005년 4월 23일 유튜브에 최초로 동영상이 업로드되었을 당시만 해도 동영상 카메라를 가지고 있는 사람은 많지 않았다. 그때 기준으로 혁명적인 데이터 전송 방식이었던 브로드밴드broadband를 이용할 수 있는 사람 또한 많지 않았다. 하지만 2018년에는 13억 명 이상의 사람들이 유튜브를 이용하고, 하루 50억 개의 영상을 시청하며, 1분에 300시간 분량의 영상이 올라오는 놀라운 속도로 새로운 콘텐츠가 업로드되었다. 불과 십여 년이 지난 거지만 세상은 급속도로 바뀌었다.

모든 사람이 손끝으로 이용할 수 있는 콘텐츠가 이토록 많다 보니 세상은 엄청나게 시끄러운 곳이 되었다. 사람들은 매일 5,000개 이상의 온라인 광고에 노출되는 콘텐츠 폭격을 받고 있다.

광고계에 까다로운 문제가 또 생긴 것이다. 대다수 사람이 기존 광고에 질려버려 면역이 생겼을 뿐 아니라 이런 소음을 걸러내는 데 매우 노련하고 능숙해졌기 때문이다. 페이스북 같은 플랫폼에서 사람들은, 데이팅앱 틴더에서 날아오는 데이트 신청에 대응하듯 순간적인 직감에 따라 손끝으로 화면을 어느 쪽으로 넘길지 결정한다. 유튜브에서 잠깐 멈춰 광고를 볼 수밖에 없는 시간은 '광고 건너뛰기' 버튼을 기다리는 단 3초뿐이다. 그마저도 재빨리 확인한 다음 클릭해서 광고 영상을 없애버린다. 이런 사용자 행동이 주요 소셜 네트워크의 알고리즘에 추가되면 당신의 게시물을 보는 사람 수가 제한되고 따라서 많은 사람의 관심을 얻기 더 어려워진다.

주목받지 못한다는 말이다. 주의집중 시간이 사라진 세상에서는 바이럴리티virality(이미지 혹은 비디오가 급속하게 유포되는 상황)의 가치도 줄어든다.

츄바카 맘을 기억하는가? 차 안에서 콜스 백화점에서 산 츄바카 마스크를 쓰고 그런 자신을 보며 깔깔대며 웃는 동영상을 찍었던 여성 말이다. 2016년 당시 이 영상은 페이스북 라이브 스트리밍에서 가장 큰 인기를 얻었다. 1억 6,200만 명이 본 이 영상은 그 해 1

7 seconds

츄바카 맘 Chewbacca Mom

2016년 5월 19일 페이스북 캔디스 페인 채널에 라이브 스트리밍된 이 영상은 1억 6,200만 명이 시청했고 그해 1위 영상에 오를 만큼 선풍적인 인기를 끌었다. 하지만 그 명성의 유통기한은 2주 정도였다.

위를 차지했고 2위를 차지한 영상의 두 배가 넘는 조회 수를 기록했다.

츄바카 맘은 인터넷에서 선풍적인 인기를 얻었고 인기 TV 토크쇼 〈더 레이트 레이트 쇼The Late Late Show〉에 출연하는 한편 그녀의 인기에 편승하려는 다양한 기업으로부터 수백만 달러의 특전을 받았다. 하지만 그 명성의 유통기한은 2주 정도였다. 그 후 그녀는 자신의 일상으로 돌아갔고 그렇게 선풍적이었던 그녀의 이름을 기억할 사람이 지금은 거의 없을 것이다. 바이럴이 아무런 도움이 되지 않을 때도 있다. 그렇다면 브랜드는 어떻게 인터넷 세상의 역학 관계를 수용하고 이 모든 소음을 뚫고 자신의 이름을 알릴 수 있을까?

대답은 간단하다. 공유할 수 있어야 한다. 공유 가능하다는 것은 콘텐츠를 보는 사람이 친구들과 공유할 수밖에 없을 정도로 높은 가치가 있는 콘텐츠를 제작하는 것을 의미한다. 그러려면 무엇을 팔려 하기 전에, 우선 콘텐츠를 볼 사람을 가장 앞에 놓고 이들과 관계를 형성하려는 사고방식이 필요하다. 이것은 본질적으로 전통적인 광고와 반대되는 접근방식이다. 이 책에서 배우게 되겠지만 공유성을 이해하고 공유를 유도하는 행동은 당신이 브랜드를 위해 할 수 있는 가장 가치 있는 일이다.

미디어 가치 지수 보고서Ayzenberg Earned Media Value Index Report를 발표하는 아이젠버그 그룹에 한번 물어보라. 소셜미디어 반응이 브랜드에 제공하는 가치를 정량화할 목적으로 작성되는 이 보고서는 사람들이 다양한 소셜 플랫폼에서 하는 '좋아요', '공유', '댓글' 같은 다양한 행동을 달러로 가치를 매기고 있다. 예컨대 2018년에 아이젠버그 그룹은 소셜 플랫폼의 공유당 가치VPS, value per share를 산정하여 텀블러에 2.58달러, 페이스북에 2.14달러, 트위터 1.68달러, 유튜브 0.91달러 그리고 핀터레스트에 0.10달러를 부여했다.

공유는 가장 욕심낼 만한 행동이다. 프리미엄이 가장 많이 붙고 가치도 제일 높다. 그 이유는 시청자를 브랜드 홍보대사로 전환해주기 때문이다. 이들은 브랜드가 전달하는 메시지를 친구들에게 무언으로 추천한다. 이 입소문 지지는 항상 광고의 황금률이었다. 가장 가치 있기 때문이다.

공유 가능하다는 것은 사람들이 클릭하여 영상을 닫거나 건너뛰기보다 영상을 보려고 하는 단계로 더 가까이 가게 만드는 일이다.

모든 소셜 플랫폼은 공유라는 개념을 기반으로 만들어졌고 기본적으로 공유가 잘 되는 콘텐츠를 홍보한다. 플랫폼 사용자들은, 제대로만 만들어졌다면, 당신의 브랜드 메시지를 공유할 것이다.

이것은 무척 역동적인 개념이다. 사람들이 브랜드 메시지를 공유하는 것은 최상의 입소문 마케팅이다. 당신을 위해 마케팅해줄 사람을 얻는 것이다. 당신은 그들에게 가치 있는 무언가를 제공하고, 그 무언가는 당신의 브랜드 메시지를 담고 있다. 그들은 이렇게 말하며 친구들과 공유한다. "내가 끝내주는 걸 찾았어. 이것 좀 봐."

그 끝내주는 것이 바로 당신이다. 이걸 생각해보자. 당신은 더는 사람들이 보는 즉시 건너뛰던 광고가 아니다. 이제 당신은 사람들이 바닷가에서 찾아낸 아름다운 조약돌이고, 사람들이 좋아하는 새롭고 멋진 트렌드이며, 모든 새로운 것 중에 가장 큰 사건이다.

바이럴리티에서 진화한 것이 공유성이다. 물론 바이럴리티도 여전히 좋은 것이지만 점차 획득하기 어려워지고 얻더라도 통제하기 힘들어진다. 반면, 공유성은 예측 가능성과 가치를 보장하고 당신이 전달하려는 메시지가 기하급수적으로 성장하도록 돕는다.

바이럴리티는 마법을 완전히 잃지 않았다. 여전히 유용하다. 하지만 앞으로 콘텐츠가 추구해야 할 최고의 목표는 아니다. 브랜딩에서 바이럴리티는 계속 유용한 도구로 사용되겠지만 바이럴리티를 추구하는 것은 지나간 일이 되었다. 지금은 공유 가능성에 초점이 맞춰져 있다. 공유 가능하다는 것 자체가 당신의 메시지를 확장하고 당신에게 경쟁 우위를 제공하며 브랜드를 성장시킬 것이다.

사람들은
무엇을 공유할까?

　이제 공유 가능함의 중요성을 이해했다. 이제 인터넷에서 널리 공유되어온 콘텐츠 유형을 살펴볼 차례다. 물론 특정 유형의 콘텐츠는 당신의 브랜드에 적합하지 않을 수 있고 이미 현실적으로 실행하기 부적합하다는 판단이 내려졌을 수도 있다. 하지만 과거에 성공했던 것은 당신에게 인터넷이 어떻게 작동하고 있으며 앞으로 무엇이 효과 있을지 영감을 주는 소중한 교훈이 될 수 있다.

　온라인에서 바이럴리티가 전성기를 누리던 시절에 매일 유튜브 순위 상위권에 오르던 다섯 가지 기본적인 유형의 콘텐츠가 있었다.

　첫 번째는 뮤직비디오Music Video다. 유튜브 초창기부터 뮤직비디오는 플랫폼을 장악했고 수천억 뷰의 조회 수를 몰고 왔다. MTV 시대로 거슬러 올라가 인터넷이 생기기 전부터 수십 년 동안 음악 아티스트와 음반 회사는 히트곡에 어울리는 짧은 영상을 제작해왔다. 그들은 이미 3~4분 길이의 영상 안에 음악적 스토리를 담는 데 능

7 seconds

강남 스타일Gangnam Style

2012년 7월 15일에 유튜브 YG Entertainment Inc. 채널에 게시되어 조회 수 10억 뷰 이상을
기록한 영상으로 그해 유튜브에서 가장 많은 '좋아요'를 얻으며 기네스북에 오르기도 했다.
공유 가능성과 관련하여 하나의 모범 사례가 될 만한 영상이다.

숙했고 이것은 유튜브 플랫폼에 가장 적합한 길이었다. 음반 회사
가 뮤직비디오 제작 예산을 든든히 지원하고 유명 아티스트가 이
영상이 인기를 얻도록 파워를 실었던 것을 생각하면 뮤직비디오와
인터넷은 운명적으로 강력하게 결합할 수밖에 없다.

사실 유튜브 최초로 조회 수 10억 뷰를 넘은 영상은 뮤직비디오
였다. 2012년 한국의 래퍼 싸이의 〈강남스타일〉은 인터넷에서 돌풍
을 일으켰고 그해 유튜브에서 가장 많은 '좋아요'를 얻은 영상으로
기네스북에 올랐다.

공유 가능함에 관한 모범 사례가 필요한가? 〈강남스타일〉을 연
구해보라. 모든 사람이 자신과 자신이 듣는 음악을 무척 진지하게
생각하는 시대에 싸이(본명 박재상)는 정확히 반대로 했다. 스스로 망

가졌을 뿐 아니라 기본적으로 이제껏 존재했던 대중음악의 모든 클리셰를 장난스럽게 비틀었다. 그러면서 귀에 쏙 들어오는 곡조와 따라하기도 쉽고 보기만 해도 웃긴 재미있는 춤동작을 전달했다. 〈강남스타일〉과 가수 싸이가 국제적인 센세이션을 불러일으킨 것은 누구나 아는 일이 되었다. 30개 나라에서 음악 순위 1위를 차지했고 미국 오바마 대통령은 백악관에서 대한민국 대통령을 맞이하면서 싸이를 한국문화의 강력한 상징이라고 언급했다. 게다가, 세상에, 오바마 대통령은 강남스타일 춤을 출 뻔했다.

두 번째는 우리가 애정을 담아 사랑스러운 아기들Adorable Babies이라고 부르는 콘텐츠다. 이 영상은 반드시 아기에 관한 것일 필요는 없지만 사람들이, 하지만 주로 아기들이, 귀엽고 재미있고 기억에 남을 만한 행동이나 말을 하는 순간을 담고 있다.

시청자가 직접 촬영한 영상을 보여주는 〈아메리카 퍼니스트 홈비디오America's Funniest Home Videos〉의 유튜브 버전이라고 생각하면 된다. 친근하지만 놀라운 순간을 세상 사람들과 공유하려는 것이다. 뮤직비디오가 아니면서 유튜브에서 가장 많이 조회된 영상 가운데 하나인 "찰리가 내 손가락을 또 깨물었어!Charlie bit my finger - again!"는 이런 콘텐츠의 완벽한 예다. 해리라는 남자아이가 아기인 남동생 찰리를 무릎 위에 놓고 의자에 앉아 있는 영상이다. 영상이 시작하면 찰리가 해리의 손가락을 살짝 물고 해리는 웃는다. 하지만 영상이 계속되면 찰리는 해리의 손가락을 입안에 넣고 해리가 소리를 지르고 울음을 터트릴 때까지 깨물고 있다. 마침내 해리는 기억에 남을 한 마

7 seconds

찰리가 내 손가락을 또 깨물었어!Charlie bit my finger - again!
사랑스러운 아기 영상은 대부분의 사람들을 미소 짓게 만드는 공유할 만한 영상이다.
어린 형제의 현실적이고 귀여운 모습을 담은 이 영상은 빠르게 퍼져나가 조회 수 8억
8,000만 뷰를 기록했고 수많은 편집 버전과 패러디를 낳았다.

디를 젖먹이 남동생에게 한다. "찰리! 정말 아파!" 이때 찰리는 해맑은 미소를 사악하게 지어 보인다. 영상이 끝날 무렵 해리가 웃음을 되찾을 때 부모라면 공감할 수밖에 없는 형과 동생의 사랑스러운 가족사진이 연출된다. 이 영상은 빠르게 퍼져나가 조회 수 8억 8,000만 뷰를 기록했고 수많은 편집 버전과 패러디를 낳았다.

세 번째는 우리가 충격과 공포Shock and Awe라고 부르는 콘텐츠로 이제껏 보지 못한 굉장하고도 무모한 행동을 보여준다. 유튜브 초창기에 많은 익스트림 스포츠 영상이 이 카테고리에 포함되었다. 스포츠는 미국과 전 세계 시청자 정서에 큰 부분을 차지한다. 축구, 야구, 농구, 미식축구, 하키, 자동차 경주, 골프를 포함한 전통적인 스포츠는 수십 년간 텔레비전 편성에 필수 요소였다. 스포츠는 텔

레비전에서 가장 높은 시청률을 꾸준히 유지해왔고, 슈퍼볼은 미국에서 9,000만 명의 시청자를 끌어들이고 월드컵과 올림픽대회는 전 세계적으로 셀 수 없이 많은 시청자를 불러모은다.

2000년대 중반에는 스케이트보드나 자전거 경기BMX, 스노보드 같이 새로운 스포츠가 등장해 젊은 시청자에게 큰 인기를 끌었지만, 전통적인 텔레비전 매체에는 노출되지 못했다. 그러자 에너지 드링크 회사 레드불Red Bull이 이 공백을 채우는 일에 나섰다. 레드불은 익스트림 스포츠를 후원하고 이를 공유할 수 있는 영상을 제작하기 시작했다. 주로 젊은 선수들이 자전거 묘기를 펼치거나 절벽에서 뛰어내리거나 비행기에서 스카이다이빙 하는 것처럼 새로운 일에 도전하는 모습을 담았다. 이 전략은 믿기 힘들 정도로 강력해서 수십억 건의 조회 수를 올리고 레드불을 세상에서 브랜딩에 가장 성공한 음료 중 하나로 만들었다. 성공을 거둘 때마다 레드불은 그들이 제작하는 콘텐츠처럼 더욱 대담해졌다. 그렇게 나온 것이 2012년 오스트리아의 한 스카이다이버가 선보인 "펠릭스 바움가르트너의 초음속 자유 낙하Felix Baumgartner's supersonic freefall from 128k"라는 제목의 전설적인 스턴트 영상이다. 이 영상은 두려움을 모르는 바움가르트너가 헬륨 기구를 타고 고도 39킬로미터의 성층권까지 올라가 지구를 향해 뛰어내리는 모습을 담았다. 나는 이보다 더 공유하고 싶은 강력한 헤드라인을 상상할 수 없다.

네 번째는 몰래카메라 같은 장난 영상Prank Video이다. 이 카테고리는 유튜브 초기에 엄청난 성공을 거뒀고 지금도 여전히 계속되고

유튜브 챌린지-아이들에게 내가 핼러윈 사탕을 모두 먹어버렸다고 말했
다YouTube Challenge - I Told My Kids I Ate All Their Halloween Candy

2011년 11월 2일에 유튜브 지미 키멜 라이브 채널에 게시된 영상으로 아무것도 모르는
아이들에게 핼러윈에 받은 사탕을 엄마가 모두 먹어버렸다고 말할 때의 반응을 담았다.
아이들의 반응은 말할 수 없이 귀여웠고 조회 수는 6,000만 뷰를 넘었다.

있다. 사람들이 깜짝 놀라는 것을 좋아한다는 것은 누구나 아는 사
실이다. 이 유튜버들은 거기에서 더 나아가 예상치 못한 일에 사람
들이 보이는 반응을 포착하면 인터넷에서 황금이 된다는 것을 간파
했다. 처음에 장난 영상은 "세상에서 제일 무서운 장난!!!BEST scare prank
EVER!!!"처럼 굉장히 단순했다. 2006년에 업로드된 이 영상에는 앤디
라는 남자가 등장한다. 그는 모자 달린 옷에 소름 끼치는 마스크를
쓰고 친구가 잠에서 깨는 바로 그 순간을 노린다. 물론 잠에서 깬
친구는 정신을 잃을 정도로 놀라고 만다.

이 카테고리가 발전하면서 기대치는 점점 더 높아졌고 치열해진
경쟁을 뚫기 위해 장난 영상을 만드는 사람들의 수위가 점점 더 높
아진다. 2011년에 심야 토크쇼 진행자 지미 키멜은 짓궂은 장난을

유튜브 7초에 승부하라

하나 계획했다. 핼러윈 다음날 부모가 아무것도 모르는 아이들에게 핼러윈에 받은 사탕을 모두 먹어버렸다고 말하는 것이다. 아이들의 반응은 말할 수 없이 귀여웠고 이 영상의 조회 수는 6,000만 뷰를 넘었다.

지난 10년 동안 장난 영상은 수십억 건의 조회 수를 만들어냈고 잭 베일과 로만 애트우드처럼 평범했던 사람을 백만장자 유튜버로 바꾸어놓았다.

마지막은 코미디 영상Comedy Video이다. 여전히 많은 인기를 누리고 있는 코미디 영상은 온라인에서 가장 성공한 장르 중 하나이고 공유 가능한 콘텐츠에서 큰 비중을 차지한다. 이 카테고리는 스탠드업 코미디언의 입담부터 아마추어 슬랩스틱을 본 심야 쇼 진행자의 혼잣말까지 모든 것을 포함할 정도로 광범위하다. 인터넷상의 이 새로운 코미디 형식은 주로 짧은 동영상을 공유하는 소셜 플랫폼 바인Vine에서 시작했다.

바인이 배출한 가장 성공한 배우 가운데 하나가 킹 바흐다. 킹 바흐는 자메이카 출신 부모 아래 토론토에서 태어났고 로스앤젤레스로 진출해 그라운들링스 극단에 들어갔다. 그의 영상은 신랄하지만 익살스러운 코미디로, 실생활의 주제를 가지고 과장되고 비논리적인 결론을 내리는 것이 특징이다. 바인에 올리는 동영상은 6초로 제한되기 때문에 바흐의 영상도 유튜브 세대에 적합한 짧은 집중력을 요구하는 스타일로 촬영되었다. 그는 짧은 영상 형식에 전문가가 되었고 1,500만 명의 팔로워를 거느리며 바인에서 1등 스타가 되었다. 이렇게 거둔 성공은 유튜브와 인스타그램으로 확장되었고 마침내 바흐는 전통적인 매체에서도 스타가 되어 미국 드라마 〈하우스 오브 라이즈〉나 패러디 코미디 영화 〈블랙의 50가지 그림자〉에 출연했다. 이제 킹 바흐는 소셜미디어에서 아프리카계 미국 연예인으로는 두 번째로 많은 팔로워를 거느리고 있다. 케빈 하트 바로 다음이다.

지미 팰런이나 지미 키멜 같은 심야 토크쇼 진행자들도 짧은 코미디 영상으로 인터넷에서 성공을 거뒀다. 탄탄한 제작 예산과 유명 인사들의 연락처로 무장한 팰런과 키멜은 지난 10년 동안 가장 많이 공유된 영상들을 제작해왔다. 키멜은 "셀럽은 악플을 읽는다 Celebrities Read Mean Tweets"라는 인상적인 자기비하 포맷을 만들었다. 유명인이 출연하여 카메라 앞에서 노골적인 트윗을 있는 그대로 읽는 영상이다. 또한 팰런은 '립싱크 배틀'이라는 포맷을 만들었다. 유명인이 잘 알려는 곡을 립싱크하면서 더 인상적인 퍼포먼스를 하려고 경쟁하는 형식이다. 이 영상은 엄청난 성공을 거두었고 스파이크 TV에서 독립적인 프로그램으로 제작되었다.

지금까지 살펴본 여러 콘텐츠 카테고리는 많은 사람에게 큰 성공을 가져다주었지만 정작 우리 자신에게는 맞지 않을 수 있다는 점을 기억해야 한다. 예컨대 브랜드를 알리고자 하는 기업들이 아무 거리낌없이 몰래카메라를 고객에게 들이대거나 성층권에서 사람을 자유 낙하시킬 수 없을 것이다. 코미디 장르 자체는 많은 기업이 소화하기 곤란한 부분이 분명 있다.

셀럽은 악플을 읽는다Celebrities Read Mean Tweets

탄탄한 제작 예산과 유명 인사들과의 인맥으로 무장한 팰런과 키멜은 지난 10년 동안 가장 많이 공유된 영상들을 제작해왔다.

　하지만 잊지 말자. 인터넷 초기에는, 점잖게 말해서, 성숙하지 못한 콘텐츠가 많은 주목을 받았다. 2010년까지 가장 많이 조회되고 공유된 영상은 사람들이 비행기에서 뛰어내리거나 급소를 걷어차이는 무모한 영상이었다. 그러나 인터넷 콘텐츠에 일어난 두 번째 유행은 초기 유행했던 무모한 영상들보다는 생산적이었다. 이들 영상은 사람들이 영감을 받고 좀 더 나은 자신이 되도록 하는 기회를 제공했다. 이런 콘텐츠 주제는 브랜드를 홍보할 목적으로 좀 더 광범위하게 사용되기 시작한다.

공유할 수 있고
브랜딩도 가능한
콘텐츠

　다행히 인터넷은 성숙하게 확장되어 갔고, 현재 인기 있는 새로운 스타일의 공유 가능한 콘텐츠들은 훨씬 더 브랜드 친화적이다. 그 가운데 최고는 영감을 주는 영상Inspirational Video, 교육적인 영상Educational Video, 그리고 우리가 착한 사마리아인 영상Good Samaritan Video이라고 부르는 것이다.

　첫째, 영감을 주는 콘텐츠를 개척한 것은 TED 콘퍼런스TED Conference였다. 기술technology, 엔터테인먼트entertainment, 디자인design(이들의 앞글자를 따서 만든 단어가 TED다)을 주제로 하는 TED 강연에 일론 머스크, 빌 게이츠, 스티븐 호킹 같은 유명 인사들이 참여했다. 이 강연은 영감을 줄 뿐만 아니라 가장 보편적으로 인간의 딜레마에 적용할 수 있는 실질적인 정보와 원칙을 전달한다.

　예컨대 2009년에 사이먼 사이넥이 했던 "나는 왜 이 일을 하는가How Great Leaders Inspire Action"라는 제목의 TED 강연은 대단히 공유할 만하다. 이 영상에서 당시 상대적으로 덜 알려진 작가였던 사이넥은 워싱턴 푸젯 사운드에서 열린 TED 행사 무대 위에 종이 한 장과 검은색 마커펜 하나를 가지고 등장한다. 사이넥은 청중에게 아주 간단한 질문 하나를 던진다. 왜 어떤 사람이나 회사는 다른 사람이나 회사보다 더 혁신적이고 더 영향력이 있으며 더 많은 수익을 올리는가? 그런 다음 '골든 서클Golden circle'이라는 개념을 설명한다. 스티브 잡스나 마틴 루터 킹처럼 성공한 리더에게서 나온 개념으로 사람들이 그 이유나 목적을 이해하지 못하면 어떤 제품을 사거나 사회운동 또는 사상을 받아들이는 행위가 진심이 아니라는 것이다. 사이넥이 가진 물건은 보잘것없었다. 이젤에 큰 종이 한 장을 올려놓고 마커로 동그라미 몇 개를 그렸을 뿐이지만 그가 전달하는 지혜는 순금 같았다. 이 영상은 조회 수 4,000만 뷰를 넘겼고 그는 맨 꼭대기에서 저자로서의 경력을 시작할 수 있었다.

둘째, 교육적인 콘텐츠는 광범위하지만, 따로 설명이 필요 없는 카테고리다. 특정 주제로 강의를 하거나 어떤 이슈에 관한 이해를 도울 목적으로 만들어지는 영상이 여기에 포함된다. 현명한 사람들은 즐거움을 주면서도 공유 가능한 방식으로 가치 있는 정보를 소개하기 위해 이 방법을 사용해왔다.

캔사스 출신 에듀케이터educator 마이클 스티븐슨이 개설한 유튜브 채널 브이소스Vsauce는 이 점을 훌륭하게 보여준다. 스티븐슨은 색다른 질문을 통해 수학, 심리학, 철학 분야를 재미있으면서 사고의 확장을 유도하는 방식으로 탐구하며 발전시켰다. 그는 영상 제목을

7 seconds **나는 학교 교육 제도를 고발한다**I Just Sued the School System!!!

공익과 관련된 주제는 공유할 만한 충분한 가치가 있지만 자칫 지루할 수 있다는 단점이 있다. 이 영상은 대담한 언어와 뜻밖의 비주얼로 독특한 메시지와 결합하여 특별한 임팩트를 만들어내며 인터넷 역사상 가장 많이 공유된 공익 광고 중 하나가 되었다.

대부분 질문으로 만든다. 이를테면 "어둠의 속도란 무엇일까?What Is the Speed of Dark?" 또는 "뇌 없이 무엇을 할 수 있을까?What Can You Do Without a Brain?"같은 식이다. 영상에서 그는 우리가 세상을 바라보는 방식을 보여주기 위해 과학적이고 창조적인 사고방식을 사용한다. 스티븐슨의 색다른 방식에 전 세계 시청자들이 공감했고 2018년 브이소스 채널의 구독자는 1,300만 명에 이르렀다.

스마터에브리데이SmarterEveryDay는 또 다른 방식으로 교육 영상을 제공하는 유튜브 채널이다. 2007년에 미국인 엔지니어 데스틴 샌들린이 시작한 이 채널은 과학의 시선으로 일상 세계를 탐험한다. 샌들린은 문신의 원리나 고양이 착지의 비밀, 변기 소용돌이의 원리에 이르기까지 다양한 주제를 탐구한다. 전염성이 강한 그의 진행 스타일 덕분에 누적 조회 수는 4억 뷰를 넘었다.

42   ▶ 유튜브 7초에 승부하라

2016년에 우리 회사 셰어러빌리티는 한 걸음 더 나갔다. 공교육 확립을 위해 래퍼이자 사회활동가인 프린스 이에이와 파트너십을 맺었다. 본명이 리처드 윌리엄인 프린스 이에이는 메시지 중심의 영상을 제작하는 구어 예술가spoken word artist로 페이스북에 엄청난 팔로워들을 이끌고 있었다. 이 프로젝트는 네스테Neste라는 핀란드 에너지 기업의 지원을 받았는데 이 기업의 자선사업 사명이 교육 개혁이다.

헤드라인은 대담했다. "우리는 미국의 실패한 교육 제도를 법정에 세우려 한다." 프린스 이에이는 "나는 학교 교육 제도를 고발한다!!!I Just Sued the School System!!!"라는 제목의 랩rap poem을 썼고 우리 회사는 그가 검사 역할로 법정에 선 영상을 촬영했다. 이 영상에서 그는 미국 교육을 상대로 제기한 소송을 설명한다. "배심원 여러분, 오늘 우리는 현대 학교 교육 제도를 재판하기 위해 이 법정에 나왔습니다"라는 말로 시작하는 영상이었다.

대담한 언어와 뜻밖의 비주얼이 독특한 메시지와 결합하여 특별한 임팩트를 만들어냈다. 이 영상은 "사람 대 학교 제도The People vs. the School System"라는 제목을 달고 인터넷에서 퍼져나가 조회 수 3억 5,000만 뷰, 공유 수 900만 건을 기록했을 뿐 아니라 인터넷 역사상 가장 많이 공유된 공익광고 중 하나가 되었다. 이 영상은 가장 지루해 보이는 주제조차 즐거움을 주는 방식으로 표현되면 광범위한 공감을 일으킬 수 있다는 것을 증명했다. 그 결과 무심코 지나칠 수 있는 사회적 이슈에 관한 콘텐츠를 만들고 알리려는 기업이나 재단 또는 활동가들이 있으며, 이들이 후원하는 영상에 새로운 길이 열렸다는 걸 보여주었다.

제대로 만든다면 교육 콘텐츠도 역동적이고 공유 가능해질 수 있다. 바로 이것이 교육 콘텐츠가 인터넷에서 가장 빨리 성장하는 분야 가운데 하나인 이유다.

셋째, 착한 사마리아인 콘텐츠는 기분이 좋아지는 영상을 포함하고 있다. 주로 개인이나 단체가 다른 사람을 돕고 그들의 삶이 더 나아지도록 노력하는 모습을 보여준다. 이런 유형의 콘텐츠는 지난 몇 년 동안 꾸준히 만들어져 왔다. 최근 선거 기간 동안 양극화된 정치 콘텐츠에 대한 반감일 수도 있다(잠깐 정치 콘텐츠에 관해 언급하면, 이 책에서는 정치 콘텐츠의 바이럴리티를 분석하지 않는다. 정치 콘텐츠의 많은 부분이 브랜드를 확장하는 데 도움이 되지 않는 부정적 성향과 공포, 분열을 통해 트래픽을 일으킨다고 판단했기 때문이다).

착한 사마리아인 콘텐츠의 초기 사례는 2006년에 피스온어스123PeaceOnEarth123이 제작한 "프리 허그 캠페인Free Hugs Campaign" 영상을 들 수 있다. 이 영상에서는 수염을 기르고 안경과 재킷을 착용한 한 청년이 '프리 허그Free Hugs'라고 쓴 푯말을 들고 광장에 나간다. 이 청년은 자신을 못 본 척하거나 자신에게 미소를 짓지만 다른 방향으로 발걸음을 돌리는 사람들 사이를 어색하게 걷고 있다. 그러다가 한 노부인이 걸음을 멈추고 다정한 말과 함께 그를 안아줄 때 모든 것이 변한다. 봇물이 터진 것처럼 모든 사람이 다소 거칠거나 장난스럽게 또는 무척 행복한 모습으로 그를 안아주는 모습이 이어진다.

식 퍼피스의 음악을 더한 이 영상은 7,000만 번 이상 조회되었고 친절한 작은 행동이 커다란 반응을 일으킬 수 있다는 것을 증명했다.

우리 회사는 착한 사마리아인 콘텐츠를 무척 좋아한다. 그리고 현대, AT&T, 어도비 같은 브랜드와 함께 기분 좋아지는 영상을 제작하여 큰 성공을 거뒀다. 개인적으로 가장 아끼는 콘텐츠는 어도비 포토샵을 위해 제작한 캠페인이다. 이 캠페인은 허리케인 하비가 텍사스 휴스턴 지역을 강타했을 때 피해를 본 사람들에게 도움의 손길을 내미는 데 초점을 맞췄다. "허리케인 하비 복구 프로젝트 Hurricane Harvey Restoration Project"라는 제목의 페이스북 영상은 허리케인 피해 가정을 위해 사진 복원에 나선 고등학생들을 보여준다. 이들은 이 지역에서 많은 주택이 침수되어 젖고 손상된 소중한 사진들을 어도비 포토샵 프로그램을 사용하여 손보고 복원한다. 학생들이 복원한 사진을 새 액자에 넣어 선물할 때 사진 주인들은 깜짝 놀라고 이때 양쪽 모두 눈물을 흘리고 감사하는 마음이 가득찬다. 이 영상은 순식간에 700만 뷰 이상 조회되었고 대대적인 미국 내 언론 보도로 이어졌으며 비극의 시기에 큰 변화를 만들 수 있는 것은 아주 작은 일이라는 교훈을 가슴 속 깊이 일깨워주었다.

요약하면 공유하는 방법은 여러 가지다. 트렌드는 항상 변하지만 과거에 효과가 있었고 지금 다른 사람들이 성공하고 있는 것이 무엇인지 연구하면 마찬가지로 성공할 수 있다. 자신만의 전략을 발전시키고 시청자를 끌어당기며 공유하고 싶은 콘텐츠를 제작하여 최고의 위치를 차지할 수 있는 것이다.

공유의 법칙을 이해하고 사용하는 것은 인터넷에서 성공하는 방법을 마스터할 수 있는 가장 중요한 도구다. 사람들이 당신의 콘텐츠를 공유하게 만드는 것은 당신이 도달할 수 있는 범위를 확장하고 당신에게 주목할 대상을 찾는 데 결정적이다. 우리는 공유가 곧 성배라고 즐겨 말한다. 사람들은 공유할 때 관심을 가지고, 관심을 가질 때 구매로 이어진다. 이 사고방식은 믿음과 관련이 있다. 나중에 이 모든 노력이 대가로 돌아온다는 것을 믿어야 한다. 당신이 전달하고 싶은 메시지만 반복할 것이 아니라, 먼저 사람들의 관심을 얻고 그다음 관계를 쌓아야 한다. 이런 면에서 공유 가능성은 본질적으로 광고와 서로 어긋난다. 그래서 공유 가능성을 안티 애드버타이징anti-advertising이라고 부른다. 광고는 브랜드에서 고객으로 가는 일방통행로지만 공유는 차선이 많은 고속도로다. 한 사람이 친구에게 브랜드를 추천하고 그렇게 새로운 고객들이 생기면 브랜드가 뻗어나갈 수 있는 길은 확장된다. 이 책을 읽고 단 한 가지만 기억해야 한다면 부디 이것이길 바란다. "공유할 수 있어야 한다."

2장

공유하는
이유를 이해하라

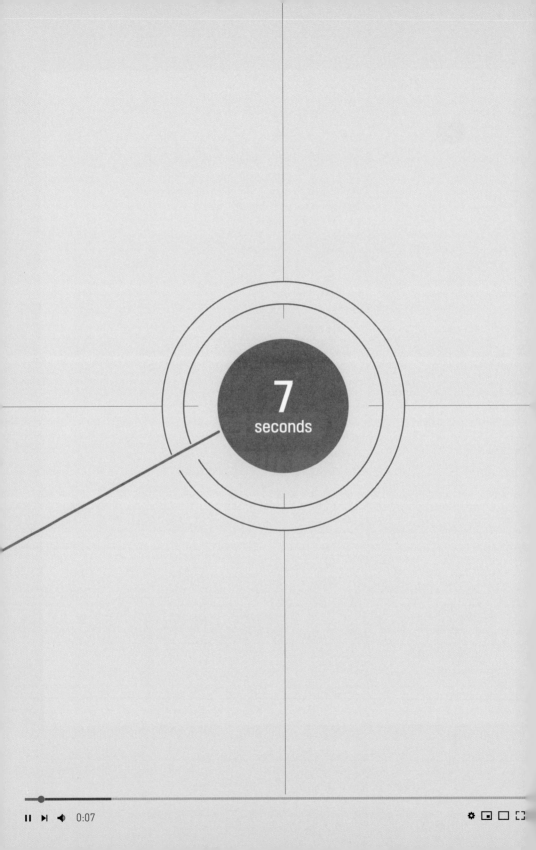

시간을 들여 볼 만한
가치를 만들어라

앞 장에서 공유성의 중요함을 이해했고 공유할 만한 콘텐츠의 사례를 살펴보았다. 이제 좀 더 깊은 질문을 하려 한다. 왜 사람들은 공유하는 걸까?

당신의 콘텐츠를 유기적으로 확산하려면 이 질문을 반드시 이해해야 하지만, 사람들이 공유하는 이유를 알면 깜짝 놀랄지 모른다. 경험에 비추어보면 일반적으로 사람들이 공유하는 이유는 한 가지다. 바로 이기적이기 때문이다.

하지만 잠깐만, 무언가를 공유하는 것은 이기적인 것과 완전히 반대되지 않는가? 물론 공유하는 행동은 이타적이다. 공유한다는 것은 결국 배려하는 것이다. 하지만 그렇게 행동하는 이유는 100퍼센트 이기적이가 때문이다.

샌드위치의 반을 잘라 배고픈 사람에게 주는 것처럼 공유는 너그러운 행동일 수 있다. 매우 이타적인 행동이다. 당신도 배가 고프고

샌드위치 살 돈을 벌려고 일까지 한 상황에서 나누는 행위를 했다면 더욱 그렇다. 방금 당신은 놀라운 일을 한 것이다. 어떤 기분이 드는가?

단언컨대 당신은 기분이 좋아졌을 것이다. 어떤 이유로 샌드위치를 나눠주었다고 생각하는가? 다른 사람을 기분 좋게 하려는 이유 때문일까 아니면 주는 행위가 스스로 기분 좋게 만들기 때문일까? 정말 솔직하게 말하면 온전히 타인을 위한 마음이라기보다 자기만족 때문일 것이다.

여러 연구는 받는 것보다 주는 것이 더 낫다는 결론을 보여준다. 2017년 취리히대학교의 연구자들은 이 이론을 실험했다. 남녀 50명을 대상으로 현재 기분을 임상 조사하고 MRI(자기 공명 영상) 촬영을 실시했다. 그런 다음 한 가지 조건을 달고 실험 대상자들에게 돈을 주었다. 이 돈을 대상자의 절반은 모두 자신만을 위해 사용하도록 하고 나머지 절반은 다른 사람을 위해 사용하도록 했다. 이 과정이 끝날 때 각 그룹을 다시 검사했다. 타인을 위해 돈을 사용한 사람들의 기분이 일관되게 더 좋게 나타났고 MRI 결과는 이타심과 관련된 뇌 부분이 일관되게 더 활성화된 것으로 나타났다.

만약 대부분의 공유 행위가 본질적으로 이기적인 거라면 공유와 배려는 여전히 연관이 있을까? 사실 이 둘은 관계가 있고 심지어 강하게 연결되어 있다. 특히 브랜드를 입소문 내는 데 유리하다. 타인을 위한 이타적인 마음에서 공유를 하는 것이 아니라 자신을 위해 자기 만족을 위해 무언가를 공유하는 것이다. 이 경우 공유하려는 행위 자체는 더 힘을 갖게 된다. 예컨대 당신이 제이지와 비욘세의 최신 컬래버레이션을 공유한다면 친구들에게 힙한 최신 뮤직비디오를 보여주려고 배려하는 것이 아니다. 오히려 당신이 두 사람의 팬이기 때문에 이렇게 행동하는 것이다.

이것은 중요한 개념이고 또한 우리 회사가 구사하는 전략 중 하나다. 사람들이 우리가 진행하는 캠페인에 관심을 가지고 공유하는 행위는 더 많은 사람들에게 이 캠페인에 시간과 관심을 기울일 만한 가치가 있다고 이야기하는 것과 같다. 달리 말해 당신의 브랜드는 사람들의 시간과 관심을 끌 만한 가치가 있는 것이다. 가치 있다고 인정해주는 것이야말로 가장 큰 지지다.

이제 당신의 관심사는
'디지털 벽'에 기록된다

온라인 콘텐츠를 공유할 때 어떻게 소셜 역학 관계social dynamics가 발전하는지 이해하려면 우리들의 방 벽에 불과했던 것이 어떻게 디지털 벽digital wall으로 진화했는지 이해해야 한다.

1980년대나 1990년대에 10대 청소년의 방 벽은 자신이 누구이고 어떤 사람이 되고 싶은지를 정확히 알려주었다. 남자아이들의 방에는 커트 코베인이나 마이클 조던, 영화 〈터미네이터〉의 포스터가 붙어 있었다. 여자아이라면 브리트니 스피어스, 레오나르도 디카프리오의 사진이나 당시 가장 인기 있는 보이밴드 기사를 잡지에서 찢어 바꾸어 가며 붙여 놓았다. 새로운 밴드 또는 매력적인 배우가 나타나거나 유행하는 패션 스타일이 달라질 때마다 방 분위기도 달라졌다.

하지만 이런 문화는 이제 사라졌다. 지금은 10대부터 밀레니얼 세대와 베이비부머 세대에 이르기까지 모든 사람들이 눈 뜨자

출처: 매일경제 DB

보통 10대 청소년의 방 벽에는 자신이 누구이고 어떤 사람이 되고 싶은지를 드러내는 커트 코베인이나 마이클 조던 등 스타들의 사진이 걸려 있곤 했다. 이제 이들은 디지털 벽으로 진화한다.

마자 접하는 벽은 트위터, 페이스북 등 소셜미디어로 가득찬 '디지털 벽'이다. 이 디지털 벽은 자기소개에서 사진, 콘텐츠, 게시물 링크에 이르기까지 나 자신을 드러내준다. '좋아요'를 누르거나 공유한 모든 영상은 그것을 좋아하거나 공유한 사람에 대해 너무 많은 정보를 준다. 즉, 우리가 게시하거나 공유한 것은 우리가 좋아하는 것일 뿐 아니라 더 나아가 우리가 좋아하는 것을 다른 사람들이 알아주기 바라는 것들이다. 이것은 우리가 자신을 세상에 드러내는 방법이고 궁극적으로 다른 사람들이 우리를 바라봐주길 바라는 방법이다.

결정적으로 이해해야 할 것은 사람들은 다른 사람을 위해 인터넷 콘텐츠에 '좋아요'를 누르거나 이를 공유하지 않는다는 것이다. 이 결정을 하게 만드는 것은 자신이 다른 사람들에게 어떻게 보이고 싶은지, 바로 그거다. 무언가를 공유함으로써 내 기분이 좋아졌다면 그게 공유하게 만드는 이유가 된다. 간단히 말해 사람들은 자기만족 또는 이기적인 이유로 공유를 하는 것이다.

공유하는 행위가 어떻게 우리를 사회적으로 기능하게 만들고 어떻게 자신을 세상에 드러내는지가 중요하다. 이 인간의 원동력을 이해하는 것이 공유 가능한 콘텐츠를 제작하는 핵심이다. 우리는 잠재 고객 입장에서 자신을 바라보고 우리가 제공하는 콘텐츠를 공유함으로써 그들이 어떤 가치를 얻을지 고민해야 한다.

어떤 브랜드가 새로운 스킨케어 제품의 장점을 홍보하는 전통적인 광고를 제작한다고 해보자. 이 광고 영상은 최신 카메라와 조명 기술을 사용하여 피부를 아름답게 촬영하여 이 제품이 얼마나 놀라운지 말하고 있다. 하지만 사람들이 과연 이 광고 영상을 공유하려고 할까?

물론 이 영상이 공유되면 회사는 좋겠지만 밀워키에 사는 10대 소녀가 이 광고를 공유해서 어떤 이득을 얻을 수 있을까? 공유할 이유가 있을까? 그 이유에 대해서는 소녀도 분명한 대답을 할 수 없다. 광고를 하는 브랜드 입장에서도 그 이유에 대해서 '분명히'라고 말하기 망설일 것이다. 왜냐하면 대부분의 브랜드는 여전히 공유의 원동력을 제대로 이해하지 못하기 때문이다.

다른 데서 찾을 것 없이 제이크루를 예로 들어보자. 실용적이고 오래 입을 수 있고, 가격도 합리적인 옷을 만드는 이 브랜드를 누가 좋아하지 않겠는가? 최근 제이크루는 남성 정장 러드로 수트와 라인을 살린 여성 의류로 젊은 직장인들의 옷장 필수품이 되었다. 밀레니얼 세대가 공감하고 공유할 만한 콘텐츠를 제작할 수 있다는 자신감도 있었다.

지난해 제이크루는 슬림 퍼펙트 티셔츠를 소개하는 영상을 페이스북에 올렸다. 개인적으로는 무척 지루한 광고처럼 보였다. 한 남성이 이 티셔츠가 얼마나 몸에 잘 맞고 어떤 종류의 면을 사용했는지 말하는 영상이었다. 결과가 어땠을까? 180만 명의 팔로워가 있지만 이 영상은 단 한 번 공유되었다. 아, 댓글도 하나 있었다. 간단히 말해 쓰레기라는 내용이었다. 이 영상을 제대로 요약한 똑똑한 댓글 아닌가?

이와는 대조적인 캠페인 영상을 하나 소개한다. 몇 년 전에 우리 회사가 애완동물식품 회사 프레시펫을 위해 제작한 "프레시펫 크리스마스 만찬Freshpet Holiday Feast"이라는 제목의 영상이다. 뉴저지에 기반을 둔 프레시펫은 신선한 천연 재료로 애완동물 사료를 만드는 회사다. 제품이 너무 신선한 나머지 냉장 보관해야 한다. 이 콘셉트 하나만으로 매우 공유할 만한 영상이었다. 실제로 프레시펫은 타깃이나 월마트 같은 대형 할인 매장의 애완동물용 식품 판매대에 처음 냉장고를 설치한 회사 가운데 하나다.

제이크루처럼 프레시펫도 믿을 만한 제품을 생산했고, 좋은 평가를 받을 뿐 아니라 구매자들로 이루어진 충성스러운 팔로워도 확보했다. 그러나 프레시펫의 고민은 자사 제품을 아는 고객이 너무 적다는 것이었다. 이 문제를 해결하려고 광고를 시도했고 어느 정도의 비용을 감안하고 있었지만 자신들의 브랜드를 알리기에 예산은 턱없이 부족했다.

출처: 유튜브

7
seconds

프레시펫 크리스마스 만찬_{Freshpet Holiday Feast}
개 열세 마리와 고양이 한 마리가 등장해 명절 옷차림을 하고 명절 식사 자리에 있을 법
한 친구나 친척의 전형적인 모습을 연기한 영상이다.

⋮

프레시펫이 우리 회사에 광고를 의뢰했을 때 우리가 내부적으로
처음 한 질문은 이거였다. "애견인들은 인터넷에서 무엇을 보고 싶
어 할까?" 처음 한 질문이 "인터넷 이용자들이 보면 좋아할 프레시
펫 제품의 장점이 무엇일까?"가 아니란 점에 주목해주길 바란다.
이런 유형의 질문은 나중에 또 나온다. 우리 조사에 따르면 애견인
들은 사람처럼 행동하는 애완동물 영상을 좋아했다. 이 한 가지 통
찰에서 "프레시펫 크리스마스 만찬_{Freshpet Holiday Feast}"이 탄생했다.

애완동물들이 사람처럼 행동하는 영상이었다. 사람의 손을 갖
고 사람의 옷을 입은 애완동물들이 명절 식사 자리에 둘러앉는다.
이 영상에는 개 열세 마리와 고양이 한 마리가 등장해 명절 옷차림
을 하고 각각 명절 식사 자리에 있을 법한 친구나 친척의 전형적인

모습을 연기한다. 술 취한 삼촌, 핸드폰만 들여다보는 산만한 10대, 눈에 콩깍지가 덮인 커플, 그리고 테이블 상석에 앉은 '캣 보스'까지 구색을 갖춘 배역이었다.

이 영상은 기본적으로 대사가 없고 활기찬 크리스마스 음악으로 시작해서 프레시펫 제품으로 차려진 명절 식탁에 앉은 손님들이 서로 어울리는 모습을 보여준다. 2분 길이의 이 영상은 브랜드를 거의 언급하지 않는 것이 특징으로 마지막에 프레시펫 웹사이트로 안내하는 장면으로 끝난다. 여기서 더 나아가 동물보호단체 휴메인 소사이어티와 협력하여 영상에 출연할 고양이와 개들을 지원받았고 이 동물들이 입양될 수 있도록 지원했다. 그리고 실제로 이들 모두는 입양되었다.

우리는 프레시펫이라는 상품에 초점을 맞추는 대신 애완동물 주인들이 원하는 것에 집중했고 그들에게 기분 좋은 반전이 있는 재미있는 크리스마스 영상을 제공했다. 애완동물 주인들이 공유할 만한 내용처럼 보이는가? 그랬다. 그들은 미친 듯이 공유했고 그 덕분에 이 영상은 역사상 가장 성공한 크리스마스 시즌 브랜드 영상이 되었다. 조회 수 1억 뷰를 돌파하고 수백만 번 공유되었으며 ABC방송사부터 인터넷 미디어 〈매셔블〉과 〈허핑턴포스트〉까지 전 세계 매스컴에서 긍정적으로 보도되었다.

사람들이 프레시펫 영상을 공유한 이유는 재미있고 웃게 만들기 때문이다. 이 영상으로 자신의 디지털 벽을 강화하는 동시에 스스로 유머 감각이 있는 사람이라는 걸 보여줄 수 있었다. 아무튼 다

좋지만 그래서 프레시펫이 어떻게 되었는지, 프레시펫은 무엇을 얻었는지가 가장 궁금할 것이다.

결과는 상상 이상이었다. 프레시펫 제품을 살 수 있는 매장을 검색하는 트래픽이 3,000퍼센트 이상 증가했다. 이후 프레시펫이 상장했을 때 이 회사 최고경영자는 블룸버그와 인터뷰에서 셰어러빌리티와 이 영상의 성공에 대해 말했다. 그 후로 해마다 크리스마스가 되면 이 영상이 다시 올라오고 또 한 번 널리 퍼진다. 매년 수천만 건의 추가 조회 수가 쌓이고 프레시펫의 인지도는 더욱 올라간다.

결론적으로 이 영상은 프레시펫의 수익에 실질적이고 측정 가능한 영향을 미쳤다. 이것이 공유성의 힘이다.

공유 가능한 첫 번째 감성,
행복

마케터들은 고객의 참여를 유도하고 고객을 브랜드와 연결하기 위해 오래전부터 여러 감정을 사용해왔다. 우리 회사도 사람들이 콘텐츠를 공유하는 이유를 고민하느라 몸에 무리가 갈 정도로 많은 시간을 할애한다. 우리는 사람들과 더 많이 공유할 수 있도록 유리한 위치를 선점하기 위해 최신 트렌드와 과학을 끊임없이 읽고 조사하고 실험한다.

우리는 사람들로 하여금 공유를 유도하는 감정에 관해 깊이 연구해왔다. 영상을 제작해온 경험과 공유 가능한 감정에 관한 다양한 연구를 해온 결과 우리는 온라인에서 파격적인 공유 횟수를 끌어낼 수 있는 다섯 가지 핵심 사항을 발견했다. 이걸 공유 가능한 다섯 가지 감정Five Shareable Emotions이라고 부르고자 한다. 우리는 주요 브랜드나 유명인들과 일하는 동안 끊임없이 여기에 초점을 맞춘다.

이 감정이 무엇이고 이 감정을 어떻게 유발되는지 알면 온라인에서 당신의 콘텐츠가 수용되고 공유되는 방법에 큰 차이를 만들 수 있다.

공유 가능한 첫 번째 감정은 '행복'이다. 이 콘텐츠는 말 그대로 사람들을 행복하게 만든다. 당신은 행복할 때 어떤 행동을 하고 싶은가? 자주 그 감정을 친구와 공유하고 싶지 않은가? 사람들은 소중한 사람에게 기쁨을 주는 것을 공유하기 좋아한다. 공유하고 나면 결국 스스로 기분이 좋아지기 때문이다.

행복하게 만드는 영상도 이 같은 심리를 통해 공유된다. 특히 오늘날 소셜미디어라는 새로운 매체와 전통적 매체에 모두 양극화된 콘텐츠가 등장하면서 세상은 끊임없는 네거티브하고 분열된 상황에 노출된다. 혹독하게 느껴지는 현실에서 행복 콘텐츠는 믿을 수 없이 강력하다. 누군가의 얼굴에 미소를 짓게 하거나 다른 사람의 하루에 아주 잠시라도 긍정적인 순간을 줄 수 있다면 큰 영향력을 미칠 수 있다. 우리 모두는 사랑하는 사람이나 친구들이 행복을 느끼길 간절히 바란다.

이 카테고리에는 앞에서 언급한 사랑스러운 아기들 콘텐츠를 비롯하여 기분 좋아지는 콘텐츠를 포함한다. '프레시펫 크리스마스 만찬'처럼 심각하게 생각할 필요 없이 재미있고 때론 유치하지만 매력적인 콘텐츠가 있다. 행복 콘텐츠의 또 다른 사례에는 우리가 올림픽대회를 위해 제작한 영상도 있다.

올림픽대회는 전 세계에서 가장 인정받고 존경받는 브랜드 가운데 하나이고 2년마다(동계, 하계) 운동선수들의 성취를 축하하며 전 세계의 주목을 받는다. 경기가 열리는 16일 동안 올림픽대회는 말 그대로 지구상 가장 큰 볼거리가 된다. 문제는 성화의 불빛이 타오르지 않는 올림픽 경기가 열리지 않는 기간이다. 국제 올림픽 연맹에서는 올림픽대회가 열리지 않는 기간에도 시청자와 팬들이 운동 경기에 관심을 갖도록 할 목적으로 올림픽 채널Olympic Channel을 개설했다. 그리고 그 홍보를 위해 우리에게 의뢰했다. 우리는 대회 중에 많이 언급되는 운동 경기 콘텐츠가 오프시즌에는 거의 재생되지 않는 것을 파악했다. 그래서 보편적인 수준에서 순수한 기쁨의 감정을 자극할 수 있는 영상 캠페인을 계획했다.

바로 아기들이 올림픽 경기에 참여하는 아이디어를 내놓았고 올림픽대회라는 긴장감 넘치는 환경과 대조되는 귀여운 아기들의 이미지를 활용했다. 다른 콘텐츠와 달리, 미소를 끌어내고 공유를 일으키는 콘텐츠 제작이 목적이었다. 이렇게 '베이비 올림픽Baby Olympics'은 전 세계적으로 1억 5,000만 번 조회되고 300만 번 공유되어 2017년에 가장 성공한 바이럴 영상 가운데 하나가 되었다.

브랜드가 행복 콘텐츠를 이용하려면 기존의 광고 방식과는 거의 정반대로 가야 한다. 대개 전통적인 광고들은 타깃 소비자에게 왜 이 제품을 사야 하는지 자신만만한 어조로 이야기하는 데 집중한다. 이런 광고는 시청자에게 최소한의 가치만 제공하는 매우 일방적인 대화 방식으로 진행된다. 그렇게 되면 시청자들은 곧 등을 돌리고 멀어지게 된다.

7 seconds

베이비 올림픽Baby Olympics
2017년에 가장 성공한 바이럴 영상으로 올림픽대회라는 긴장감 넘치는 환경과 대조되는 귀여운 아기들의 이미지를 활용했다.

　따라서 브랜드가 말하는 방식은 이렇게 바뀐다. 상업 광고 대신 기분 좋은 영상을 제작하면서 "이 영상은 당신을 위해 만들었어요. 이 영상이 당신의 하루를 밝게 만들길 바랍니다"라는 메시지를 전달하는 것이다. 이런 사고의 전환은 이기적인 상업 광고를 이타적인 친절한 행동으로 바꾼다. 다른 사람에게 친절한 행동을 하면 무슨 일이 생길까? 사람들은 받은 친절을 갚으려 한다. 브랜드가 고객에게 투자하고 사심 없이 가치 있는 것을 제공하면 고객은 그 열 배를 갚는다. 우리는 이걸 매번 확인하고 있다.

　고객이 당신의 상품에 관심을 보내고 지갑을 여는 것으로 보답하길 원한다면 가장 먼저 해야 할 일은 고객과 진정한 관계를 형성하는 것이다.

여기서 한 가지 중요한 요소이자 브랜드가 이해하고 정량화해야 하는 것이 브랜드 감성brand sentiment이다. 일반 대중이나 특정 인구통계 집단이 한 브랜드를 어떻게 생각하고 느끼는지를 측정하는 것이다. 소비자가 어떤 브랜드를 긍정적으로 느끼면 경쟁 브랜드보다 그 브랜드에 돈을 쓸 가능성이 훨씬 더 높다는 것은 잘 알려진 사실이다. 행복 콘텐츠를 제작하면 정확히 그 브랜드 감성을 얻을 수 있다. 또한 행복 감성은 브랜드를 더 호감 가게 만든다. 사람들은 자신과 공감대를 형성한 브랜드를 더 인간적이라고 느낀다.

우리는 몇 번이고 반복하여 그 영향력을 목격해왔다. 브랜드 감성이 올라가면 판매도 증가한다. 이 두 가지는 매우 직접적이고 측정 가능한 방식으로 연결되어 있다. 행복 콘텐츠를 제작하려면 당신이 소통하고자 하는 고객에서 출발하고, 그들이 인터넷에서 즐기는 콘텐츠 유형이 무엇인지 파악한 다음 그것을 제공하면 된다. 물론 당신의 브랜드나 제품을 이 콘텐츠와 의미 있는 방식으로 연결하는 방법부터 고민해야 한다. 일단 시작하게 되면 이 일이 얼마나 효용가치가 있는지 깜짝 놀라게 될 것이다.

공유 가능한 두 번째 감성,
경탄

'경탄'은 두 번째로 공유 가능한 감정이다. 이것은 경외 또는 존경의 감정으로 두려움이나 놀라움과 연결될 수 있다. 이 감정은 사람들이 본 적 없는 새롭고 이상하고 흥미로운 일에 의해 야기된다. 동물들이 보여주는 독특한 행동이나 감탄할 만큼 인간적이거나 인상적이거나 이타적인 행동일 수 있다. 간단히 말해 경탄할 만한 일들이다.

나는 2012년 "레드불 스트라토스 프로젝트Red Bull Stratos Project" 영상을 보고 들었던 순간을 절대 잊지 못한다.

"메디컬 시스템 양호" 잠시 침묵. "발사한다."

두려움을 모르는 펠릭스 바움가르트너를 태운 헬륨 기구가 우주로 발사되자 통제실에서 조심스러운 박수가 터져 나온다.

"발사 성공… 펠릭스 현재 고도 25,300피트. 계속 상승 중."

"우리는 지금 108,000피트 상공에 있다… 보호 덮개에 열 문제가

7
seconds

레드불 스트라토스 프로젝트Red Bull Stratos Project

2012년 펠릭스 바움가르트너가 헬륨 기구를 타고 고도 39킬로미터의 성층권까지 올라가 지구를 향해 뛰어내리는 모습을 담았다. 이를 통해 레드불은 그해 가장 성공한 음료 브랜드가 되었다.

있다… 미션 수행 중… 결정했다. 펠릭스가 곧 뛰어내린다."

펠릭스가 캡슐 문을 연다. 통제실 큰 화면에 그가 바라보는 지구 모습이 나타난다.

"… 뛰어내렸다…"

그가 성층권으로 점프한다.

"… 시속 650마일… 725… 729… 펠릭스는 안정적으로 하강하고 있다…"

그리고 시간이 멈춘 것 같은 순간이 이어진다.

"낙하산이 펴졌다… 펠릭스는 안전하게 지구로 귀환했다."

통제실에서 이 장면을 본 모든 사람이 일제히 손뼉을 친다. 펠릭스는 무릎을 꿇고 나서 인사한다.

척 예거는 비행기를 타고 초음속에 도달한 최초의 사람이었지만 방금 펠릭스 바움가르트너는 맨몸으로 초음속에 도달한 최초의 사람이 되었다. 그는 다른 장비 없이 우주복만 입고 지구로 낙하하면서 시속 1,357킬로미터(시속 843.6마일 또는 마하 1.25)를 기록했고 세계 자유 낙하 기록을 깨트렸다.

이런 유형의 경탄은 초기 유튜브 영상에서 흔히 볼 수 있었다. 우리 회사 '셰어러빌리티' 초창기에 우리는 한 젊은 영화제작자와 일했는데 그는 나중에 유튜브에서 데빈슈퍼트램프devinsupertramp라는 이름으로 활동하게 된다. '와!' 탄성이 나오게 하는 데는 최고였다. 그는 불가능하거나 현명해 보이지 않는 모험에 도전하고 이를 즐기는 젊은이들을 영상에 담았다. 초기 히트 영상에는 데빈과 (셰어러빌리티의 공동설립자 캐머런을 포함한) 친구들이 미국 유타주의 거대한 바위아치에서 밧줄 하나에 의지해 허공을 가르는 모습이 담겨 있다. 멋진 영화처럼 촬영된 영상이었다. 데빈 일행이 몸에 밧줄을 연결하고 절벽 끝에서 뛰어내리는 과정을 몸에 부착한 홍보용 고프로 카메라에 고스란히 담았다. 이 영상(https://youtu.be/4B36Lr0Unp4)은 언제든 확인할 수 있다. 나온 지 10년이 지나가지만 여전히 탄성을 자아낸다.

이런 종류의 경탄을 사용하면 매우 강력할 수는 있지만 사실 성공을 보장하기는 어려워졌다. 온라인 영상 초기에는 사람들의 입에서 '와!' 소리가 나오게 만드는 영상을 만들기만 하면 시청률이 고공행진했고 히트 영상이 되었다. 시간이 갈수록 점점 더 많은 콘텐

세계적인 로프 스윙 World's Largest Rope Swing
미국 유타주의 거대한 바위아치에서 밧줄 하나에 의지해 허공을 가르는 모습이 담긴 영
상으로 '와!' 탄성이 나오게 한다.

츠가 인터넷에 흘러넘치고 시선 잡기 경쟁이 더욱 치열해지면서 성
공하기도 어려워졌다.

　데빈슈퍼트램프는 누구나 경탄할 만한 동작을 구사하는 몇 안 되
는 사람이었고 결과는 완벽했다. 오늘날 모든 종류의 소셜미디어
플랫폼에는 수십만 개의 채널이 있다. 하나같이 매주 경쟁을 뚫고
그 주의 가장 강력하고 인상적인 영상을 제공하기 위해 고군분투한
다. 인터넷에는 전문적으로 인상적인 장면을 모조리 긁어모으는 거
대 미디어 기업들이 존재한다. 이들은 입이 떡 벌어지는 위험한 행
동을 겁 없이 시도하는 사람들을 보여주고 대중에게 그 사용권을
판매한다. 이들과 경쟁하려면 절벽에서 뛰어내리는 잘생긴 젊은이
들만으로는 부족하다. 지금 이 시대에 인터넷상의 소음을 돌파하고

자신의 브랜드를 알리려면 정말 두드러져야 하는 것이다.

그러려면 어떻게 해야 할까? 우리의 경우 물리적인 '충격과 공포'에서 좀 더 감정적 인상을 주는 쪽으로 옮겨갔다. 오해하지 않으면 좋겠다. 때때로 우리는 무언가를 날려버리기도 하고 물리적인 공학을 사용하여 놀라운 묘기를 부리기도 한다. 하지만 세상이 점점 더 시끄러워지고 모두가 여길 보라고 외치고 있으니 우리는 오히려 조용해지기로 했다. 사람들을 헬리콥터에서 내동댕이치는 일을 멈추고 완전히 다른 수준의 감탄을 찾기 시작한 것이다.

물론 이런 접근 방법은 앞에서 이야기했던 '경탄'이라는 감정과는 정반대 방향으로 급선회하는 일이다. 시각적으로나 물리적으로 인상적인 것에 의존하는 대신 다른 사람을 위해 선한 영향력을 보여주는 사람이야말로 경탄의 대상이라는 것을 보여주는 것은 어떨까? 학생들이 선생님을 위해 뭔가 놀라운 일을 하는 영상을 본 적이 있는가? 아니면 산호초를 살리고 멸종 위기에 처한 종을 보존하거나, 소외 계층 어린이를 위해 악기를 제작하는 모습을 담은 영상을 본 적이 있지 않은가? 만약 당신의 소셜 피드에 올라오는 것이 보통 이런 영상이라면 축하한다. 당신은 이들과 마찬가지로 남을 돕는 훌륭하고 이타적인 행동을 좋아하는 사람이다.

이처럼 고객을 새로운 방향으로 움직이고 평범한 트렌드를 거부하며 새로운 틈새를 찾아나서는 통찰력은 여러 요인의 결합에서 비롯된다. 우리 회사는 주로 강박적인 인터넷 모니터링과 우리가 채용한 똑똑한 젊은 인재들을 통해 통찰력을 얻는다. 하지만 이런 일을 위해 꼭 뛰어난 사람들을 고용해야 하는 것은 아니다.

　새로운 버전의 경탄을 추구하려는 통찰은 우리가 우리 자신을 감동하게 하는 것이 무엇인지 생각하던 중에 얻었다. 구체적으로 아내와 아이들과 함께 영화 〈반지의 제왕〉 3부작을 다시 보고 있을 때였다. 마지막 편 클라이맥스의 순간을 기억할지 모르겠다. 절대 반지를 파괴하러 전쟁을 치르며 산으로 가던 원정대가 프로도와 샘을 가운데 두고 모르도르 문 앞에 섰을 때다. 그들은 사우론의 시선을 다른 곳으로 돌려야 하는 걸 알고 있다. 하지만 수도 열세고 어떤 행동을 해도 완벽한 자살행위다. 아라곤이 다른 대원들을 향해 몸을 돌리고 이렇게 말한다. "프로도를 위해." 이 말을 한 다음 두 호빗이 여정을 이어가도록 그들은 온 힘을 다해 적을 향해 돌진한다. 절대 이길 수 없다는 걸 알면서 말이다. 친구들에게 무모하고 희박하지만 잠깐의 기회라도 주기 위해 죽을 것이 분명한 상황으로 달려든 것이다.

　전체 시리즈 가운데 이 장면에서 틀림없이 감정이 최고조에 이를 것이다. 이 내용이 전개될수록 우리는 뭉클함을 느꼈고 '다른 사람을 위해 이타적인 행동을 하는 사람'이 이 감정의 핵심 요소라는 걸 깨달았다. 우리는 이 개인적 통찰을 회사 소셜 인텔리전스와 결합하여 경탄이라는 감정에 딱 맞는 하나의 카테고리를 만들었다. 이제 우리는 공유 가능성이 매우 높은 영상을 제작하고자 할 때 이 감정을 활용한다.

　이것을 실행한 사례가 1장에서 언급했던 어도비 캠페인 영상이

7 seconds 　허리케인 하비 복구 프로젝트Hurricane Harvey Restoration Project
'선한 영향력'이라는 가치 아래 무겁지 않게 공감을 이끌어낸 이 영상은 누구나 보면 눈물
을 흘릴 수밖에 없다. 순식간에 700만 뷰 이상 조회되며 대대적인 언론 보도로 이어졌다.

다. 어도비는 우리 회사에 "포토샵 소프트웨어를 학생들에게 홍보
하고 싶다"고 의뢰했다. 우리는 아주 제한적인 조건을 듣고 이 회사
가 도달하려는 고객이 어떤 유형의 콘텐츠를 좋아하고 우리가 어떤
감정을 활용할 수 있을지 조사했다. 경탄이 높은 점수를 얻었고 '사
람이 경탄의 대상People Are Awesome'이라는 카테고리가 가장 적합했다.
이와 더불어 우리는 한 그룹의 학생들에게 아이디어를 빌렸다. 그
당시 발생한 허리케인 하비 때문에 손상된 사진을 포토샵을 사용하
여 복원하려는 것이었다. 우리는 영상을 구성해보았다. 피해 주민
들을 등장시키고 사진 작업을 하는 학생들이 그들을 만나러 온다.
그리고 그 학생들은 허리케인으로 소중한 사람들과 찍은 사진들을
영영 잃었다고 슬퍼하는 사람들을 위해 따뜻한 이벤트를 준비한다.

피해 주민들에게 복원한 사진을 인화하여 액자에 넣어 전달하는 것이다. 이 장면이 연출되면서 감정은 고조된다.

그렇게 제작된 영상은 누구나 한번 보면 눈물을 흘릴 수밖에 없는 감동의 도가니를 만들었다. 내부적으로 이 영상을 시사하는 순간에도 우리는 스크린을 보지 않으려 애썼다. 수백 번을 봤지만 볼 때마다 울컥하며 눈물이 나왔기 때문이다. 이 감정은 크나큰 성공으로 바뀌어 어도비에 전달되었고 어도비는 지금도 우리 회사를 계속 찾는 고객이 되었다.

공유 가능한 세 번째 감성,
공감

세 번째 공유 가능한 감정은 '공감'이다. 많은 사람이 공감과 연민을 혼동하지만 두 감정은 같지 않다. 당신이 연민을 느낀다면 상대방을 만난 적도 없고 그 사람이 어떤 감정인지 알 수 없더라도 상대의 상황을 이해하고 느낄 수 있다. 연민의 대상은 광범위하며 사람이 아닐 수도 있다. 하지만 공감은 구체적이고 지극히 개인적이며 훨씬 더 강력한 감정이다. 공감은 어떤 주제에 대해 상대방의 기분을 진정으로 이해하고 그 기분을 직접 경험하기 위해 스스로 상대방의 입장이 되어 볼 수 있는 능력이다. 공감할 때 당신은 다른 사람과 비슷한 기분을 느끼고 감정적 연결을 맺고 그들의 구체적인 형편이나 의견에 연민을 느끼지 않고도 이 감정을 느낄 수 있다.

공감은 온전히 전달하기 어려운 감정일 수 있지만 제대로만 하면 강력한 공유 도구가 될 수 있다. 사람들은 의미 있는 방식으로 다른 사람들과 연결되길 바라기 때문이다.

사례를 하나 소개하면, 하이네켄은 2017년 "극과 극Worlds Apart"이라는 캠페인을 통해 고정관념을 허물고 공감을 시험했다. 이 회사는 런던대학교 골드스미스대학 혁신 책임자이자 인간행동학을 연구하는 크리스 브라우어 박사의 도움을 받아 캠페인에 착수했다. 하이네켄은 확고한 관점을 가진 사람이 정반대 관점을 가진 사람과 상호작용함으로써 상반되는 관점을 수용할 수 있을지 알고 싶었다. 달리 말해 그들이 서로의 생각에 공감할 수 있을지 궁금했다. 브라우어의 연구에 따르면 사람들은 먼저 공통점을 발견하면 상반되는 믿음을 가진 사람에게 더 공감할 수 있었다.

그런 다음 하이네켄은 이런 질문으로 시작하는 4분짜리 영상을 제작했다. 이 영상은 "상반된 시각을 가진 두 사람이 처음 만나 서로 다른 것보다 연결되는 부분이 더 많다는 것을 증명할 수 있을까요?"라는 질문으로 시작된다. 이 영상에서 처음 보는 여섯 사람이 각각 둘씩 짝이 된다. 짝이 된 두 사람은 서로를 전혀 모르지만, 시청자에게는 그들이 한 가지 주제에 관해 확고하게 상반된 시각을 지니고 있다는 것을 미리 영상으로 알려준다. 페미니즘을 남혐이라고 규정하는 남자는 페미니스트와 짝이 된다. 기후 변화 부정론자는 기후 변화를 믿는 사람들에 대해 실제로 존재하는 믿을 만한 문제에나 관심을 쏟으라고 언성을 높이지만, 아니나 다를까 이 사람은 기후 변화 활동가와 짝이 된다. 트랜스젠더 여성은 성 정체성을 완전히 흑백논리로 파악하는 사람과 만난다.

일단 짝이 된 두 사람을 만나게 한 다음 등받이 없는 의자를 만들

극과 극 Worlds Apart

2017년 하이네켄 캠페인 영상으로 뿌리 깊은 편견을 넘어설 수 있는 인간의 능력을 시험하고 있다. 우리는 모두 같은 세상에 속해 있고, 그것을 포용하는 것이 얼마나 중요한지를 느끼게 한다.

게 한다. 제공된 의자 만드는 방법을 그대로 따라야 하는 이 두 사람은 함께 의자를 만든다. 그 의자에 앉아 다섯 가지 형용사를 사용하여 자신을 소개한다. 형용사가 늘어갈수록 그들은 서로 알게 되고 힘들었던 성장 과정처럼 개인 신상을 공개한다. 즉, 그들은 새로운 친구와 대화하며 서로에게 공감하기 시작한다. 두 사람은 커다란 테이블을 만드는 다른 과제를 받는다. 함께 작업하며 의자와 테이블이 완성될수록 우정이 싹트고 조금씩 자라기 시작한다.

물론 뜻밖의 결말이 기다리고 있다. 시청자들이 이미 본 영상을 두 사람에게 보여준다. 새로운 친구가 자신과 극적으로 정반대되는 신념을 강하게 주장하는 영상이다. 두 사람이 방금 본 영상을 생각하는 동안 선택권이 주어진다. 그들은 이 자리를 떠날 수 있고 아니면 맥주 한잔하면서 서로의 다름에 관해 토론할 수 있다. 참가자들은 모두 남기를 선택하고 대화를 나누며 더욱 공감하게 되는 상황이 펼쳐진다.

이 영상은 대화를 통해 고정관념에 도전하는 휴먼 라이브러리라는 비영리단체와 협력하여 만들어졌고 엄청난 인기를 얻었다. 억제할 수 없는 공감을 정확히 보여주었기 때문이다.

인간 감정의 핵심은 여러 방법으로 전달될 수 있지만, 종종 소속감으로 귀결된다. 사람들에게 소속감에 대한 욕구를 자극하는 이야기는 다른 사람을 소속감에 초대하는 방식으로 공감을 일으킨다. 하이네켄 광고의 경우 특정 관점이나 신념 체계에 동의하기보다 인간적인 소속감을 느끼도록 했다.

이 영상은 차이를 드러내고 강한 편견이나 의견 차이를 넘어설 수 있는 인간의 능력을 보여줌으로써 우리는 모두 같은 세상에 속해 있고, 같은 인간이 할 수 있는 경험을 공유하며, 그것을 포용하는 것이 중요하다고 말한다.

10대 시절 우리가 꾸미곤 했던 작은 방 그 벽으로 다시 돌아가 보자. 사람들은 자신이 어떻게 인식되고 싶은지를 알리고 싶기 때문에 이 영상을 공유한다. 나 자신이 얼마나 괜찮은 사람이란 것을 알리고 싶은 것이다. 자신 역시 포용적이고 다르다는 차원을 넘어 근본적으로 다른 신념이나 가치를 지닌 사람과 진정한 대화를 나눌 수 있는 사람임을 보여주고 싶은 것이다. 이 영상은 인간의 긍정적인 면을 반영하고 이 콘텐츠를 공유하는 사람까지 긍정적으로 바라보게 만들었다.

공유 가능한 네 번째 감성,
호기심

호기심이 꼭 고양이 한 마리를 죽게 만들 정도의 영향력을 발휘하는 것은 아니지만 수많은 인터넷 미끼를 만들어낸 것은 분명하다. 호기심은 인간이 진화하게 된 계기이기도 했기에 이 감정의 중요성은 더 말할 필요가 없을 것이다. 사전에서 '호기심'은 '알거나 배우고 싶은 욕망'이라고 정의된다. 이것은 본질적으로 사람들의 관심을 사로잡아야 하는, 우리가 만드는 영상에도 자연스럽게 반영해야 할 감정이다. 모든 영상의 첫 번째 프레임이 해야 할 일은 다음 프레임에 호기심을 느끼게 하는 것이다. 처음 3초가 당신을 7초까지 붙들어놓고, 15초, 30초까지 데려간다. 호기심 자극은 스토리텔링의 자연스러운 부분이다. 그렇지 않으면 아무도 당신이 하는 이야기에 귀 기울이지 않을 것이다.

영상에서 호기심 자극은 헤드라인에서 시작한다(자세한 내용은 5장에서 살펴본다). 사람들의 관심을 사로잡고 가까이 다가와 재생 버튼을 클릭하고 시청할 만큼 호기심을 갖게 해야 한다.

그리고 소셜미디어는 거의 피드 기반임을 이해해야 한다. 즉, 스크롤하는 순간부터 영상이 재생된다는 뜻이다. 영상은 처음 몇 초 안에 사람들의 호기심을 즉시 자극해야 한다. 그렇지 않으면 사람들은 당신의 콘텐츠가 존재한다는 걸 알기도 전에 다른 곳으로 가버릴 것이다.

포스터 프레임poster frame도 마찬가지다. 포스터 프레임이란 와이파이 연결 없이 휴대전화로 접속하거나 데이터 사용 시 '자동 재생' 금지로 설정했을 때 나타나는 정지된 이미지를 가리킨다. 복잡한 기술을 요하는 귀찮은 작업처럼 느껴지지만 사실 영상의 성패를 좌우하는 중요한 사항이다. 섬네일의 문구는 유튜브에는 특히 중요하다. 다른 피드 기반 플랫폼에서도 유튜브보다는 덜 중요할지 모르지만 여전히 고려할 사항이다.

그렇다면 호기심 자체가 좋은 영상 콘텐츠가 될 수 있을까? 호기심이 놀랄 만큼 큰 영향력을 가질 수 있는 것이 바로 교육 콘텐츠다. 호기심이란 무엇을 알거나 배우고 싶은 욕망이라는 걸 기억하길 바란다. 그리고 당신은 교육이라는 단어를 떠올리면 이미 지루하다는 생각이 들 것이다.

구어 예술가이자 시인이며 영화 제작자로 알려진 프린스 이에이와 작업했던 영상을 좀 더 깊이 살펴보자. 그는 핀란드 에너지 회사 네스테가 후원하는 교육 프로그램의 홍보대사였다. 우리는 그와 함께 기존의 생각으로는 불가능해 보이는 영상을 만들었다. 한 장소

나는 학교 교육 제도를 고발한다I Just Sued the School System!!!
금붕어를 클로즈업하고 아인슈타인의 말을 인용하며 시작되는 이 영상은 호기심이라는
감정을 적극 활용하며 조회 수 3억 5,000만 뷰, 공유 수 900만 건을 기록했다.

에서, 한 사람이 미국 교육 제도의 현 상태에 대해 말하는 6분짜리
공익공고였다. 듣기만 해도 흥미롭지 않은가?

"나는 학교 교육 제도를 고발한다Just Sued the School System!!!"라는 이 영
상은 3억 5,000만 번 조회되고 900만 번 공유되었으며 지금까지 가
장 많이 공유된 공익광고다. 분명히 뭔가 작동했다. 무엇이었을까?
한번 짐작해보라. 그 대답은 바로 호기심이다.

이 영상은 금붕어를 클로즈업하고 아인슈타인의 말을 인용하며
시작된다(귀인 이론을 전적으로 신뢰하는 것은 아니지만 지금은 그게 중요한 게
아니다). 그런 다음 한 장소를 보여주는데 바로 법정이다. 법정에서
프린스 이에이가 배심원들과 방청석의 학부모들과 학생들 보는 앞
에서 학교를 재판에 회부한다. 프린스 이에이는 교육에 관해 솜씨

좋게 이야기를 이어간다. 그의 말 한마디 한마디가 예상치 못한 흥미로운 시각을 전달하며 당신을 생각하게 만든다. 첫 마디부터 그가 내뱉는 모든 말에 관심이 가고 다음에 무슨 말을 하고 어떤 결론을 낼지 호기심이 생긴다. 그리고 이 자리에 참석한 모든 사람의 입장을 소품과 그래픽을 사용하여 하나하나 소개한다. 흥미로운 내용들이 점점 모여 궁금증을 자아내고 드디어 최고조가 되었을 때 기립 박수가 터져 나온다.

사람들이 이 영상을 보는 이유는 호기심 때문이다. 처음에는 금붕어가 궁금했고 인용구와 장소가 궁금했다. 그리고 무엇을 말하려는지 궁금했고 그다음에 무슨 말을 할지 궁금해졌다. 또한 대사가 유용한 정보를 전달한다는 사실도 사람들의 호기심을 자극하고 관심이 가게 만든다. 당신의 뇌에서 도파민이 마구 분출한다. 이 영상을 보면서 자신이 똑똑하다고 느낀다. 분명 당신을 가르치고 있는 영상이지만 스스로 핵심 정보를 발견하는 기분이 들게 하고 깊이 생각하도록 뇌를 자극한다.

당신이 이 영상을 공유한다면 당신은 똑똑하게 보일 뿐 아니라 다른 사람들에게 똑같은 호기심을 자극할 것이다. 그리고 정말 가치 있는 것을 공유한다는 생각에 스스로 기분도 좋아진다. 교육 현황에 관한 공익광고로 나쁘지 않은 방법인 것이다.

공유 가능한 다섯 번째 감성,
놀람

결과만 놓고 보면 놀람이라는 감정이 1등이고 적어도 가장 확실한 인상을 남길 수 있는 감정이다. 디지털 세상에서 인간적인 반응보다 더 강력한 것이 없고 놀라는 것보다 더 강력한 반응은 없다.

놀람은 예상치 못한 기쁨이나 단순한 두려움에서 드러나고 무엇을 새로 알게 될 때도 나타난다. 좋은 영상은 효과를 극대화하기 위해 한 가지 이상의 놀람을 조합한다.

셰어러빌리티가 이동통신 기업 크리켓 와이어리스를 위해 제작한 "뜻밖의 존 시나(현실판)Unexpected John Cena IRL (In Real Life)" 영상을 예로 들어 보자. 이 아이디어는 지금은 없어졌지만 짧은 동영상 호스팅 서비스인 바인Vine에서 인기를 얻은 '존 시나' 밈을 참고했다. 이 밈은 하나의 비디오 클립과 존 시나가 프로레슬링 경기장에 입장하는 장면 그리고 그 유명한 등장 음악이 합쳐져 독특한 웃음을 자아낸다.

옛날 영화나 만화, 유튜브 영상까지 생각하는 무엇이든 처음에

 바인에서 인기를 얻은 '존 시나'의 밈은 하나의 비디오 클립과 존 시나가 프로레슬링 경기장에 입장하는 장면 그리고 그 유명한 등장 음악이 합쳐져 독특한 웃음을 자아낸다.

나오는 비디오 클립이 될 수 있다. 하지만 이 모든 클립에는 한 가지 공통점이 있다. 어떤 형태로든 소개하는 행위가 나와야 한다. 배트맨이 자신을 소개하는 말부터 항공기 안전 광고, 아기 낚시꾼이 자기가 잡은 물고기 지느러미에 얼굴을 맞아 놀라는 모습까지 다양하다. 그런 다음 갑자기 WWE 장내 아나운서가 "존 시나!!"를 외치면 존 시나가 음악과 함께 등장하는 장면이 연결되는 것이다.

요약하면 예상치 못한 놀람이 이 밈의 핵심 요소였다. 결국 이 밈은 "뜻밖의 존 시나"라고 불렸고, 예상치 못한 곳에서 갑자기 튀어나온다는 뜻의 농담으로 널리 쓰이게 되었다.

이렇게 이 밈이 한창 인기를 누리고 있었기에 우리가 존 시나와 촬영할 수 있는 시간은 고작 4시간이었다. 이 영상을 어떻게 제작해야 할지 우리에겐 아주 작은 아이디어조차 없었다. 하지만 이 밈을 부채질한 놀람이라는 요소를 잘 활용하면 꽤 괜찮은 공유할 만한 영상을 만들 수 있을 것 같았다. 그리고 어떻게든 현실에서 실제 사람들과 깜짝쇼를 만들면 분명히 히트하리라는 확신이 들었다. 우리는 다음과 같은 과제를 우선 해결해야 했다.

1. 존이 이런 밈이 존재한다는 걸 인식하고 있는지 이제껏 해보지 않은 일을 하는 것을 어떻게 생각하는지가 관건이었다.
2. 존 같은 유명인이 인터넷 트렌드를 어떻게 받아들이고 있는지가 문제였다. 존은 이 트렌드가 자신의 이미지를 희화한다고 생각할 수 있기에 그를 설득해야 했다.
3. 영상 자체와 관련된 것으로 이 밈을 구체적으로 실현하는 일이다. 우리가 하려는 것은 "뜻밖의 존 시나 (현실판)"이므로 존을 전혀 상상치 못한 놀라운 방식으로 활용해야 한다.

영상 속에서 '놀람'이라는 것은 존의 등장 때문에 실제로 놀라는 사람들에게서 온다. 존이 벽을 뚫고 나오거나 예상치 못한 방법으로 나타났을 때 아드레날린이 솟구치는 충격적인 순간을 연출하는 것이 관건이다. 여기에 더해 이 영상을 보는 사람들을 한층 더 놀라게 하기 위해서는 열성 팬의 반응을 따는 것이다. 존의 진짜 열성 팬을 섭외해서 직접 존을 보는 순간 완전히 반하거나 열광적으로 반응하는 모습을 따야 했다.

이렇게 공유 가능한 감정과 변수들을 파악한 후 이를 토대로 아

7 seconds 뜻밖의 존 시나(현실판)Unexpected John Cena IRL (In Real Life)
이동통신 기업 크리켓 와이어리스의 홍보 영상으로 몰래카메라 방식을 사용했다. 전혀
예상치 못한 상태에서 튀어나온 존 시나를 보고 놀라는 열성 팬의 반응을 담고 있다.

이디어를 만들어가는 작업을 할 수 있었다. 늘 그렇듯 가장 단순한
아이디어가 최고의 아이디어였고, 우리와 같은 상황에서 이보다 더
확실한 것은 없었다. 우리는 존 시나의 팬들을 크리켓 와이어리스
가 새로 오픈하는 존 시나 스토어의 가짜 홍보대사 역할 오디션을
보게 했다. 그들은 요청받은 대로 존의 포스터를 보고 WWE 스타
일로 소개 멘트를 할 것이고 그 순간 존이 포스터를 뚫고 나와 실제
로 모습을 드러내는 것이다.

　크리켓 매장에서 촬영하면 모든 곳에서 브랜딩이 이루어지므로
브랜드가 자연스럽게 노출되었다. 이 영상으로 조회 수 2억 2,000
만 건 이상을 달성한 덕분에 크리켓은 우리에게 고마움을 표현하지
않을 수 없었다.

이 영상은 매우 크게 성공했고, 크리켓과 존의 계약이 끝나고 공식 영상이 내려간 후에도 거의 7,000번이나 다시 업로드되었고 여전히 널리 퍼지고 있다. 이 글을 쓰고 있는 지금도 처음 영상을 공개한 지 2년이 지났지만 지난 30일 동안 새롭게 편집된 영상을 76개나 찾을 수 있다.

하지만 가장 중요한 결과는 우리 고객인 크리켓 와이어리스가 실질적으로 얻은 효과였다. 우리가 제작한 영상에서 얻은 트래픽에서 발생한 존 시나 스토어의 전환율conversion rate은 다른 광고에서 발생한 것보다 300퍼센트 이상 효과가 있었다. 놀람이라는 단순한 감정을 활용하여 얻은 실질적이고 측정 가능한 확실한 수익이었다.

공식에 대입할 수 있는
다른 감정들

물론 인터넷 콘텐츠 공유를 유도하는 다른 감정들도 많다. 기쁨, 감사, 존경, 희망, 자부심 등과 같은 감정 말이다. 이 많은 감정들 중에서 공유를 유발하는 가장 강력한 감정 중 하나는 분노다. 데이터가 일관되게 보여주는 것처럼 긍정적인 콘텐츠는 부정적인 콘텐츠보다 더 넓게 공유되지만, 분노를 활용하면 순식간에 공유를 크게 늘릴 수 있다. 하지만 브랜드 입장에서 분노를 긍정적인 방식으로 사용하기란 매우 어려운 일이다.

분노는 일상이나 온라인에서 사람들을 행동하도록 만드는 자극이 높은 감정이다. 그러나 대부분 브랜드는 사람들을 화나게 하길 바라지 않는다. 우리 또한 보통 캠페인에 분노 감정을 사용하지 않는다. 분노를 통해 사람들이 긍정적인 행동을 하도록 이끄는 일은 지극히 까다롭고 어려운 일이기 때문이다.

하지만 분노는 한 가지 이유만으로 매우 강력한 도구가 될 수 있

7 seconds 2018년 17명이 사망한 고교 '총기 난사' 현장에서 오열하는 희생자 엄마들의 모습을 담은 이 영상은 많은 사람들의 분노를 끌어냈고 이를 통해 총기 규제를 요구하는 운동이 그 어느 때보다 강렬해졌다.

다. 바로 사람들의 행동을 촉구하는 긍정적인 변화를 일으키려 할 때다. 이런 일은 2018년 무고한 학생과 교직원 열일곱 명의 목숨을 앗아간 플로리다주 파크랜드 마조리 스톤맨 더글러스 고등학교 총기 난사 사건처럼 비극적인 일이 발생한 경우 종종 일어난다. 총기 사건 직후 몇몇 영상이 올라왔고 이 영상들은 급격히 공유되었다. 대부분 총기 관련 이슈에 관한 논쟁이었다. 이 영상들을 보고 많은 사람이 분노했고 이 문제에 관해 대책을 세우길 원했다. 결과적으로 유의미한 총기 규제를 요구하는 운동이 그 어느 때보다 강렬해졌다.

분노 영상이 강력한 감정을 자극하고 수백만 번의 공유를 유도하기도 하지만 브랜드가 활용할 수 있는 믿을 만한 방법은 아니다. 분노 감정은 양극화로 치달을 가능성이 크기 때문이다. 보통 브랜드라면 포용적이길 원한다. 양편 모두에 물건을 팔고 싶기 때문이다.

한편 슬픔은 온라인 콘텐츠를 보게 만드는 감정이기는 하지만 슬픔 그 자체는 공유하고 싶은 감정이 아니다. 슬픔은 실제로 공유하고 싶은 마음을 감소시키기도 한다. 분노보다 자극이 늦게 일어나는 감정이기 때문이다. 사람들은 슬픈 것을 보면 차단한다. 슬플 때는 공유하려는 기분이 들지 않는다. 자신의 슬픔을 나눠주고 싶은 사람은 없다. 기본적으로 슬픈 이야기지만 그 슬픔이 자신감과 희망으로 바뀌면 그때는 공유할 수 있게 된다. 이것은 사진 복원에 관한 어도비 영상에서 뚜렷이 나타나기도 한다.

이 장에서 소개한 다섯 가지 공유 가능한 핵심 감정인 행복, 경탄, 공감, 호기심, 놀람은 긍정적인 공유를 하게 만드는 주요 동인이다. 이 감정들을 이해하고 능숙하게 활용한다면 좋은 결과를 얻을 수 있다. 다음에 무언가를 공유할 때 직접 시험해보라. 그리고 이 가운데 어떤 것이 이 브랜드를 공유하게 하는 주요 역할을 하는지 살펴보라.

3장

가치 제공에
집중하라

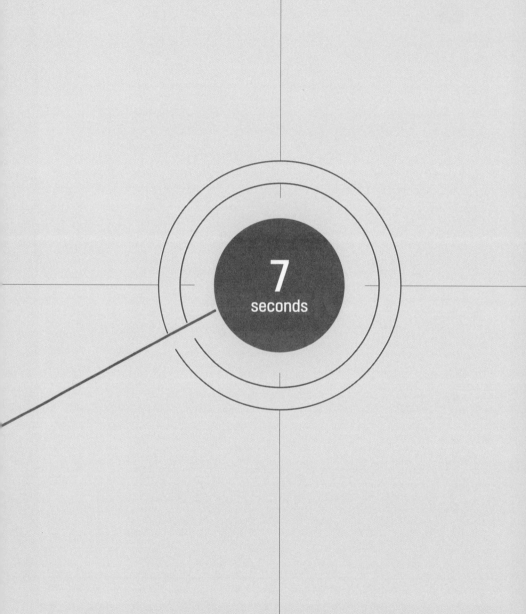

그 누구도 아닌 영상을 볼
사람에 초점을 맞춰라

세 사람이 로스앤젤레스 사우스 센트럴에 있는 크리켓 와이어리스 매장 안으로 걸어 들어왔다. 동시에 그들은 우리가 기획한 가장 짓궂은 영상 속으로 들어온 것이다. 앞에서 이야기했던 그 설정이다. 우리는 크리켓 와이어리스 존 시나 스토어의 홍보대사를 선발하는 오디션을 열고 WWE 슈퍼스타 존 시나의 왕팬들이 참여하도록 공개 모집했다. 몇 발짝 뒤에 자신의 영웅이 있다는 것을 아는 사람은 없었다. 존이 찢고 나올 만큼 얇은 종이 벽 뒤에서 자신들이 하는 말을 모두 듣고 있는지도 몰랐다.

나는 연출 감독 역할을 맡아 팬들을 하나씩 불러들여 존을 얼마나 좋아하는지 질문했다. 그런 다음 이 전설적인 스타가 실제로 여기 있는 것처럼 (실제 크기의 존 시나 사진이 있는) 포스터 벽을 열정적으로 소개하도록 했다.

오디션 그룹마다 같은 과정을 거쳤다. 먼저 자기소개를 하게 한

출처: 유튜브

7
seconds
2장에서도 살펴본 이 영상은 존 시나를 좋아하는 열성 팬의 바람을 현실화시키면서 그들에게 인생에 길이 남을 만한 가치 있는 경험을 제공하고 있다.

다음 얼마나 존 시나를 좋아하고 존경하는지 질문했다. 나는 이들이 소개 멘트를 할 때 흥분해서 소리를 지를 때까지 에너지를 끌어올렸다. 흥분이 극에 달하면 존 시나가 벽을 뚫고 나와 인생에 남을 놀라운 경험을 선물했다. 나도 결코 잊지 못할 날이었다.

앞 장에서 이 영상의 예상치 못한 놀람이라는 요소와 특히 실제 상황에서 깜짝 놀란 사람들의 반응에 관해 이야기했다. 그들의 반응은 인터넷에서 찾은 순금 같았다. 완전히 놀라고 흥분한 순간을 있는 그대로 포착하는 것에는 마법 같은 힘이 있다. 그러나 놀람은 영상을 엄청나게 히트시킨 셰어러빌리티의 핵심 철학 중 한 부분일 뿐이다.

행복, 경탄, 공감, 호기심 등 여러 감정들처럼 놀람도 하나의 감정에 불과하지만 전통적 광고와 현대적 광고 사이의 뚜렷한 간극을 단적으로 보여주는 감정이다. 간단히 말해 이 영상이 성공할 수 있었던 배경에는 한 가지 단순한 철학이 있었다. 바로 '가치'다.

우리는 시청자들에게 가치를 제공했다. 매우 단순한 개념이지만 수많은 마케터가 완전히 이해하지 못하는 개념이기도 하다. 전통적 TV 광고의 경우 시청자가 정작 보고 싶어 하는 것을 방해하려는 의도를 갖고 있었다. 즉, 당신이 좋아하는 프로그램 가운데 끼어들어 정말 보고 싶은 콘텐츠에 접근하려면 "이걸 봐라" 하며 지불해야 할 비용처럼 생각되었던 것이다. 우리는 이러한 상황을 완전히 뒤집어보았다. 우리는 본질적으로 가치 있는 브랜드 메시지를 제작한다. 광고를 제작한다는 생각을 버리고 잠재 고객이 실제로 보고 싶어 하는 그 콘텐츠를 제작하는 것이다. 그리고 이 가치는 거대한 반응을 이끌어낸다.

그 이유는 인간 본성에 있다. 길을 가다 잘 차려 입은 낯선 사람이 다가와 단도직입적으로 1달러를 달라고 요청하면 아마 당신은 당황하며 뒷걸음칠 것이고 절대 그 사람에게 1달러를 주지 않을 것이다. 하지만 어떤 동료가 다가와 당신의 자동차 열쇠를 찾아주거나, 주차 비용 25센트를 대신 넣어주거나, 사심 없이 당신에게 가치있는 어떤 일을 해준다면, 당장 그에게 호감을 느끼게 될 것이다. 그 인연 덕분에 편하게 대화를 시작하거나 공통 관심사라도 발견하면 바로 그 자리에서 유대감은 강해질 것이다. 그리고 그 동료가 커피 살 돈에서 1달러 부족하다는 걸 알게 된다면 어떨까? 주머니에서 1달러를 꺼내 그에게 주지 않을 이유가 있을까?

당신은 분명 그가 커피를 사 마실 수 있도록 기꺼이 돈을 보낼 것이다. 아니면 적어도 마음이 쓰일 것이다. 중요한 건 그 동료가 먼저 당신에게 친절한 도움을 주었다는 것이다. 먼저 가치 있는 행동을 한 것이다.

이 시나리오를 다시 살펴보자. 1달러에 초점을 맞춰 단적으로 생각해보면 그 동료는 당신에게 1달러를 얻어내기 위해 잘 차려입은 낯선 사람보다 더 큰 노력을 기울인 것이다. 그리고 결국 동료가 성공했다.

우리가 제작하는 영상도 같은 방식으로 작동한다. 우리는 아무것도 먼저 요구하지 않는다. 단지 가치를 제공한다. 인터넷에 있는 낯선 사람에게 다가가 이렇게 말한다. "혹시 존 시나의 팬인가요? 시나가 벽에서 튀어나와 팬들을 놀라게 하는 영상을 봤나요? 아마 마음에 들 거예요. 한번 확인해보세요!"

일단 사람들이 우리 콘텐츠를 시청하고 나면 대화를 시작하고 가치 있는 다른 콘텐츠를 보러 오게 할 수 있다. 그런 다음 가장 활발하게 상호작용하고 참여하는 사람에게 좀 더 접근하여 사정을 이야기하고 그들이 힘들게 번 돈이지만 우리에게 나누어달라고 요청하면 어떨까? 그들은 기꺼이 나누어준다. 왜냐하면 우리가 먼저 가치 있는 행동을 했기 때문이다.

2장에서 우리는 공유하는 행동이 실제로는 이기적인 행동임을 이야기했다. 대부분 사람들은 선한 의도로 공유하기보다 오히려 자신이 어떻게 보이고 판단될지에 영향을 받는다. 이것은 가치와 연결되고 콘텐츠 제작의 전체 전략을 근본적으로 바꿀 수 있는 매우 중요한 계기가 된다.

간단히 말해 사람들이 당신의 콘텐츠를 공유하게 하려면 그 콘텐츠는 당신에 관한 것이 아니라 그 사람들에 관한 것이어야 한다. 이 개념은 지난 10년 동안 한 번도 빠짐없이 증명되었다. 사실 우리 회사를 성공하게 만든 핵심이기도 하고 우리가 지난 몇 년 동안 60개의 바이럴 히트 영상을 제작할 수 있었던 이유이기도 하다.

하지만 브랜드 가운데 99퍼센트는 아직 이 방법을 사용하지 않는다. 왜 그럴까? 간단히 설명하면 이 전략은 지난 80년 동안 마케터들에게 깊이 밴 기존 광고의 핵심 전제를 역행하는 일이기 때문이다.

광고의 기본,
과거로 가는 추억 여행

사람들은 종종 '과거 좋았던 시절'에는 모든 것이 훨씬 단순했다고 말한다. 어떤 경우는 선택적인 기억일 때도 있지만 광고 세계에서 이 말은 진실일 때가 많다.

텔레비전이 발명되기 전에 라디오는 미국에서 지배적인 매체였고 전국적인 주목을 받았다. 1930년대나 40년대에 인기 라디오 프로그램의 경우 매주 수천만 명의 청취자들이 들었다. 각 기업들이 자신의 브랜드를 홍보하는 방법은 간단했다. 라디오 방송국에 수표한 장만 끊어주면 귀 기울이고 있는 모든 청취자 앞에 자신의 브랜드를 알릴 수 있었다. 말 그대로 '광고'할 수 있었다.

1941년 시리얼 회사 제너럴밀스가 한 라디오 프로그램을 제작 지원하기 시작했을 때를 예로 들어보자. 이 프로그램의 주별 청취자는 2,000만 명이었고 모두 이 프로그램을 청취하려고 매주 세 번씩 라디오 주위로 모여들었다. 브랜드 입장에서 이보다 더 좋을 수

마치 입장료처럼 좋아하는 프로그램을 보기 위해 광고를 볼 수밖에 없었던 그 시절에는 "아이들아, 치리오스를 먹을지라!"처럼 명령하는 한 마디가 최고의 광고였다.

는 없었다. 청취자들은 열렬히 좋아하는 프로그램의 입장료처럼 광고를 듣는 것 외에는 다른 선택의 여지가 없었다. 심지어 브랜드는 이 상황의 영웅으로 자리 잡았다. 마치 신의 음성처럼 들렸다. "이 프로그램은 치리오스 시리얼 덕분에 만들어졌다. 그러니 기억하라. 아이들아, 치리오스를 먹을지라!" 이런 식의 말들이 기업이 상상할 수 있는 최고의 광고였다.

광고의 힘은 텔레비전의 출현과 더불어 계속되었다. 텔레비전 초창기부터 1980년대에 이르기까지 오직 세 개밖에 안 되는 방송사만이 하루 종일 방송을 했고 이들 프로그램 제작비는 모두 광고로 충당되었다. TV를 시청하다 광고가 나오면 기본적으로 세 가지 선택을 할 수 있었다.

1. 앉아서 광고를 시청한다.
2. 채널을 돌린다(하지만 다른 광고를 볼 가능성이 크다. 방송사들의 광고 시간은 똑같기 때문이다).
3. TV를 끄고 다른 일을 하러 간다.

이 시대를 종종 광고의 황금기라고 부른다. 텔레비전은 전국적인 주목을 받았고 방송사는 번창했으며 주머니가 두둑한 기업들은 늘어나는 판매율과 성장하는 고객 정보의 혜택을 그대로 싹싹 거둬들였다.

1970년대 후반 케이블 채널이 나타나기 시작하면서 시청자들에게 더 많은 선택권이 주어졌지만, 케이블 채널도 광고주의 지원을 받기는 마찬가지였다. 당시 HBO 같은 유료 채널은 무척 드물었다. 채널이 늘어나자 브랜드가 광고를 실을 수 있는 TV 편성도 늘어났다.

1990년대에는 수백 개의 채널이 생겼고 티보 같은 광고 차단기도 발명되었다. 광고 산업에 다가올 운명의 그림자였지만 그 순간에 광고 산업은 여전히 호황이었고 막대한 수수료를 챙기느라 정신이 없었다. 그리고 이 모든 게 절대 변하지 않을 것만 같았다.

그리고 인터넷이 나타났다. 인터넷 초기에는 사실 과대광고가 많았다. 모든 새로운 매체가 그렇듯 기반을 마련하는 데 꽤 많은 시간이 걸렸다. 처음 10년 동안 인터넷 광고는 기본적으로 정신없는 검색 트래픽과 과장된 배너 광고를 모아놓은 것에 불과했다. 그러나

7 seconds 2005년 유튜브가 나오면서 소비자에게 광고에 대한 선택권이 주어지자 절대 변하지 않을 것 같았던 광고 시장에 거대한 변화가 생겼다.

2005년 유튜브가 나오면서 모든 것이 달라졌다. 소비자 행동에 거대한 전환이 시작된 것이다.

인터넷은 사람들에게 전에 가져보지 못한 선택권을 주었다. 브랜드를 알리고자 하는 기업의 입장에서 중요한 것은 이 선택권이 광고와 직접 관련이 없다는 거였다.

마케팅 분야에서 일하는 청년이었던 나와 동료들에게는 엄청나게 신나는 시기였다. 정확한 방법을 아는 사람은 아직 없었지만, 인터넷이 브랜드와 고객의 상호작용 방식을 바꾸리라는 것은 분명했다. 하지만 이상하게도 더 놀라운 것은, 모든 사람이 이 상황에 흥분하는 것처럼 보이지는 않았다.

당시 광고계 선배들은 인터넷을 마치 뒷골목 마케팅 막간 쇼처럼 이야기했다. 텔레비전 광고라는 거대한 '현실 세계'에 덧붙어 존재하는 주류라고 볼 수 없는 그저 참신하고 재미있는 소소한 부록쯤으로 취급했다.

하지만 그들 모두 간과한 것이 있다. 인터넷은 근본적으로 사람들이 콘텐츠와 상호작용하는 방식을 바꾸어놓는다는 거였다. 시청자들은 가만히 앉아 마케팅 부서의 계획에 따라 방송사 임원이 정해 놓은 순서에 맞게 방송되는 프로그램을 더 이상 보지 않아도 됐다. 기술이 발전함에 따라 시청자는 이제 자신이 원하는 것을, 원하는 시간에, 선호하는 디바이스로 볼 수 있게 되었다. 텔레비전을 정말 주문형으로 시청하는 시대인 것이다.

이것은 인터넷이 광고 법칙을 바꾸어놓았다는 의미이기도 하다. 그것도 영원히 말이다. 실제 크고 작은 화면에서 여러 종류의 광고가 복잡한 방식으로 일어나고 있지만 핵심은 무척 간단하다. 우선 선택권이 없을 때 사람들은 어쩔 수 없이 꾹 참고 광고를 봤다. 그러나 선택권이 생긴 이상 광고를 피하려 하는 건 당연하다. 감정적인 행동이 아니라 자신을 위한 또 다른 결정이다. 보지 않아도 된다면 누가 광고를 보겠는가?

그러므로 만약 당신의 전략이 사람들이 진짜로 보고 싶은 것을 보기 위해 보고 싶지 않은 것을 보도록 하는 것, 즉 그들이 좋아하는 것을 방해하는 것이라면 결코 크게 성공할 수 없다. 이건 너무 당연하고 간단한 문제다.

필요한 것을 주어야
소비자가 돈을 꺼낸다

그렇다면 광고와 가치라는 새로운 온라인 개념을 어떻게 구분할 수 있을까? 가장 간단한 광고 방식은 그저 잠재 고객에게 의도하는 메시지를 전달하는 것이다. 그들이 그 메시지를 듣고 싶은지 여부와 상관없이 말이다. 반면 가치 기반 접근 방식은 고객이 원하는 것을 이해하고 그것을 제공한다.

현실적인 예를 들자면, 홈디포가 집수리에 관한 정보를 제공하는 콘텐츠를 유튜브에 올리거나 기존 고객에게 발송한다고 해보자. 새는 수도꼭지를 고치거나 부엌 바닥 타일 사이에 낀 먼지를 제거하는 방법처럼 당신의 돈을 아껴주는 정보를 구체적이고 따라 하기 쉽게 설명하여 영상으로 올리는 것이다.

홈디포는 당신에게 아무것도 팔려 하지 않았고 오히려 실질적으로 가치 있는 것을 제공했다. 당신은 홈디포 영상을 시청함으로써 배관공을 불러 200달러를 쓰는 대신 스스로 물이 새는 것을 고칠

7 seconds

책장 만드는 방법 - 홈디포의 간단한 제작 프로젝트
DIY Bookshelf - Simple Wood Projects (The Home Depot)
홈디포는 무언가를 팔려 하기보다 오히려 실질적으로 가치 있는 것을 제공하는 영상으로
소비자의 시선을 끌었다.

수 있다. 그렇다면 이제 당신은 눈 치우는 삽이 필요할 때마다 홈디
포를 찾을 가능성이 커진다. 이미 가치를 제공한 이 브랜드에 친밀
함을 느끼기 때문이다.

텔레비전이 지배하던 시절 시청자가 할 수 있는 거래는 단순했
다. 프로그램을 시청하고 싶으면 광고도 같이 봐야 했다. 이것이 거
래였다. 브랜드가 프로그램 제작 지원이라는 가치를 제공하면 본질
적으로 시청자에게 공짜 콘텐츠를 제공하는 것이었다.

오늘날 이 거래는 갈기갈기 찢겨졌다. 물론 여전히 전통적 광고
를 보여주는 곳도 많지만, HBO나 넷플릭스, 훌루 플러스처럼 그렇
지 않은 곳이 더 많아지고 있고 이런 추세는 계속될 것이다. 그리고
유료채널이나 유튜브를 끼고 자란 젊은 세대는 성가신 광고를 참고

볼 인내심이 없다. "3, 2, 1… 광고 건너뛰기"를 보는 순간 그들은 100% 클릭하여 광고를 건너뛴다.

나이가 어린 시청자일수록 광고의 방해를 참지 못한다. 이것은 우리 집에서도 쉽게 관찰할 수 있다. 10살인 아들 맥스와 8살 난 딸 앨리는 인터넷 시대를 살고 있다. 두 살 때부터 아이패드를 갖고 놀았고 보고 싶은 프로그램을 보려고 광고를 참고 봐야 하는 세상을 경험한 적이 없다. 광고가 나오면 그냥 다른 화면을 띄운다. 당신의 회사 광고가 모두 이런 취급을 당한다고 상상해보라. 이렇게 전달하는 메시지가 얼마나 효과적일 것 같은가?

어떻게 하면 사람들이 광고를 보게 할 수 있을까? 본질적으로 광고를 가치 있게 만들어야 한다. 사람들이 보고 싶은 영상으로 만들어야 한다. 이것이 새로운 시대의 새로운 거래 방법이다. 시청자가 당신의 메시지를 보게 하려면 그들에게 가치를 제공해야 한다. 그러므로 가장 먼저 할 질문은 "무슨 말을 해야 할까?"가 아니라 "시청자가 무엇을 보고 싶어 할까?"여야 한다. 이것은 세 가지 질문으로 요약할 수 있다.

1. 누구에게 도달하고 싶은가?
2. 그 대상이 매우 가치 있게 생각하는 것은 무엇인가?
3. 그 가치를 어떻게 그들에게 전달할 수 있는가?

당신이 이 질문에 대답할 수 있고 정말 가치 있는 것을 전달할 수 있다면 잠재 고객은 바로 그 이유로 당신을 좋아하게 될 것이다. 그런 다음에야 당신은 고객이 주머니에서 돈을 꺼내도록 요구할 수 있는 것이다.

건너뛰던 광고에
참여시키려면?

가치 있는 콘텐츠를 만드는 방법을 제대로 이해하려면 먼저 가치 있는 콘텐츠를 구분하는 법을 배워야 한다. 어떻게 하면 가치 있는 콘텐츠를 알아볼 수 있을까?

콘텐츠가 얼마나 잘 수용되고 따라서 얼마나 가치 있는지 측정하는 가장 좋은 방법은 참여율engagement rate이다. 소셜미디어의 유의미한 영향력을 측정하는 기준이기도 하다. 참여율은 브랜드 콘텐츠와 직접 상호작용한 모든 소비자 수를 측정하고 이에 대한 콘텐츠에 노출된 사람 수의 비중을 나타낸다. 매우 가치 있는 데이터 포인트다. 그렇다면 왜 참여율이 중요한지 살펴보자.

텔레비전의 황금기에는 많은 기업들이 수천만 달러를 텔레비전 광고에 지출했지만, 이 광고가 수신되었는지에 대해 매우 제한된 피드백만을 얻을 수 있었다. 예컨대 한 브랜드가 NBC 시트콤 〈프렌즈〉에 광고를 집행할 때 1,000만 명이 한 회를 시청했다고 해보

자. 1,000만 가운데 과연 몇 사람이 실제로 그 광고를 시청할까? 이 것을 알아내거나 측정할 방법은 없다. 이들 중 절반은 화장실에 가 거나 뭘 마시러 가거나 전화 통화를 했을 수 있고 아니면 광고까지 모두 DVR에 녹화했을 수 있다. 사실 브랜드는 이것을 제대로 알 방법이 없다. 시청률을 조사하는 닐슨Nielsen은 실제 상업광고를 시청 한 사람들을 대상으로 제한된 광고 테스트를 하고는 있다. 하지만 시청자들이 장기간 브랜드에 호감을 느끼고 제품을 구매하는 데 이 광고가 얼마나 영향력을 미쳤는지 확인할 방법이 과연 있을까?

그렇다면 디지털 광고는 텔레비전 광고와 어떤 차이가 있을까? 우선 디지털 미디어에서는 모든 것을 측정할 수 있다. 소셜 네트워 크에는 셀 수 없이 많은 사람에 관한 끝없이 많은 양의 데이터와 정 보가 있고 수십억 명의 실사용자에 의해 모든 것이 실시간으로 업 데이트된다. 우리가 가는 곳은 어디든지 따라다니고 누군가 버튼을 클릭할 때마다 모든 것이 기록된다. 광고를 건너뛰거나 피드에 멈 춰 무언가를 보거나 아니면 다른 콘텐츠를 보려고 화면을 위로 올 리는 모든 행동이 기록에 남는다. 바로 알고리즘이라고 불리는 끊 임없이 진화하는 인공지능 네트워크에 의해 움직이는 거대한 서버 로그에 기록되는 것이다.

공상과학이나 무서운 이야기처럼 들리는가? 아이폰에 물어보면 꽤나 그럴듯한 대답을 주는 시리도 알고리즘이다. 사실 우리도 모 두 알고리즘이라는 주장이 있다. 적어도 우리도 그렇게 해석될 수 있다는 것이다. 즉, 당신이 어떤 사람에 관한 충분한 데이터가 있으

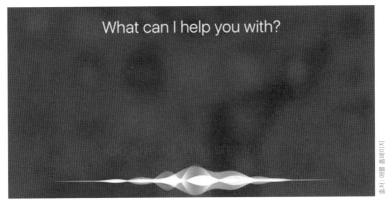

광고를 건너뛰거나 피드에 멈춰 무언가를 보거나 다른 화면으로 넘기는 사람들의 모든 행동이 기록이 남는다. 바로 알고리즘이라고 불리는 인공지능 네트워크 덕분이다. 우리가 흔하게 사용하는 시리도 알고리즘의 하나다.

면 친구나 가족, 심지어 당사자보다 그 사람의 행동을 더 잘 예측할 수 있다.

케임브리지대학과 스탠퍼드대학교의 연구자들은 연구 대상자의 페이스북 활동만 가지고 그 사람의 성격을 섬뜩할 만큼 정확한 수준으로 판단할 수 있는 컴퓨터 모델을 개발했다. 그 결과를 친구나 가족들의 판단과 비교했을 때 그 패턴에 깜짝 놀랐다. 알고리즘은 그 어떤 인간 참가자보다 한 개인의 성격 특성을 정확하게 파악했다. 그 결과 컴퓨터가, 더, 나았다.

사실 이 기술로 누군가의 성격을 파악하는 테스트에서 페이스북의 '좋아요' 10개만 가지고도 직장 동료를 이길 수 있었다. '좋아요' 70개면 룸메이트를, 150개면 부모나 형제자매를 이길 수 있었다. 그리고 세상 누구보다 당신을 잘 안다고 할 수 있는 배우자를 이기려면? 페이스북 '좋아요' 300개면 가능하다는 결론이었다. 즉, 실질적인 성격 분석 면에서 컴퓨터가 인간을 대체할 수 있다는 뜻이다.

셰어러빌리티는 수년간 이런 현실 속에서 살았다. 특히 페이스북은 어떤 사람을 자기 자신보다 더 잘 파악하는 데 적합하다. 그 사람이 데이터를 제공하기로 선택했기 때문이다. 개인정보를 제대로 잠그지 않는 사용자의 페이스북이라면 그 데이터를 해석하고 싶은 사람에게 얼마든지 사용자의 정보를 제공할 수 있는 것이다.

다시 참여율로 돌아가 보자. 우리는 참여율이 가치 있는 콘텐츠를 측정하는 가장 단순하지만 가장 편리하게 사용할 수 있는 데이터 포인트라고 생각한다. 참여율은 어떤 사람이 노출된 콘텐츠와 상호작용한 횟수를 직접 측정한 것이다. 참여율은 다음과 같이 구분할 수 있다.

- 어떤 사람이 광고를 보지 않고 화면을 넘겼다: 0점
- 어떤 사람이 3초 이상 멈췄다: 조회 1점
- 어떤 사람이 '좋아요'를 누르거나, 찡그린 표정 같은 이모티콘을 입력하거나, 댓글을 달거나, 그 광고를 공유하는 반응을 보였다: 참여 1점

참여율은 참여 점수를 조회 점수로 나누어 구한다. 예컨대 한 영상을 100명이 시청하고 두 사람이 참여했다면 이 영상의 참여율은 2/100, 즉 0.02 또는 2퍼센트다.

'좋아요'를 누르고 댓글을 달고 공유한 사람들만 가치가 있다. 사람들은 콘텐츠를 어느 정도 보기 전에는 그 콘텐츠와 상호작용하지 않으려는 성향이 있다.

알다시피 조회 수를 단순히 더하는 것 자체는 사실 큰 의미가 없다. 조회 수는 대부분 단 3초간 멈췄다가 다음 화면으로 넘어가는 사람들의 수이고 결과에 실질적인 영향은 미치지 못한다.

하지만 당신의 콘텐츠에 관심을 가지고 참여하는 사람들, 즉 '좋아요'를 누르고 댓글을 달고 공유한 사람들은 가치가 있다. 사람들은 콘텐츠를 어느 정도 보기 전에는 그 콘텐츠와 상호작용하지 않으려는 성향이 있다. 그리고 그 콘텐츠와 감정 반응을 일으킨 이후에 상호작용한다. 실제로 무언가를 느껴야 한다는 말이다. 그 감정이 관계를 형성하는 초대장이자 전환으로 이끄는 궁극적인 관문이다.

흔히 말하는 것처럼 경험만큼 정확한 것은 없다. 우리가 얻게 된 놀랍고도 중요한 경험 법칙이 있다. 브랜드를 홍보하고자 하는 기업들이 얻을 수 있는 훌륭한 참여율이 고작 1퍼센트 정도라는 것이다. 너무 적다고 생각하는가? 하지만 이 1퍼센트는 정말 얻기 힘든 참여율이다. 적은 숫자처럼 들리겠지만 우리는 지금 상업 광고에 적극적인 관심을 보이고 참여하기로 선택한 사람들을 이야기하고 있다는 것을 기억하길 바란다. 사실 어려운 일이다. 당신이 텔레비전에서 혼다자동차 광고를 보고 이 브랜드에 관심을 두거나 "잘 만들었네"라는 말을 한 적이 몇 번이나 되는가? 이 광고 영상을 친구들에게 보여주려고 전송하고 싶은 마음이 든 것은 몇 번인가?

참여율 1퍼센트라는 경험 법칙은 난데없이 만들어진 것이 아니다. 이 수치는 최고 수준의 성과를 측정하고 계산한 것이다. 디지털 광고는 주로 〈애드에이지〉를 벤치마킹한다. 〈애드에이지〉는 1930년 미국 시카고에서 광고 전문 잡지로 시작하여 지금은 마케팅과 미디어에 관한 분석과 뉴스, 데이터를 출판하는 글로벌 미디어 브랜드로 성장했다. 여기서 발표하는 애드에이지 바이럴 리더보드Ad Age Viral Leaderboard는 매달 온라인 콘텐츠에서 최고 성과를 얻은 브랜드에 순위를 매긴 것이다.

2017년 애드에이지 바이럴 리더보드가 발표한 평균 참여율은 0.87퍼센트였다. 100만 명이 광고를 봤다면 그 가운데 약 8,700명이 '좋아요'를 누르거나 공유하거나 댓글을 남길 정도로 그 영상에 주목했다는 뜻이다. 그중에서도 최고는 토요타, 코카콜라, 포드자동차 같은 거대 기업으로 이 같은 결과를 얻기 위해 어마어마한 비용이 지출된다.

참고로 같은 기간 동안 셰어러빌리티가 제작한 영상의 평균 참여율은 2.09퍼센트였다. 애드에이지 바이럴 리더보드 평균보다 240퍼센트 이상 높다.

좀 더 깊이 들어가 우리가 디지털 마케팅의 성배로 생각하는 지표는 공유 수다. 우리가 2017년에 진행한 캠페인 영상들은 애드 에이지 바이럴 리더보드 순위에 오른 베스트 영상 200개보다 무려 550퍼센트 더 많이 공유되었다. 공장 창고에서 시작한 작은 신생 회사치고는 나쁘지 않은 성적이었다.

미소 지을 만한 것을
제공하라

지난 몇 년 동안 우리는 수십 곳의 주요 브랜드와 협업하여 잠재 고객에게 가치 있고 공유 가능한 콘텐츠를 제작해왔다. 상대적으로 작업하기 쉬운 분야의 브랜드도 있었지만, 이동통신 산업은 우리가 경험한 가장 힘든 분야였다. 모든 사람이 자신이 이용하는 이동통신사를 증오하는 것 같았다. 그래서 우리는 크리켓 와이어리스의 프로젝트를 처음 맡게 되었을 때 꽤 힘든 도전이 되리라 생각했다.

크리켓은 뚜렷한 패턴을 보여주는 조사를 이미 마친 상태였다. 소비자가 브랜드의 긍정적인 이미지를 진심으로 좋아하면 그 이동통신사의 요금제를 선택할 가능성이 훨씬 크다는 것이었다. 우리가 받은 과제는 간단했다. 크리켓을 더 좋아하게 만들 콘텐츠를 제작하라는 것이었다. 우리를 흥분시키는 콘셉트였다. 심지어 크리켓은 이 새로운 접근법에 슬로건까지 만들어두었다. "고객에게 '미소 지을 만한 것'을 제공하자"였다.

이 슬로건은 가치 기반 접근 방법의 완벽한 예다. 우리가 아는 한, 소셜미디어는 매우 부정적인 공간일 수 있다. 우리의 경험이나 내부 조사에 따르면 사람들이 부정적인 일을 지속해서 겪게 되면 오히려 웃을 수 있는 재미있고 가벼운 콘텐츠를 선호한다. 브랜드가 그런 웃음을 전달할 수 있으면 행복이라는 공유할 수 있는 감정을 불러일으킬 뿐만 아니라 잠재 고객에게 가치 있는 것을 제공하는 것이다. 콘텐츠 하나로 하루가 밝아졌기 때문에 사람들은 이제 그 브랜드에 호감을 느낄 가능성이 커지고 경쟁 브랜드보다 그 브랜드를 먼저 선택할 확률이 높아진다.

우리는 기쁨이나 감사, 존경처럼 공유할 수 있고 '미소 지을 수 있는' 감정에 집중하면서 이 프로젝트를 진행했다.

크리켓 와이어리스를 위한 첫 번째 캠페인은 2016년 어머니날로 계획했다. 어머니께 존경을 표할 수 있는 히어로 영상을 제작하고 싶었지만, 자녀들도 함께 즐길 수 있는 재미있고 즐거운 방식을 선택했다. 우리 회사 브레인트러스트가 정말 웃긴 아이디어를 내놓았는데 당시 크게 유행하던 포토바밍photobombing을 활용한 것이었다. 포토바밍은 다른 사람들이 사진을 찍고 있는 상황에 갑자기 뛰어들어 돌발적으로 함께 찍히는 장난이었다. 포토밤(사진폭탄) 행위 말이다. 여기서 힌트를 얻어 우리는 포토마밍PhotoMombing이라는 패러디 영상을 제작했다. 아이들의 생활에서 소외된다고 느끼는 엄마들이 아이들의 사진 속에서라도 자신의 자리를 찾는다는 내용이었다. 이 영상은 가치에 초점을 맞췄기 때문에 엄마와 아이들의 마음을 모두

포토마밍-비하인드 이야기 PhotoMombing-Behind The Scenes
자녀들의 사생활에 끼어들고 싶은 엄마들의 바람을 익살스러운 포토밤 행위로 표현한 영상이다. 누적 조회 수 1,000만 뷰를 넘겼고 크리켓 와이어리스 페이스북의 소비자 참여는 한 달 만에 열 배 이상 증가했다.

움직였다. 누적 조회 수 1,000만 뷰를 넘겼고 크리켓 페이스북의 참여는 한 달 만에 열 배 이상 증가했다. 하지만 이것은 시작일 뿐이었다.

　다음 캠페인에서는 존 시나가 벽을 뚫고 나왔다. 이 캠페인은 너무 성공적이어서 유튜브 역사상 최초로 (1위로 진입한 뒤) 연속 3개월간 유튜브 광고 리더보드에 오른 브랜드 영상이 되었다. 이 영상은 조회 수 8,000만 뷰를 달성했고 더 중요하게는 소셜미디어 채널에서 2.42퍼센트라는 참여율을 끌어냈다.

　그 뒤로 우리는 소외계층 어린이에게 크리스마스 선물을 전달하는 산타클로스부터 히스패닉 유산을 기념하는 영상과 처음의 존 시나 영상을 능가하는 속편까지, 크리켓 와이어리스를 위해 캠페인

열두 편을 더 제작하고 진행했다. 모든 영상이 '미소 지을 만한 것'이라는 창의적인 주제 아래 이루어졌다. 다시 한 번 말하지만 이것은 모두 시청자에게 가치를 전달하는 일이다.

일련의 캠페인은 이동통신 산업에서 크리켓의 위상을 완전히 바꿔놓았다. 영상이 히트한 후 구글에서 크리켓 와이어리스를 검색하는 수가 700퍼센트 이상 치솟았고 브랜드 리프트brand lift(고객과 상호작용 증가)는 500퍼센트를 넘었고 이 영상들의 판매 전환율은 크리켓사의 일반적인 웹 트래픽보다 300퍼센트 높게 나타났다. 그리고 지난 3년 동안 크리켓의 참여율은 업체 꼴찌에서 1등으로 상승했다. 진심으로 미소 짓게 하는 결과였다. 모두 가치에 초점을 맞춘 결과였다.

4장

자신의 목소리를
찾아라

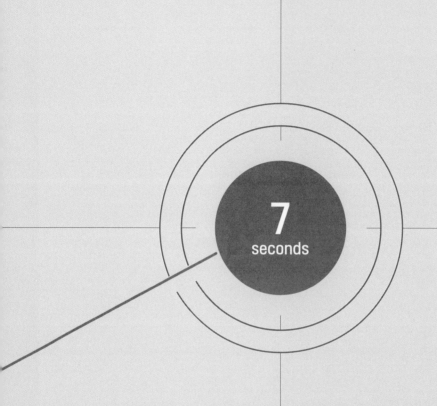

컨테이저스에서
셰어러빌리티로

가치를 이해했으면 이제 그 가치를 소통하기 위해 자신의 독특한 목소리를 찾을 차례다. 때로 이 단계는 굽이굽이 돌아가는 먼 길이 될 수 있다.

2014년에 회사를 공동 설립했을 때, 회사 이름은 셰어러빌리티가 아니었다. 원래 이름은 '전염성이 강한'이란 뜻의 컨테이저스Contagious였다. 직원 모두 그 이름을 좋아했다. 어떤 으스댐 같은 것도 있었고 갑자기 뜬 신생 회사에 어울리기도 했다. 그때는 바이럴 영상이 한창 유행했고 우리는 인터넷에서 가장 '전염성이 강한' 영상을 만들고 있었다. 마치 웹에 퍼져나가는 작은 영상 바이러스 같았다. 우리 회사는 시작부터 언론의 찬사를 받았고 곧 온라인 세계를 접수할 기세였다.

그러던 어느 날 나는 우편물 하나를 열게 된다. 그 수상한 봉투는 영국의 한 회사가 소송을 준비 중이라는 내용이었다. 문제는 그 회사 이름도 컨테이저스라는 것이었고, 즉시 우리 회사 이름을 바꿀 것을 요구했다. 그렇지 않으면 우리를 법정에 세우겠다고 했다.

처음에 우리는 광분했다. 사업 분야도 전혀 달랐다. 감히 어떻게 우리에게 이름을 바꾸라고 요구할 수 있지? 우리는 싸우기로 다짐했다. 하지만 이 결심은 고작 네 시간을 넘기지 못했다. 변호사 말에 따르면 우리 회사가 소송에 질 뿐만 아니라 이 과정에서 돈도 많이 잃게 될 판이었다.

우리는 충격을 받았다. 지금은 별거 아닌 것처럼 들리지만, 그때는 회사가 끝장날 것처럼 느껴졌다. 몇 날 며칠을 둘러앉아 새로운 이름을 찾느라 고심했지만, 어떻게 해야 할지 몰랐다. 에지 있는 브랜드 이름에 너무 집착한 나머지 실제로 컨테이저스의 마지막 철자 S를 'Z'로 바꾸려고도 했다.

하지만 회사 이름을 찾아내야 한다는 생각을 내려놓자 재미있는 일이 일어났다. 우리 회사를 나타내는 것이 무엇일지 화이트보드에 쓰다 보니 컨테이저스라는 이름에 있는 단점이 보였다. 물론 듣기에는 그럴듯하지만 다소 부정적인 의미를 내포했다. 말 그대로 다른 사람을 오염시키는 무언가를 운반한다는 뜻 아닌가. 또한 바이럴이라는 용어와도 직접적인 연관이 있어 식상해보였다. 2년 전만해도 바이럴은 마케팅계의 유행어였지만 조금씩 피로감이 들기 시작하던 차였다. 1, 2년 뒤에는 어떻게 변할까?

이 사건(?)을 계기로 회사명에 대해 다시 생각하면서 우리가 지향하는 것이 무엇인지 차분히 생각하고 명확하게 표현할 기회를 가졌

세어리빌리티Shareability라는 회사명에는 우리의 나아가야 할 방향인 '공유'의 개념이 담겨 있다. 우리의 사업철학을 담은 이 새로운 이름이 우리의 목소리가 되었다.

다. 페이스북에서 영상이 널리 사용되기도 훨씬 전이었던 그때, 온라인에서 '공유'라는 개념이 막 생겨나고 있었다. '공유 가능'하다는 말은 전염성이 있다는 뜻도 있지만 사실 그게 우리의 정체성이었다. 긍정적인 의미를 내포하고 있었고 사람들이 콘텐츠를 친구나 가족과 공유하는 소셜미디어의 생태계를 대변했다. 이 얼마나 강력한 개념인가?

웹에서 제멋대로 돌아다니는 바이러스라는 개념보다 공유는 훨씬 더 명확했다. 우리가 만들고 싶은 회사를 한마디로 요약하고 있었다. 브랜드 파트너와 위험을 공유하는 것부터 미래지향적인 캠페인을 만들고 직원들과 성과를 나누려는 것까지 모든 것을 담고 있었다.

바로 거기에 우리 회사 사업 철학의 핵심이 있었다. 셰어러빌리티Shareability, 이 새로운 이름이 우리의 목소리가 되었다. 당시 이 단어는 사전에도 없었다. 현재 대부분의 사전에 이 단어가 포함되어 있고 특히 온라인 환경에서 공유 가능한 성격이나 상태를 나타낸다고 정의되고 있다.

4년이 지나자 바이럴이라는 단어는 효력을 다했고 온라인 마케팅 분야에서 거의 입에 담지 못할 말처럼 되었다. 반대로 지금은 모든 사람이 공유 가능한 브랜드 구축에 관해 이야기한다. 우리는 세상에서 가장 큰 브랜드와 제일 유명한 사람들을 위해 공유 가능성을 전달하며 시장이 향하는 곳에 완벽하게 포지셔닝했다. 유명인들은 개인이 온라인 프로필을 만드는 것처럼 스스로 브랜드가 되었다. 브랜드는 한 회사나 개인을 다른 존재와 구별하는 특징을 축적한 것을 의미하게 되었다.

이렇게 말하게 될 줄 상상도 못했지만 나는 우리 회사가 그때 그렇게 고소당한 것이 감사하다. 그 당시 달갑지는 않았지만 오히려 우리의 진정한 목소리를 찾게 해주었기 때문이다.

셀러브리티에게
배워라

(웬만하면 하고 싶지 않지만) 악명 높은 사람과 일을 할 때 얻는 귀한 교훈이 있다. 적어도 그런 이들과 어떻게 일을 해야 하는지 배울 수 있다는 거다. 그것도 아니라면 적어도 그 상황에서 대처할 수 있는 몇 가지 태도 정도는 배울 수 있다.

셰어러빌리티를 시작하기 전에 나는 유명인이나 운동선수들을 브랜딩했다. 기업가 레이 클락이 댈러스에 세운 회사 더 마케팅 암The Marketing Arm에서 사회생활을 시작했고 이 회사는 시카고 불스의 스카티 피펜부터 그린베이 패커스의 레기 화이트까지 100여 명의 프로 운동선수를 위해 일하며 마케팅 계약을 협상하는 회사였다. 컨버지Converge라는 첫 회사를 세웠을 때는 월드 시리즈 포커 챔피언 크리스 머니메이커와 조니 챈 같은 전문 포커 선수들과 일했다. 회사가 커지면서 유명인사의 행사를 관리하는 모델을 개발했고, 제이미 폭스, 머라이어 캐리, 50센트, 마일리 사이러스, 그리고 빼놓을 수 없는 킴 카다시안 같은 할리우드 유명 인사들의 행사를 200건 이상 담당했다. 한번은 여름 동안 말리부 해변에 2,000만 달러짜리 별장을 빌려 60일간 셀러브리티 행사 40개를 진행했다. 제정신이 아니었다. 그 이후로 우리는 리어나도 디캐프리오가 자신의 재단을 설립하거나 숀 멘데스가 새로운 브랜드를 론칭할 때 함께 일했다.

유명인사를 접하면서 나는 두 가지를 배웠다. 첫째는 당장 주머니 속에서 당신의 연봉과 맞먹는 돈을 꺼낼 수 있는 사람과는 절대 포커 게임을 하지 말라는 거다(이 이야기는 다음 기회에 하도록 하자). 둘째는 오랫동안 그 자리를 유지하는 유명인들은 모두 한 가지 공통점이 있다는 거였다. 그들은 자신의 독특한 목소리를 본능적으로 알고 있다. 누구나 그들의 이름만 들으면 떠올릴 수 있는 확실한 이미지가 있다는 말이다.

이는 할리우드에서는 잘 알려진 진실이다. 실제로 확인하고 싶다면 다른 건 볼 것도 없이 할리우드의 3톰, 톰 크루즈, 톰 행크스, 톰 히들스턴을 떠올려보자. 이름이 같아도 관객이 혼동할 일은 전혀 없다. 광고판에서 이들 중 한 사람을 볼 때 어떤 영화를 보게 될지 이미 짐작할 수 있다. 크루즈는 매력적인 액션을 보여줄 것이고, 행크스는 진지하게 생각할 거리를 주는 평범한 인물을 연기할 것이다. 히들스턴은 특이한 매력과 미스터리로 가득 찬 인물을 연기할 것이다.

이 세 사람은 모두 영화를 통해 자신을 브랜드로 만들었고 거기에 맞게 자신을 마케팅했다. 그들은 자신의 목소리를 발견했고, 있

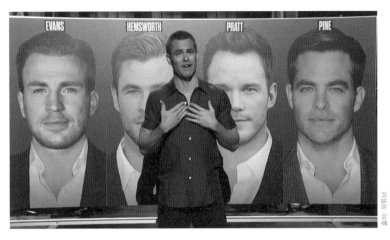

7 seconds

크리스 파인의 모노로그-SNLChris Pine Monologue-SNL

크리스 파인이 영화 〈원더우먼〉을 홍보하려고 〈세터데이 나이트 라이브〉에 출연했을 때 위트있게 여러 크리스 중 자신의 존재를 알렸다.

는 그대로의 자신에게 충실했으며 그 덕분에 소음을 뚫고 박스오피스에서 성공을 보장받게 되었다. 연배가 있는 두 톰은 나이가 들수록 자신의 브랜드를 바꿔가며 젊은 관객들과도 관계 맺으며 시대를 함께 하고 있다.

최근 할리우드에 몰려온 크리스들과도 비교해볼 수 있다. 미국의 잡지 《배니티페어》가 '할리우드의 크리스화'라고 부른 것처럼 크리스라는 이름을 가진 백인 남자 배우들이 할리우드를 침공했다. 그리고 사람들을 계속 헷갈리게 한다. 그 크리스라는 이름을 가진 주연 배우는 크리스 파인, 크리스 프랫, 크리스 헴스워스, 그리고 크리스 에반스다.

일은 이렇게 시작되었다. 크리스 파인이 영화 〈원더우먼〉을 홍보하려고 〈세터데이 나이트 라이브〉에 출연했을 때 무대에서 갑자기 노래를 불렀다. 네 명의 크리스 사진 앞에 서서 어떤 크리스가 자신인지 설명하려고 노래를 부른 것이다. "나는 이 크리스가 아니에요. 비슷해 보이지만 저 크리스도 아니랍니다." 자신의 목소리를 내자 그의 인기가 올라갔고, 사람들은 네 명의 서로 다른 크리스를 보다 잘 구분하기 시작했다.

소셜미디어가 부상하면서 전통적으로 영향력을 자랑하던 마케터나 홍보담당자, 기자들은 점차 힘이 잃어간다. 반면에 소셜미디어를 통해 일반인들도 갑자기 유명인사가 되어 이제껏 해보지 못한 방식으로 팬들과 직접 소통할 힘을 갖게 되었다. 소셜미디어는 자신만의 구별되는 목소리를 만들고 영향력을 키우는 하나의 기회가 되었다.

이 기회를 가장 잘 활용한 유명인들은 자신의 독특한 목소리를 분명히 이해하고 전달하는 사람들이었다. 좋든 싫든 킴 카다시안은 자신이 누구인지 정확히 파악하고 매일 소셜미디어 팔로워들에게 그 브랜드를 전달한다. 할리우드 상류층의 호화로운 삶을 사는 한편 다정한 엄마이자 가족을 사랑하는 딸의 모습을 보여준다. 스스로 웃음거리가 되는 것도 마다하지 않는다. 소셜미디어에 2억 2,000만 명이 넘는 카다시안의 팔로워가 있는 것은 놀랄 일이 아니다.

드웨인 존슨을 생각해보자. 더 록The Rock이라는 닉네임으로 활동 중인 드웨인 존슨은 페이스북이나 인스타그램의 현실판 슈퍼히어로다. 미친 듯이 운동하는 영상과 영감을 주는 메시지를 올리고 친

소셜미디어상의 현실판 슈퍼 히어로인 드웨인 존슨(더 록)은 다양한 볼거리를 제공하며 수많은 팔로워를 이끌고 있다. 이는 잭 에프론과 시합을 벌이는 사진이다.

구나 팬들과 함께 야생에서 모험을 즐기는 모습을 보여준다. 멈추지 않는 즐거운 경험을 통해 그만이 할 수 있는 방법으로 긍정적인 마인드와 공동체 의식을 전달한다. 그 결과 그는 세계에서 팔로워가 가장 많은 유명인 10인에 속하게 되었다.

소셜미디어라는 이 새로운 플랫폼들이 힘을 가진 것은 분명하다. 하지만 이상하게 소셜미디어 초기에는 여러 유명인들이 이 폭발적인 힘을 받아들이는 데 소극적이었다. 할리우드의 많은 스타들은 자신이 소셜미디어보다 가치가 높고 팬들과 직접 소통하면 브랜드 가치가 낮아진다는 조언을 듣곤 했다. 하지만 이것은 확실히 나쁜 조언이었다. 초기에 소셜미디어로 뛰어든 유명인들은 퍼스트 무버로서 막대한 보상을 거둬들였다. 더 중요한 것은 수많은 새로운 목소리가 나타나고 금세 유명해지는 시장에서 소셜미디어를 활용한 그들은 스타라면 흔히 갖게 되는 공백기를 만들지 않았다. 소셜미디어 스타는 이렇게 탄생하게 되었다.

새로운 소셜미디어
스타의 출현

　인터넷이 나오기 전에 유명인은 힘들게 만들어졌다. 배우나 가수, 연예인이 되려면 불확실함을 버티며 몇 년을 힘들게 노력해야 했다. 실력을 쌓으면서 주요 음반사와 계약하거나 스튜디오 영화의 근사한 역할을 맡거나 자니 카슨이 진행하는 토크쇼에 출연하는 것처럼 결정적 기회를 기다려야만 했다. 할리우드는 킹메이커였고 영화사와 방송사, 음반사 임원들은 차세대 스타를 지명하는 막대한 권력을 쥐고 있었다. 유명인이 되어 부와 명성을 얻으려면 별다른 대안이 없었다. 그들은 최고가 되길 바라며 그 유명한 할리우드 기계 안에서 만들어져야만 했다.

　인터넷이 등장하고 이 개념을 산산조각 냈다. 처음으로 사람들은 매일 자신의 메시지를 제한 없이 방송할 힘이 생겼다. 잘만 하면 곧바로 수백만 명의 사람들에게 도달해서 소통할 수 있었고 할리우드 스타 제조기의 지명을 받지 않고도 유명인이 될 수 있었다. 우리는

7
seconds

무언가 발견했을 때 당신이 알게 되는 것
How You Know When You Found The One(Weekly Wisdom Episode 9)
소셜미디어에서 가장 영향력 있는 사람 중 하나인 제이 셰티는 영감을 주는 진정성 있는
영상으로 알려져 있다. 남들과는 다른 자신만의 특징에 집중하여 스타가 된 케이스로 이
처럼 자신만의 독특한 목소리는 성공한 미디어 스타들의 공통점이다.

'디지털 인플루언서'가 초고속으로 만들어지는 시대에 진입했다. 이
들은 부모님 집 지하실에서 불과 몇 달 만에 세계적인 명성과 수백
만 명의 구독자를 거느리면서 도약하는 것이다.

실시간으로 인터넷 시대에 이토록 급격하게 유명인이 만들어지
는 과정을 지켜보면서 한 가지 패턴을 발견했다. 셰어러빌티에서
우리는 말 그대로 앞자리에 앉아 눈 깜빡할 사이에 무명에서 세계
적인 초대형 스타가 되는 과정을 지켜봤다. 그 결과 어떤 사람들은
끊임없이 도전하고 실패하는 반면 어떤 사람들은 인터넷 세상의 수
많은 소음을 뚫고 성공할 수 있는 이유를 객관적으로 파악하게 되
었다.

130 ▶ 유튜브 7초에 승부하라

성공스토리를 살펴보면 압도적으로 명확한 한 가지 공통점이 있다. 가장 성공한 미디어 스타들은 자신만의 독특한 목소리를 분명히 알고 있으며, 디지털 우주 너머 사람들에게 닿고자 그 목소리를 사용한다. 제이 셰티는 자기 목소리를 발견한 좋은 사례다.

셰티는 페이스북 세상에서 가장 영향력 있는 사람 중 하나다. 밀레니얼 세대의 토니 로빈스(〈네 안에 잠든 거인을 깨워라〉 등을 쓴 자기계발 분야 작가이자 강연가)인 셈이다. 그는 공감대를 형성하고 재미있는 형식으로 인생을 바꾸는 지혜를 공유한다. 2016년 셰티가 채널을 시작했을 때 그를 아는 사람은 거의 없었다. 하지만 2018년 이 채널의 팔로워 수는 1,800만을 돌파했고, 시청 수는 30억 뷰를 넘어섰다. 그 과정에서 수백만 달러를 벌 기회도 생겼다. 그가 이토록 빨리 크게 성공한 원인은 무엇일까? 자고 나니 유명해졌다는 성공담처럼 결코 하룻밤 사이에 생긴 일은 아니었다.

런던에서 성장한 셰티는 수줍음 많고 내성적인 성격이었고 괴롭힘을 당했다. 16살이라는 어린 나이에 가장 친한 친구 둘을 잃었다. 한 친구는 자동차 사고를 당했고 다른 한 명은 범죄 조직의 폭력에 희생되었다. 올바르고 착실하게 살려고 노력한 셰티는 경영 대학원에 입학하여 우수한 성적으로 졸업했지만, 기업 세계는 스물두 살 젊은이에게는 숨 막히는 곳이었다. 이때 그는 기념비적인 걸음을 내딛는다. 제이 셰티는 단정한 정장을 헐렁한 옷으로 바꾸고 머리를 민 다음 수도승처럼 인도와 유럽을 두루 여행했다.

그리고 3년 동안 고대 동양 철학을 공부했다. 여러 날 금식하고 매일 몇 시간씩 명상했다. 하루의 절반은 개인 성장을 위해 쓰고 나머지 절반은 다른 사람을 돕는 일에 사용했다. 인도와 유럽에서 지속 가능한 마을을 세우는 일을 했고, 의식과 행복, 성공의 의미에 관해 세계를 다니며 밀레니얼 세대들과 상담했다.

영국으로 돌아온 셰티는 돈 한 푼 없이 부모님 집으로 들어갔다. 이건 우리 세계에서 이미 경력 자살을 한 것과 마찬가지였다. 경영대학원 친구들은 좋은 직장에서 자리를 잡았지만 셰티는 버스 탈 돈도 없었다. 하지만 재미있는 일이 벌어졌다. 오랜 친구들이 그에게 회사에 와서 강연해달라고 요청하기 시작한 것이다. 셰티가 여행에서 얻은 고요함과 깨달음을 비즈니스 세계에 도입하려 했다. 하지만 매일 극심한 압박에 시달리던 친구들이야말로 이런 상담과 지혜가 필요했다. 셰티가 이미 풍부하게 가지고 있는 것들이었다.

이 과정에서 셰티는 지친 현대인에게 영감을 주는 영상을 만들기 시작했다. 알려지지 않은 사람이 만든 절제된 영상이었지만 진정성만큼은 대단했다. 영상은 제이의 사람 됨됨이와 독특한 경험에서 얻은 통찰력을 반영했다. 간단히 말해 그는 자신에게 충실했다.

이 영상들이 〈허핑턴 포스트〉의 창업자 아리아나 허핑턴의 눈을 사로잡았다. 〈허핑턴 포스트〉에서 일하게 된 셰티는 곧 충성스러운 팬들을 얻었다. 1년 만에 그는 자신의 영상 에이전시를 설립하고 개인 브랜드로 성장하기 시작했다.

지금 그는 팔로워 1억 명을 향해 가고 있고 그들의 일상에 도움을 준다. 그가 만드는 콘텐츠는 친근하고 접근하기 쉽다. 제목도

and the 5th and final one,
talk through the struggles and hard feelings.

7 seconds 장거리 연애를 한다면 이 영상을 보세요.If You're in a Long-Distance Relationship, Watch This

이 영상과 같이 제이 셰티는 자신의 팔로워들의 일상에 도움이 되는 친근하고 접근하기 쉬운 그러면서도 가치 있는 콘텐츠를 무료로 제공한다. 그리고 후원자들이 이 작업을 지원하고 있다.

"장거리 연애를 한다면 이 영상을 보세요.If You're in a Long-Distance Relationship, Watch This"나 "삶의 방향을 바꿔야 할 때 이 영상을 보세요.If You Need Direction,Watch This"처럼 솔깃하다. 그는 개인적 원칙을 지키면서 모든 콘텐츠를 무료로 제공한다(후원자들이 그의 작업을 지원한다). 그는 팔로워에게 순수하게 가치 있는 것만 제공한다. 이것이 많은 사람을 모을 수 있는 이유다. 대신 그는 무엇보다 가치 있는 것을 얻는다. 바로 사람들의 관심이다.

자신의 목소리에 충실한 또 다른 예는 프린스 이에이로 더 잘 알려진 리처드 윌리엄스다. 앞에서 나왔던 것처럼 우리는 "나는 학교 교육 제도를 고발한다"는 내용으로 함께 영상 작업을 했다. 프린스 이에이는 교육부터 인종차별, 환경문제까지 다양한 주제에 관해 마음을 흔드는 작품을 창작하는 시인이자 강연가다. 그는 마음속에 사랑이 있는 영적인 사람이고 수백만 명의 팔로워에게 이해와 연민을 외친다. 하지만 항상 그런 것은 아니었다.

미주리주 세인트루이스의 거친 지역에서 자란 프린스 이에이는 래퍼가 되려는 꿈을 꿨다. 그는 존경받고, 열광하는 수천 명의 팬 앞에서 공연하길 바랐다. 몇 년간 꿈을 좇아 힘들게 노력한 끝에 어느 수준의 성공을 거뒀고 몇몇 획기적인 순간들도 있었다. 그는 항상 자신보다 더 잘하는 사람들을 바라보며 그 성공 원인을 알아내려 했다. 결국 그 사다리 위로 올라갈 수 있었다. 하지만 프린스 이에이는 좌절했고 그 일을 그만뒀다. 그가 쫓던 꿈이 자신을 비참하게 만든다는 것을 깨달았다. 사실 그가 진정 원했고 음악을 통해 얻으려 했던 건 행복이었다. 그가 바랐던 것은 꼭 힙합 스타가 되는 것이 아니라 행복이었던 것이다.

이 깨달음을 통해 그는 행복에 도달하는 다른 길을 찾기 시작했다. 받았던 교육이 도움이 되었다. 그는 미주리대학교 세인트루이스캠퍼스에서 4년간 장학금을 받고 우등으로 졸업했으며 인류학 학위가 있었다. 동서고금을 가리지 않고 영성에 관한 책을 구할 수 있는 대로 모두 구해 집어삼키듯 읽었다.

자기반성의 과정을 거치며 행위를 통해서는 진정한 행복을 얻을 수 없다는 걸 깨달았다. 다시 말해, 행복을 발견할 수 있는 곳에 행위는 없었다. 진정한 기쁨과 평화는 오직 존재에 있었다.

새로운 인생관과 DNA에 박혀 있는 창의적 표현에 대한 욕구에

힘입어 프린스 이에이는 다시 펜을 들었다. 이번에는 랩이 아니라 시였다. 당시 주류에서 벗어난 예술 장르였던 구어의 전통에 깊이 뿌리 내리고 있지만 현대적이고 날카로우며 시사하는 바가 있었다.

장르의 인기는 중요하지 않았다. 프린스 이에이는 자신에게 충실했고 놀라운 일이 일어났다. 독자들이 반응하기 시작했다. 그의 구어시는 인기뿐 아니라 공감의 측면에서도 대단한 결과를 가져왔고 그가 지금까지 했던 모든 일을 무색하게 만들 정도였다. 사람들은 그가 하는 일을 좋아했고 그 일에 참여하고 공유했으며 팔로워는 점점 더 늘어났다.

프린스 이에이의 재능은 늘 존재하는 거였지만 진짜 목소리를 찾고 나서야 날개를 달았다. 그는 지금 유명한 디지털 인플루언서가 되었고 자신이 가야 할 길을 찾았다. 그의 특징은 복잡한 주제를 무척 개인적이지만 보편적인 방법으로 설명한다는 것이다. 이것은 감성적이고 지적이며 가장 유행하는 방식이기도 하다.

프린스 이에이와 제이 셰티의 공통점은 둘 다 영성과 세계를 향한 긍정적인 사고방식에 초점을 맞춘다는 것이다. 하지만 성공으로 가는 길은 이 길만 있는 것은 아니다. 인도계 캐나다인이자 '슈퍼우먼'으로 알려진 인플루언서 릴리 싱이 증명한 것처럼 무심하고 신랄하며 세속적인 목소리도 성공할 수 있다. 싱은 인생을 정복하고 '보스'(그녀의 발음대로라면 '바우즈')처럼 사는 방법에 관해 말한다.

싱의 독특한 목소리는 강편치를 날린다. 절대 물러서지 않는 태도를 보이고, 자신의 의견과 가치를 솔직하게 드러내기 때문이다.

7
seconds

인종차별자를 위한 지리 수업A Geography Class for Racist People

릴리 싱은 재미있는 목소리와 웃기면서도 날카롭게 날것 그대로를 드러내는 특유의 언변으로 3,500만 명의 팔로워를 이끌고 있으며 포브스가 뽑은 가장 소득이 높은 유튜브 스타에 선정된 바 있다.

특히 소녀들과 젊은 여성에게 힘을 불어넣고 학교에서 두려움을 극복하고 괴롭힘에 맞서며 때로 힘든 세상에서 자신의 길을 만들어가도록 돕는다. 그녀는 편견이 심한 바보들을 상대하며 자신의 메시지를 확장해왔다. 불손하지만 이해하기 쉽고 재미있는 목소리와 웃기면서도 날 것 그대로 꾸미지 않은 방식으로 그들의 무지를 비웃었다. 그녀는 자신을 공격하는 불의와 편견, 그리고 자기 회의에 맞서 싸우면서 점점 더 많은 청중의 공감을 얻고 있다. 이러한 자신의 메시지를 담은 책을 써서 베스트셀러 작가가 되기도 했다.

싱의 가장 유명한 영상 가운데 하나는 "인종차별자를 위한 지리 수업A Geography Class for Racist People"이다. 부정적인 댓글 하나에서 시작된 일이었다. "너네 나라로 돌아가! 이 테러리스트 파키 아프간 인도 무슬림 더러운 X야. #다시미구를훌륭하게 Go bak to ur country, you terrorist paki afghan indian muslim slut #MakeAmericGreatAgain" (여러 실수가 있지만 특히 '미국'에 철자법 실수가 눈에 띈다).

쓸데없는 설전을 벌이는 대신 싱은 세상에 끔찍한 일이 일어날 때 나타나는 두 가지 유형의 사람들을 설명하면서 재치 있게 대응했다. 그녀의 말에 따르면 그 두 유형은 '두려움이 사람들을 분열하도록 내버려 두지 않고 오히려 모여들게 만드는 사람'과 '인터넷에 연결할 자격도 없는 인종차별주의 멍청이들'이라는 것이다.

싱은 특히 이 인종차별주의 멍청이들을 학교로 데려가면서 이렇게 말한다. "나는 사람들이 어떤 일이라도 제대로 해내지 못하는 것을 별로 좋아하지 않습니다. 이왕 인종차별주의자가 되기로 했다면 적어도 똑바로 하세요." 세계 지도 앞에 서서 그녀는 지리 수업을 시작한다. 4살 아이를 대하는 것처럼 친절하지만 중간에 따끔한 말을 섞어 비꼬는 말투로 말한다. "아마 꽤 오랫동안 여권 쓸 일이 거의 없었겠죠. 당신 거기처럼." 다 알고 있다는 듯 미소를 지으며 또 이렇게 말한다. "하지만 걱정할 필요 없어요. 이번에는 확실히 알게 될 겁니다."

그리고 싱의 모국인 캐나다와 그녀를 추방해 보내고 싶다고 언급한 몇몇 나라들에 대한 역사 수업을 시작한다. "인도, 파키스탄, 아프가니스탄은 사실 개별적으로 분리된 세 나라죠. 멍청한 미국호주 영국인 같으니."

이 영상은 완벽한 타이밍에서 말을 멈추고 딱 필요한 만큼의 흥미를 더한 재치 있는 대화로 이루어진 스케치 코미디의 마스터 클래스 같다. 하지만 그 저변에는 포용과 연민의 마음으로 잘못된 국가주의라는 미국의 추악한 얼굴을 저격하려는 더 무거운 목표가 있다.

이런 말투는 싱이라는 브랜드와 100퍼센트 연결되어 있고 그녀의 영상을 보는 사람들은 이것을 모두 소화한다. 그녀는 3,500만 명의 팔로워와 수십억 뷰의 조회 수와 더불어 포브스가 뽑은 가장 소득이 높은 유튜브 스타에 선정되었고, 스스로 가장 명예롭게 생각하는 유니세프 친선대사로 임명되었다.

다른 많은 사람처럼 인플루언서들이 큰 성공을 거두고 엄청난 팔로워를 모으는 이유는 그들이 모두 자신만의 독특한 목소리를 찾았기 때문이다. 그들은 자신에게 진실하고 솔직한 것처럼 다른 사람들에게도 진실하고 솔직하게 말한다.

하나의 브랜드를 알리고자 할 때는 이들에게 배우고 이들과 같은 방식으로 생각해야 한다. 법률 분야에서는 기업을 사람처럼 대하는 것이 타당하다고 주장하기도 한다. 마케팅 관점에서도 이것은 따라야 할 필요가 있다. 브랜드는 스스로 사람처럼 생각해야 한다. 개성 있고 구분 가능하며 정의할 수 있는 존재가 되어야 한다. 수많은 광고가 쏟아지는 상황에서 유일하고 두드러지며 쉽게 인식할 수 있는 존재가 되어야 한다. 궁극적으로 소음을 뚫고 메시지가 전달할 수 있는 뚜렷하고 구분되는 독특한 목소리를 가져야 한다.

당신의 철학이
당신의 목소리다

개인 전형에서 브랜드 전형으로 도약하는 것은 완벽한 일직선 위에 있는 것도 아니고 달에 착륙하는 것도 아니다. 전통적 광고가 호황을 누리던 시절, 미국 광고업계는 브랜드 철학을 규정하고 브랜드가 무엇을 생각할지 알려주었다. 광고 대행사는 몇 단어로 브랜드 핵심을 함축하는 슬로건을 만들어 주고 수백만 달러를 받았다. 슬로건은 무척 효과적인 마케팅 도구였고 대중 의식의 일부가 되었지만 정말 브랜드 철학을 정의한 것은 아니었다. 예컨대 다음과 같은 말들이다.

- 훌륭한 맛, 적은 포만감Tastes Great, Less Filling － 밀러 라이트
- 손가락까지 핥아 먹고 싶은 맛Finger Lickin' Good － KFC
- 집에 놔두고 가지 마세요Don't Leave Home Without It － 아메리칸 익스프레스

"집에 놔두고 가지 마세요", "이것 없이 비즈니스 하지 마세요" 등의 아메리칸 익스프레스의 슬로건은 단순히 제품의 특징을 설명하는 데 도움이 될 뿐이다.

　이상 이와 같은 슬로건들은 단순히 제품의 특징을 설명하는 데 도움이 될 뿐이다. KFC의 슬로건은 손가락에 남은 치킨 부스러기까지 먹고 싶을 정도로 치킨이 맛있다는 뜻이다. 여기에는 브랜드나 그것이 의미하는 것이 무엇인지를 전혀 알 수 없다. 그저 우리는 맛있는 치킨을 만든다고 말할 뿐이다. 50년 동안은 이런 방향의 슬로건이 어느 정도 통했다. 하지만 2011년 마침내 이 시대의 트렌드가 이 패스트푸드 업체를 변하게 만들었다. KFC는 그 유명한 캐치프레이즈를 내려놓고 시대에 맞는 새로운 메시지를 찾기 시작했다. 이 글을 쓰는 지금도 여전히 찾는 중이다.

　캐치프레이즈가 구식이라는 말을 하려는 게 아니다. 여전히 시대정신에 깊게 뿌리 내리고 작동하고 있다. 하지만 오늘날 캐치프레이즈가 제품을 정의하는 전부일 수는 없다. 브랜드 철학을 규정해야 한다. 소비자는 점차 브랜드가 무엇을 의미하는지 인식하게 되고 브랜드의 철학은 사업을 성장시키는 데 더 많은 영향력을 끼친다. 진정성과 사회의식이 있는 것처럼 보이는 브랜드는 단순히 제품 중심적인 브랜드보다 더 많은 고객의 관심을 얻는다. 때론 훌륭한 슬로건 하나가 브랜드의 정신과 본질을 요약하곤 한다. 이를테면 이런 말들이다.

- 그냥 해라Just Do It! - 나이키
- 당신은 소중하니까요Because You're Worth It - 로레알
- 다르게 생각해라Think Different - 애플

이 캐치프레이즈들은 더 높은 수준의 목적을 전달한다. 온라인 내러티브나 마케팅 전략을 세우는 데 사용할 수 있는 말들이다. 단지 제품 수준이 아니라 감정적이고 가치 기반 수준에서 메시지를 던지기 때문이다.

이 슬로건 가운데 어느 것도 특정 제품이나 제품 특성을 말하거나 가리키지 않는다. "저스트 두 잇!(그냥 해라)"은 기저귀 브랜드나 애완동물 사료, 스카이다이빙학교의 슬로건으로도 사용할 수 있다. 하지만 이런 제안은 어리석게 들린다. 이 슬로건은 우리 머릿속에 뿌리 깊게 나이키와 연결되어 있기 때문에 다른 방식으로는 생각할 수 없다. 느낌표로 마무리되는 이 세 단어는 '그것'이 무엇이든 앞

애플의 슬로건 "다르게 생각해라"는 단지 제품 수준의 설명이 아니라 가치의 측면에서 소비자의 감정을 자극한다.

으로 나아가고 스스로 한계에 부딪히며 도전하는 정신을 함축한다. 또한 브랜드가 무엇을 지향하는지 말해주고 이 브랜드를 선택한 고객을 기분 좋게 만드는 정신적인 지원군 역할을 한다. 이 슬로건이 말하지 않는 것은 오직 운동화뿐이다. 예전이라면 운동화만 언급했을 것이다.

마찬가지로 "당신은 소중하니까요"는 특정 제품이 아니라 오히려 가치에 대해 말한다. 크게 지르고 싶거나 스스로 상을 주고 싶을 때 선택하는 브랜드라는 것을 강조하는 것이다. 어떤 카테고리든 그 분야의 최고 제품, 그리고 이 브랜드를 선택하는 것은 자신의 등을 토닥거리며 기분 좋게 만드는 일이라고 말한다. 왜냐하면 당신은 그럴 자격이 있으니까. 나 자신에 대한 관심이 커지고 사회의식이 발달하는 시대에 이 특별한 슬로건이 얼마나 지속적으로 효과를 발휘할지 지켜보면 흥미로울 것이다.

"싱크 디퍼런트"는 고객의 머릿속에 스티브 잡스와 매우 강하게 연결된 애플의 고전적인 캐치프레이즈다. 이 슬로건은 순수하고, 브랜드 정체성에서 출발하기 때문에 효과가 있다. 그리고 애플 역사의 구체적인 순간과 연결된다. 당시 젊은 신생 브랜드였던 그 회사뿐만 아니라 가정용 컴퓨터의 미래와 이 책을 쓸 수 있게 해준 모바일 미디어 혁명을 정의하는 데도 도움이 된다.

1997년으로 돌아가 스티브 잡스가 자신이 세운 회사에서 쫓겨난 지 몇 년 뒤 애플로 돌아왔을 때, 그의 귀환은 필요했지만 고통스러운 변화도 가져왔다. 이사회 전체가 새로운 인물들로 바뀌었고 신제품이 출시되었으며 오래된 제품 라인은 퇴출당했다. 그리고 마이크로소프트와 라이선싱 문제로 오래 끌던 법정 다툼이 해결되자 잡스는 본격적으로 마케팅으로 눈을 돌렸다.

애플의 광고 대행사였던 BBDO는 "우리가 돌아왔다We're back"라는 슬로건을 내놓았다. 모든 사람이 좋아했지만 단 한 사람, 잡스는 아니었다. 그는 멍청한 슬로건이라고 했다. 애플은 조금도 과거의 명성을 되찾은 상태가 아니었기 때문이다. 잡스가 옳았다. 그들은 조금도 돌아오지 못한 상태였기 때문에 되돌아올 수 있도록 도움을 줄 무언가가 필요했다.

잡스는 다른 대행사들을 섭외해 아이디어를 들었다. 그중 하나가 샤이엇데이였다. 최초의 개인용 컴퓨터 매킨토시의 출시를 알린 애플의 그 유명한 1984 광고를 만든 팀이었다. "싱크 디퍼런트"라는 슬로건은 한마디로 지금 애플이 해야 하는 핵심을 담고 있었다. 잡스는 이미 이 슬로건을 뛰어나다고 평가한 바 있다. 이전에도 그리고 앞으로도 회사의 핵심이 될 것을 알아보았기 때문이다.

처음 맥Mac이 출시되었을 때 개인용 컴퓨터라는 개념은 설득력이 없었다. 오히려 비현실적인 공상과학에 가까웠다. 컴퓨터가 자리잡은 공간은 창고였고 이러한 컴퓨터는 대기업만이 감당할 수 있었다. 그런 걸 우리 집 책상 위에 놓다니? 애플이 미친 것이 분명했다.

하지만 미친 것처럼 보이는 일은 더 있었다. 다르게 생각한다는 철학 "싱크 디퍼런트"라는 이름의 캠페인은 처음부터 애플의 핵심 가치였다. 잡스가 회사에서 쫓겨난 후 이 슬로건도 회사에서 사라졌다. 회사는 소프트웨어를 라이선스하고 하드웨어를 외주제작하며 다른 회사들처럼 따분한 회색 케이스를 만들기 시작했다. 그들은 자신의 독특한 목소리를 잃었다. 잡스가 복귀해 다시 "싱크 디퍼런트" 캠페인을 진행하기 시작하자 새로운 아이맥 데스크톱과 아이북 노트북 제품을 출시했고 수익과 주가 모두 치솟았다. 이것은 세기의 컴백 스토리가 되었다. 하나의 슬로건을 통해 회사가 진정한 자기 목소리를 찾았기 때문에 가능한 일이었다.

내가 가진 진정한 목소리를 찾는 가장 좋은 방법은 번지르르한 치장을 걷어내고, 그것이 무엇이든 셰어러빌리티에서 우리가 그랬던 것처럼, 애플이 그랬던 것처럼, 당신이 좋은 아이디어라고 생각했던 처음으로 돌아가는 것이다. 하지만 반드시 전제되어야 할 것은 진실만을 말해야 한다는 거다.

우리는 경험을 바탕으로 브랜드에 도움을 주고자 진실을 테스트하는 네 가지 핵심 단계를 개발했다. 만약 자기 자신의 목소리를 찾는 데 어려움을 겪고 있다면 이 단계를 일종의 로드맵 아니면 적어도 표지판처럼 사용하면 도움이 될 것이다.

핵심1

당신이 아닌 것을
먼저 파악하라

일반적으로 무엇을 팔 수 있는지 알아보기 위해 시장 조사를 한다. 하지만 시장 조사는 먼저 "내가 누구인가?"에 답하는 방향으로 이루어져야 한다. 다행히 이 질문의 지극히 광범위한 본질에 다가가지 않은 채 진실에 데려다줄 치트키가 하나 있다.

다른 사람들에게 당신을 어떻게 생각하는지, 그리고 어떤 일을 해야 한다고 생각하는지 묻는 것이다. 제품이나 서비스, 모험이나 그 무엇이든지 상관없다. 사실 그들의 대답은 당신이 할 수 있는 것만큼 재미있거나 강력하지 못할 것이다. 잊지 말자. 우리는 당신의 진실을 찾는 것이지 다른 사람들의 진실을 찾는 것이 아니다. 당신이 셰어러빌리티 같은 마케팅 회사이고 누군가 이렇게 말한다고 하자. "넌 광고 대행사가 되어 백만 달러짜리 TV 광고를 제작하는 회사와 경쟁해야 해. 넌 정말 잘 해낼 거야!" 이 말을 듣고 오글거리고 소름이 돋을 수 있다. 그렇다면 멈춰야 한다. 왜 그럴까?

당신은 사람들이 말하는 진실을 찾는 것이 아니라 당신이 진실이라고 느끼는 것을 찾는 중이다. 절반 이상의 사람이 광고 대행사와 경쟁해야 한다고 말해도 당신의 본능은 그건 틀린 거라고 소리친다. 당신은 대행사 모델과 TV 광고는 한물갔고 디지털 커뮤니케이션이 미래라고 생각한다. 그렇다면 다른 사람의 말을 따라가는 건 어리석은 짓이다. 우리 회사 최고 크리에이티브 책임자가 말한 것처럼 "통계는 한 발은 뜨거운 불 속에 다른 한 발은 차가운 얼음 위에 두고 서 있는 사람을, 평균적으로 괜찮다고 말하는 과학이다."

이 말 그대로라면 그 사람은 불과 얼음 때문에 엄청난 고통을 느끼며 고래고래 소리를 질러야 한다. 하지만 어떤 수치나 차트도 이런 현실적인 감정을 보여줄 수 없다. 인간은 복잡한 존재이고 우리가 하는 모든 일은 서로 연결되어 있다. 적어도 당신의 열정과 성공은 그렇다. 기억하자. 당신의 열정이 열쇠다. 열정을 품는다고 모든 일이 저절로 성공하는 것은 아니지만 적어도 유리하게 출발하고 싸워볼 기회는 있다.

하지만 스스로 열정적인 사람이 아니라고 말한다면, 나는 당신이 자신을 잘 모른다고 말하겠다. 누구나 어떤 것에는 열정을 느끼기 마련이다. 인간이라면 누구나 DNA 속에 열정이 들어 있기 때문이다. 당신 자신이 어느 쪽에 열정을 느끼는지를 알고 있어야 한다. '성공하고 싶어서'나 '돈을 많이 벌려고' 같은 임의적이고 일반적인 대답은 하지 말아야 한다. 매우 구체적이고 개인적이며 당신 개인과 사업이 연결된 하나의 대답이 나와야 한다.

여기서 약간 저기서 조금 아이디어를 가져다가 한데 모아 나만의 탄탄한 기반을 쌓고 거기서 새롭고 독특한 방식으로 결합된 아이디어가 나오는 순간 사람들은 흥분한다. 이렇게 모든 사람이 흥분할 만한 스토리를 이야기하는 것, 이것이 내가 진정으로 열정을 느끼는 분야다. 내가 이렇게 인정하게 된 이유는 아마 내가 스토리텔러이기 때문일 것이다. 처음에는 이런 생각을 꺼렸다. 부드럽고 예술적이지만 수익성이 부족해 보였다. 하지만 곧 스토리가 모든 것임을 깨달았다. 스냅챗이나 에어비앤비 같은 회사들이 수십억 달러의 기업 가치를 갖는 것도 모두 이를 포장하고 포지셔닝하는 바로 그 스토리에 있다. 그 기업의 재무 상태나 얼마나 매출을 올리는지는 중요하지 않다. 모든 것이 스토리텔링에 달려 있다. 회사에 스토리를 입히는 일은 설명할 수 없을 정도로 마음이 끌리는 줄타기 게임이다. 우리 셰어러빌리티가 하고 있는 패키징과 포지셔닝이라는 일은 한 회사에 진정한 가치를 부여하는 일이다.

그러니 당신을 조사하는 일을 누구에게 부탁하겠는가? 사실 누구든 좋다. 친구나 가족, 동료들에게 묻는 것으로 시작해보라. 그들의 회사가 당신 회사와 비슷하거나 아니면 그들이 다른 회사에 관해 많이 읽고 연구하고 있는지 당신과 맞는 공감대가 있는지 살펴봐라. 이 연습의 핵심은 당신이 내면의 진실한 소리를 들을 수 있도록 충분한 시간과 방향을 제공하는 것이다. 어디로 가야 할지 말하는 작은 목소리에 귀 기울여 보라. 이 여론의 목소리를 가지 말아야 할 곳이 어딘지 알려주는 가드레일로 생각하라.

핵심2
경쟁자를 기회로
생각하라

당신이 속한 곳에 이미 만연한 목소리를 조사하고 이해하는 것은 당신의 고유한 위치를 찾는 데 도움이 되는 생산적인 연습이다. 당신의 신념과 방향과 동일한 목소리가 있을 만한 틈새시장을 찾는 것이 관건이다. 바로 그곳이 최적의 타격점이다.

여기서는 영화배우 제시카 알바와 그녀의 회사 어니스트 컴퍼니 The Honest Company를 예로 들려 한다. 알바는 연기 경력 초기에 TV 드라마 〈다크 엔젤〉과 영화 〈판타스틱 4〉, 〈씬 시티〉, 〈발렌타인 데이〉가 크게 히트하며 스타덤에 올랐다. 당시 그녀의 이미지는 미스터리나 할리우드적인 매력에 관한 것이 전부였다. 모든 것이 변한 것은 2007년 알바가 첫 아이의 임신을 알았을 때다. 그녀에게 부모 본능이 생기면서 성공한 엄마가 되기 위해 알아야 할 모든 것을 조사하기 시작했다.

처음 읽은 책 중 하나가 크리스토퍼 개비건이 쓴 《건강한 아이

제시카 알바는 첫 아이가 생기면서 건강한 세상에 관심을 갖게 되었고 자신에게 필요한 것을 찾는 과정에서 어니스트 컴퍼니를 설립하게 된다.

건강한 세상Healthy Child Healthy World》이었고 이후 큰 영향을 받는다. 알바에게 이 책은 아기용품에 사용되는 독성 화학물질과 이런 물질이 여러 질병과 연결된다는 것을 알려주는 교과서였다. 그녀 역시 어릴 때 천식과 알레르기 관련 질병을 겪었기 때문에 연관이 있을 것으로 확신했다.

규제 시스템이 소비자의 기대에 미치지 못하고, 제조업체들은 검증되지 않은 독성 화학물질을 아기용 샴푸나 기저귀 같은 제품에 향료로 사용할 수 있다는 사실에 분노했다. 그녀는 아기를 위험에 빠트리지 않을 깨끗한 제품을 찾기 위해 시장을 샅샅이 뒤졌다. 하지만 찾아낸 것은 실망뿐이었다. 정말 깨끗한 제품이 거의 없었다. 설령 있다 해도 품질이 조악하거나 매우 비쌌다.

알바는 내면의 목소리를 찾는 이 여정을 통해 인생을 바꿀 만한 행동을 시작한다. 아이들에게 필요한 품질 좋고 안전하며 적당한 가격의 제품을 요구하는 엄마들을 대변하는 목소리가 되기로 한 것이다. 이 일을 하기 위해 그녀는 어니스트 컴퍼니를 시작했다. 사업 계획을 발전시키고 초기 투자를 유치하는 데 몇 년이 걸렸고 그러는 동안 알바는 둘째 아이를 임신했다. 2012년에 회사는 준비를 마치고 운영에 들어갔다. 효과가 있었다. 부모들의 의견에 귀 기울이고 아이들의 안전을 지키는 브랜드라는 매우 독특한 목소리를 가졌기 때문이었다. 그 덕분에 회사는 급상승했고 2015년에 회사 가치가 17억 달러에 이르렀다.

이러한 자연스러운 성공은 알바가 이미 유명인이었기 때문에 가능했던 것도 있다. 따라서 지금 막 사업을 시작하는 당신이라면 좀 더 신중하게 차근차근 진행해야 한다. 첫 번째 단계는 진입하려는 산업이나 카테고리를 자세히 살펴본 다음 주요 기업의 목소리를 하나하나 주의 깊게 연구해야 한다. 각각의 목소리를 몇 단어로 정리한 다음 그것이 무엇을 나타내는지 적어보라. 그리고 모든 경쟁자들을 전체적으로 살펴보면서 그들의 같은 점과 다른 점을 생각해보라. 머릿속에 떠오르는 빈 곳들이 있는가? 양심적인 브랜드가 설 자리가 있는가? 더 에지 있는 브랜드나 특정한 인구통계집단에 직접 어필하는 브랜드가 있는가? 어디에 기회가 있는가? 제시카 알바처럼 열정을 품은 것과 방향이 같은 무언가를 확인하고 찾아냈다면 당신은 성공의 길로 들어선 것이다.

자신만의 목소리를 찾는 것은 경력이나 인생의 경로를 바꾸는 일이 될 수 있다. 사업 파트너이자 셰어러빌리티를 공동 설립한 닉 리드가 그 완벽한 사례다. 닉은 할리우드 최고 에이전시 가운데 하나인 ICMInternational Creative Management을 두루 경험했다. 에이전트 비서로 시작해 에이전트로 승진했고 ICM의 영화 저작 부문 책임자가 되었다. 제이 로치(〈오스틴파워〉, 〈미트 페어런츠〉 시리즈), 안톤 후쿠아(〈트레이닝 데이〉), 피터 모건(〈프로스트 VS 닉슨〉)을 포함한 이 분야 최고 영화감독과 시나리오 작가들을 대표했고 〈브리짓 존스의 일기〉 같은 히트 작품들을 기획했다.

매일 힘들고 바쁘게 보냈고 주말도 다르지 않았다. 에이전시 분야에서는 이런 상황을 두고 이렇게 말하곤 한다. "일요일에 하루 종일 일하지 않았다면 월요일에 출근할 필요 없다. 다른 사람이 네 일을 하고 있을 것이다." 이러한 압박 속에서도 닉은 이 분야의 최고들을 상대하며 그들의 작품을 커다란 스크린에 옮기는 일을 사랑했다. 그리고 앞서 나갔다.

시간이 지나면서 에이전시 분야도 달라지기 시작했다. 큰 에이전시들은 경쟁을 위해 몸집을 더욱 키웠고 인수합병은 시대의 명령이 되었다. 다른 에이전시들은 호시탐탐 닉의 고객을 가로채려 했다. 닉은 고객의 일뿐 아니라 인사 문제나 경쟁자들의 공격, 조직 내 권력 다툼 같은 문제들도 처리해야 했다. 하루는 의자에 편히 기대고 앉아 그동안 성취한 것과 앞으로 하고 싶은 것을 생각해보았다.

그는 영화계 최고 제작자들과 유명한 스타들과 일해 왔다. 고도의 창의성이 필요한 일이었지만 거기서 더 나아가 그는 많은 시간을 협상과 문제 해결에 사용했다. 사실 스토리텔링을 직접 하는 것이 아니라 누군가를 돕는 진행을 맡고 있었던 것이다. 그리고 2010년 그는 미지의 세계로 뛰어들기로 하고 자신만의 창의적인 길을 추구하기 위해 ICM을 떠났다. 자신을 진정 움직이게 하는 진짜 자신이 원하는 일을 하고 싶었던 것이다.

얼마 후 닉은 홀로코스트 생존자인 알리스 헤르츠좀머를 만났다. 그녀는 이제껏 들어본 적이 없는 놀라운 이야기를 가지고 있었다. 알리스는 당시 107세로 홀로코스트 생존자 가운데 최고령자였다. 그녀에게는 살아남게 된 특별한 스토리가 있었고 닉의 마음을 움직이는 그녀만의 인생관이 있었다. 성공한 피아니스트였던 알리스는 여섯 살 난 아들과 함께 테레지엔슈타트 강제 수용소로 보내졌다. 그 시간을 온전하게 견디기 위해 그녀는 음악에 의지했다. 강제 수용소 안에서 100회 이상의 연주회를 했다. 다른 사람들도 정신을 잃지 않고 온전한 상태를 유지하도록 돕고 싶었다.

상업적인 성공을 기대할 수 없었지만 닉은 알리스의 이야기를 영화로 만들기로 했다. 그는 오랜 친구이자 다큐멘터리 작가인 맬컴 클라크를 설득해서 영화 제작에 들어갔다. 닉과 맬컴은 사재를 털고 전문가들의 무료 도움을 받아 〈더 레이디 인 넘버 6: 음악이 구한 삶The Lady in Number Six:How Music Saved My Life〉이라는 단편 영화를 완성했다. 어떻게 음악과 웃음과 긍정적인 사고가 극한 역경을 이겨내고 인간 승리로 이어질 수 있었는지를 말하는 영화였다.

닉은 자신이 가진 영화 제작과 마케팅에 관한 모든 노하우를 쏟

7 seconds

더 레이디 인 넘버 6: 음악이 구한 삶The Lady in Number Six: How Music Saved My Life

닉 리드는 홀로코스트 최고령 생존자인 알리스의 인생관에 감동을 받아 상업적인 성공을 기대할 수 없음에도 불구하고 그 이야기를 영화로 만들었고 결국 2014년 아카데미 최우수 단편 다큐멘터리상을 받았다.

아부었고 그렇게 알리스의 이야기가 세상에 알려지게 되었다. 이 작업을 통해 닉은 자신에 대해서도 알게 되었다. 사실 그는 행복하려면 창의적인 일을 해야 하는 사람이었다. 그는 이 생각을 셰어러빌리티로 가져왔다.

영화 홍보를 위해 우리는 쉽게 공유할 수 있는 영상 클립을 만들고 이 바이러스를 블로거와 인플루언서들에게 공격적으로 내보냈다. 이 영상이 널리 퍼지고 다양한 매체가 관심을 보인 덕분에 오스카상 후보작을 추천할 수 있는 아카데미 회원들에게도 주목받게 되었다.

아카데미상 후보에 오른 뒤 우리는 이 영화에 관한 커뮤니티와 인지도를 꾸준히 만들어갔다. 이 놀라운 영화가 전하는 긍정적인 메시지가 영화를 상위권에 올리는 데 도움이 되었다. 오스카상 시상식 밤, 〈더 레이디 인 넘버 6: 음악이 구한 삶〉은 2014년 아카데미 최우수 단편 다큐멘터리상을 받았다. 슬프게도 알리스는 109세의 나이로 시상식이 열리기 일주일 전에 눈을 감았다. 하지만 그녀는 생전에 자신의 이야기가 그토록 많은 사람에게 영향을 미치는 것을 지켜보았다. 거기에 더해 닉이 첫 영화로 오스카상을 받을 수 있도록, 그의 목소리를 찾도록 도와준 것이다.

핵심3

사명 선언문을 작성하고
발전시켜라

자기계발서에서 하는 흔해 빠진 이야기로 들리겠지만 셰어러빌리티에서는 사명 선언문을 만들어가는 과정을 브랜드의 어떤 면이 공유 가능한지 파악하는 길이라고 생각한다. 왜 누군가는 당신에 관해 친구들에게 이야기하고 싶은 걸까? 왜 그들은 당신의 이야기를 공유하고 싶은 걸까?

놀랍지만 이것은 절대 재미있을 것 같지 않은 사업에도 적용할수 있다. 옷걸이 제조업체에도 이야깃거리가 될 만한 스토리가 있다. 단, 그런 이야기를 찾으려면 깊이 파고 들어가야 한다. 회사 깊은 곳까지 파고들어 진실을 찾아 최대한 낭만적으로 묘사해야 한다.

결론은 이렇다. 만약 브랜드가 올바른 일을 하고 있다면 그것은 사람들의 반응을 일으키는 핵심 가치나 자산이 된다. 브랜드를 정의하고 특별하게 만드는 것은 브랜드 중심에 존재한다. 여기서 그본질은 판매 포인트가 아니라 오히려 브랜드 자체에 충실하고 브랜

자연환경을 지키는 데 가치를 둔 파타고니아는 제조과정에서 발생하는 오염을 최소화하고 매출액의 1퍼센트를 환경단체에 기부하는 등의 활동을 이어가고 있다. 고객은 이러한 가치를 지지하며 기꺼이 추가 비용을 지불한다.

드만의 목소리를 내게 하는 핵심 철학이어야 한다.

아웃도어 브랜드 파타고니아를 생각해보자. 이 기업은 산악 등반가들을 위해 장비를 만드는 작은 회사에서 시작했다. 여전히 장비도 만들지만, 지금은 스키나 스노보드, 서핑, 플라이피싱, 패들링, 트레일 러닝, 또는 시원한 가을날 야외 카페에 앉아 포근함을 느끼고 싶은 사람을 위한 의류를 생산한다. 하지만 모터사이클 재킷, 레이싱 장갑, 팀 유니폼은 만들지 않는다. 파타고니아는 개인의 성취에 중점을 둔 조용한 야외 스포츠에 필요한 제품을 생산한다.

파타고니아는 여전히 미니멀 스타일에 가치를 두며 디자인은 항상 단순함과 실용성에서 온다고 믿는다. 아웃도어와 야생에 대한 사랑은 야생 환경과 동식물을 보존하도록 노력하게 하는 힘이다. 이 회사는 제조과정에서 발생하는 오염을 최소화하려 열심히 노력하고 전 세계의 풀뿌리 환경단체들을 위해 그들의 시간과 에너지, 매출액의 1퍼센트를 직접 기부한다.

이 핵심 가치에 충실하면서 높은 품질의 제품을 만든다는 전제가 있어야 고객에게 프리미엄을 요구할 수 있다. 사람들은 이런 종류의 사회적 책임에 기꺼이 추가 비용을 지불한다.

회사 중심에 있는 진실은 사명 선언문에 녹아들어 있다. 파타고 니아는 "최고의 제품을 생산하고 어떤 불필요한 해도 일으키지 않으며 환경 위기에 관심을 갖게 만들고 그 문제 해결하는 데 사업을 이용"하기 위해 존재한다. 30년 이상 사업을 해오고 있고 매년 2억 달러 이상의 매출 성장을 하는 회사로서 의미 있는 행보라고 할 수 있다.

핵심4

무엇보다 솔직해라

인터넷에는 초고속으로 작동하는 정밀하게 조율된 헛소리 탐지기가 있다. 나쁘거나 잘못된 슬로건에 대해 사람들이 회사에 직접 편지를 쓰거나 신문이 그 사실을 보도할 때까지 기다려야 했던 텔레비전 광고 시대와 달리 지금은 즉시 의견을 밝힐 수 있다. 정말 그렇다. 당신의 목소리나 메시지에 진실이 아닌 가짜의 조짐이 보이면 순식간에 엄청난 재난이 들이닥칠 것이다.

개인이나 작은 브랜드에는 큰일이 아닐 수 있지만 큰 브랜드가 진짜가 아닌 것을 올렸을 때 벌어질 일을 생각해보라. 펩시가 모델 켄달 제너와 진행한 캠페인에서 바로 이런 일이 일어났다.

오래전에 탄산음료 시장은 코카콜라가 지배했다. 코카콜라만이 진짜였다. 하지만 펩시가 시장에 진출하면서 코카콜라와 분리하고 구분할 방법이 필요했다. 펩시가 이 구역의 새로운 콜라라는 것을 보여 줘야 했다. 그래서 생각해낸 것이 새로운 세대의 선택이라는

7
seconds

지금 이 순간을 살아라 Live for Now Moments Anthem.

켄달 제너가 출연한 이 펩시 광고는 사회적으로 찬반이 갈리는 첨예한 사회적 가치를 광고에 반영하여 성공하지 못한 케이스로 기록되고 있다.

⋮

콘셉트였고 그 콘셉트로 펩시는 엄청난 성공을 거두며 청소년 시장을 공략했다. 하지만 최근 펩시는 새로운 세대와 교감을 잃었다. 2017년에 펩시는 백인 유명인이 자사 콜라로 시위대를 진정시킨다는 내용의 광고를 제작했다. 이 광고에서 시위자들은 '대화에 참여하라'는 푯말을 들고 있고 이들을 경찰이 둘러싸고 있다. 마지막 장면에서 켄달 제너가 경찰에게 펩시를 건네며 대립은 종결되고 시위자들의 박수를 받는다. 청각 장애인을 위해 제작한 이 펩시의 광고에는 경찰의 잔혹한 폭력에 반대하는 운동인 "흑인의 삶도 중요하다Black Lives Matter"와 관련된 이미지를 사용했다. 탄산음료를 팔기 위해서 사회적으로 찬반이 갈리는 첨예한 사회적 가치를 광고에 반영한 것이다. 그리고 실패했다.

브랜드는 날카롭거나 재치 있거나 냉소적이면 안 된다고 이야기

타코벨은 밀레니얼 세대의 가치를 반영하는 소셜미디어 마케팅을 통해 성공적인 결과를 얻고 있다.

를 하려는 것이 아니다. 진짜 보편적으로 가치 있는 진실을 말한다면 브랜드의 경우도 괜찮을 수 있다. 타코벨은 밀레니얼 세대를 겨냥한 소셜미디어 캠페인을 통해 대단한 일을 해냈다. 타코벨은 배달 앱 출시 후 소셜미디어를 검게 물들였다. 검정 바탕에 흰 글씨로 "타코벨은 트위터에 없습니다", "타코벨은 페이스북에 없습니다. 오직 앱에 있습니다" 등을 사용할 수 있는 모든 플랫폼에 내걸었다.

타코벨의 이러한 소셜미디어 마케팅은 밀레니얼 세대에 호소력을 발휘했다. 또한 타코벨은 많고 많은 이모티콘 중 타코 이모티콘이 없다는 것을 발견하고 청원사이트 체인지change.org에 청원을 시작했다. 3만 3,000명이 서명한 가운데 타코 이모티콘이 만들어졌다. 타코벨은 한 단계 더 나아가 맞춤 타코 이모티콘을 만들어주는 타코 이모지 엔진Taco Emoji Engine을 시작했다.

타코벨 마케팅팀은 신중하게 전략을 고민하고 계획했기 때문에 성공할 수 있었다. 하지만 누군가의 계획에 의해 만들어졌다는 인위적인 느낌이 들지는 않는다. 모든 단계마다 진정성을 유지했기 때문이다.

　그 브랜드만의 목소리를 찾기 위해 고심할 때 중요한 것은 기본적으로 솔직하라는 것이다. 당신의 브랜드와 당신의 정체성 그리고 이처럼 많은 시간과 노력을 기울이게 만든 처음 핵심 아이디어에 정말 솔직해져야 한다. 결국 당신의 목소리가 사람들에게 도달될지 여부는 이 솔직함이 결정할 것이다.

5장

강력한
제목을 만들어라

II ▶I ◀ 0:07   ✦ ▣ ▢ ⌗

강력한
한 방을 만들어라

셰어러빌리티 초창기부터 우리는 항상 매우 단순하고 확고한 규칙 하나를 고수하고 있다. 헤드라인에 한 방이 없으면 영상도 없다는 것이다.

이 원칙은 유튜브 시대에 시작됐다. 우리의 콘텐츠 배포 전략의 대부분은 영상을 알린 다음 전 세계 언론이 기사를 쓰게 하는 것이었다. 그러려면 언론의 관점에서 우리 영상이 헤드라인 기삿감이 될 만한 가치가 있어야 했다. 최근에는 그때처럼 언론 위주의 홍보 목적에 집중하지 않지만, 헤드라인은 현재 디지털 환경에 따라 캠페인의 명확성과 구체성을 높이는 데 도움을 준다. "킬러 헤드라인이 없으면 영상도 없다!" 회사에서 이 말을 얼마나 많이 반복해서 말하는지 셀 수 없을 정도다.

신문은 인터넷이 존재하기 전부터 이 개념을 잘 알고 있었다. "토플리스 바의 헤드리스(머리 없는) 시체"는 《뉴욕포스트》의 전설적인

《뉴욕포스트》는 정제되지 않은 눈길을 사로잡는 헤드라인으로 유명한 언론사다. 임팩트 있는 헤드라인이 되기 위해서는 지나친 말장난으로 가도 안 되고 그렇다고 사실만을 언급한 딱딱한 문장이 되어서도 안 된다.

헤드라인이다. 재치 있는 말장난으로 유명한 이 잡지는 수십 년간 짓궂지만 눈길을 사로잡는 헤드라인을 줄곧 써왔다. 사람들이 재미 있는 헤드라인을 보고 신문을 사서 기사를 읽게 하려는 것이었다. 하지만 그와는 다르게 《뉴욕타임스》나 《월스트리트저널》 같은 전통 적인 일간지들은 수년간 그 어떤 일간 타블로이드 신문보다 뛰어난 헤드라인을 쓰려고 노력했다. 반면, 《뉴욕타임스》나 《월스트리트저 널》 같은 신문들은 헤드라인을 다르게 사용한다. 기사 내용에 더 초 점을 맞춘다. 뉴스 중심 헤드라인은 "플로리다에 근접할수록 태풍 세력 강해지다" 또는 "초과 예약된 비행기에서 승객 끌려 나오다"

같은 결과물로 나타났다. 1면 톱 기사 헤드라인의 경우 글꼴을 강조하고 크기를 키우는 등의 노력을 하면서도 《뉴욕포스트》식의 말장난에는 기대지 않으려 했다. 신뢰성을 잃을 우려가 있었기 때문이다. 신뢰성과 독자의 관심 사이에는 미묘한 균형이 필요하다. 하지만 당신이 신문기자라면 결국 사람들의 시선을 사로잡는 임팩트 있는 헤드라인이 더 중요하다.

아이러니하게도 많은 광고 에이전시나 전통적 콘텐츠 제작자들은 영상의 헤드라인을 등한시하곤 한다. 하지만 이렇게 헤드라인을 부차적으로 본다면 영상도 부차적인 것이 될 가능성이 크다.

매일같이 수천 개의 채널과 수백만 개의 메시지가 쏟아지는 세상에서 임팩트 있는 날카로운 메시지가 아니면 그 여러 소음을 뚫고 나갈 수 없다. 눈에 띄려면 주의를 끌어야 한다. 물론 개성 있고 기억에 남을 만해야겠지만 가장 중요한 것은 우선 메시지가 이해하기 쉬워야 한다는 거다. 일단 한 문장이나 한 구절이 넘어가면 관심을 끌기 전에 사람들은 이미 다른 데로 가버린다.

소셜미디어를 스크롤할 때 사람들이 처음 집중하는 시간은 1,000분의 1초에 불과하다. 일반적으로 영상이 효과적인 이유는 스크롤이 지나갈 때 영상도 움직이기 때문이다. 움직임 그 자체가 당신의 뇌를 집중하게 만든다. 단순한 동물적 본능이다. 인간은 유전적으로 움직임을 포착하는 성향이 있다. 움직이는 것은 위협의 요소 또는 식량이 될 수 있기 때문이다. 따라서 우리 뇌는 움직이는 물체나 이미지에 끌리고 정적인 것보다 더 오래 관심을 둘 수밖에 없다. 당신이 크리에이터라면 결국 사람들이 주목하고 시청하는 소중한 순간을 만들어내야 한다.

실제로 누군가 스크롤을 멈추고 처음 몇 초 이상 영상을 보게 하려면 두 가지 일이 동시에 일어나야 한다. 첫째, 콘셉트가 사람들의 관심을 끌어당겨야 하고 둘째, 사람들이 그 콘셉트를 즉시 이해해야 한다.

시선을 끌지 못하면 사람들은 다음 게시물로 넘어간다. 이 영상이 무엇에 관한 것인지 즉시 이해하지 못하면 포기하고 가버린다. 이런 관점에서 보면 세상에서 가장 좋은 아이디어도 제대로 된 포장 없이는 전혀 의미가 없다. 다시 한 번 강조하지만 헤드라인은 소셜 플랫폼에서 콘텐츠를 포장하는 핵심인 것이다.

이런 맥락에서 헤드라인에는 이중적인 면이 있다. 철학적인 면과 기술적인 면이다. 이 장에서는 두 가지 개념을 모두 살펴본다. 먼저 셰어러빌리티가 헤드라인을 고민하는 네 단계 프로세스에서 시작한다. 처음 두 단계는 철학적이고 나머지 두 단계는 기술적이다. 이 과정을 모두 마스터하면 당신도 강력한 헤드라인을 만들 수 있다.

단계1
겟잇 요인을 결정하라

먼저 겟잇Get It 요인에 관해 이야기하려 한다. 사고방식이 가장 중요하다고 생각하기 때문이다. 이 부분은 앞에서 언급한 '즉시 쉽게 이해하도록 할 것'에 해당한다. 소셜미디어에서 영상이 성공하려면 처음 몇 초 안에 시청자가 반드시 겟잇해야 한다. 그러려면 영상의 목적이 직접적으로 드러나야 한다.

멋진 풍경과 반짝이는 햇빛이 쏟아지는 아름다운 숲 이미지를 천천히 보여주며 시작하는 영상이 있다고 하자. 이것으로는 무엇에 관한 영상인지 전혀 알 수 없다. 영국 카디프 지역에 관한 다큐멘터리일 수도 있고 혼다자동차 광고일 수도 있다. 처음 몇 초 안에 이 영상이 말하려는 것이 뭔지 알 수 없다면 사람들은 무슨 내용인지 궁금해서 좀 더 집중해서 보기보다는 떠나버린다. 세상에는 봐야 할 더 좋은 것들이 많다. "저것 좀 봐. 조약돌로 저글링을 하다니!" 하며 그 즉시 귀여운 수달 영상을 볼 수도 있다.

이렇게 바로 사람들의 시선을 끌지 못하면 당신의 영상은 바로 사라진다. 누군가가 페이스북에서 조회 수 1건으로 계산하기 충분한 3.1초 동안을 머물렀더라도 당신에게 도움이 되지 않는다. 그 사람의 관심을 끌지 못했고 여전히 그 사람은 당신의 영상이 무슨 내용인지 알지 못한다. 이해하지 못했다는 말은 당신의 영상을 좋아하지도 않고 공유할 수도 없다는 말이다.

겟잇 요인이 그토록 중요한 이유다. 실제로 헤드라인과 섬네일(자동 설정하지 않는다면), 처음 몇 초의 영상이 결합하여 오케스트라처럼 조화를 이뤄 명확하고 분명한 이야기를 들려준다. 그러나 인터넷 구석구석에서 불편한 소음이 계속해서 들려오기 때문에 몇 초 만에 마음을 끌지 못하는 영상이라면 사람들이 더는 보지 않는 것이 현실이다. 바로 이해할 수 없다면 그 누구도 관심을 기울이지 않는다.

우리 회사의 크리에이터가 팀 회의에서 아이디어를 발표할 때 내가 항상 처음에 묻는 것이 있다. "헤드라인이 뭐죠?" 이 질문은 말 그대로 영상이 출시될 때 나란히 붙을 실제 문구를 말해달라는 것이 아니다. "이 영상의 공유 가능한 핵심 콘셉트가 뭐죠?"라고 묻는 것이다. 헤드라인처럼 핵심 콘셉트를 짧은 한 문장으로 요약하라는 뜻이다. 아이디어를 설명하는 데 세 문장 이상이 필요하다면 나는 머리를 가로저으며 처음부터 다시 시작하라고 말한다. 공유할 만한 아이디어가 없기 때문이다. 이 간단한 통찰이 우리의 성공에 무엇보다 큰 영향을 미쳤다.

구체적인 예를 들면 앞에 언급했던 올림픽 채널 홍보를 위해 공

만약 올림픽 게임이 아기들이 경쟁하는 것처럼 귀엽다면?
If Cute Babies Competed in the Olympic Games

2017년 4월 13일 유튜브 올림픽 채널에 게시된 영상으로 경쟁적인 올림픽 게임과는 다른 아기들의 천진난만하고 귀여운 모습을 담아 곧 수억 뷰의 조회 수를 얻으며 가장 성공한 프로모션 중 하나가 되었다.

유할 만한 콘셉트를 찾고 있을 때였다. 올림픽대회는 2년에 한 번 동계대회와 하계대회가 한창 진행되는 짧은 몇 주 동안 모든 사람의 마음을 사로잡는다. 하지만 대회가 열리지 않는 기간에 대중은 다른 일에 관심을 쏟고 진짜 심각한 올림픽 마니아들만 다양한 스포츠 안팎 소식이나 선수 동향을 주시한다. 올림픽 채널은 대회와 대회 사이 일어나는 올림픽 관련 소식을 한데 모으고 영원히 기억될 놀라운 추억들을 사람들의 마음속에 되살리기 위해 만들어졌다.

올림픽대회와 관련된 다양한 주제를 논의하면서 여러 의견이 나왔다. 운동선수들의 혹독한 훈련 내용을 중심으로 기사를 쓰자는 의견, 스포츠에만 뛰어날 뿐 요리나 정원일 같은 집안일을 잘하지 못하는 슈퍼스타 운동선수 이야기를 풀자는 의견도 있었다. 세계적인 음악가들의 연주를 스포츠와 함께 다뤄보자는 의견도 나왔다.

하지만 모두의 관심을 훅 끌어들인 한 가지 아이디어가 있었다. 단순하지만 가장 강렬한 아이디어였다. 바로 베이비 올림픽이었다. 이 아이디어는 단 한 줄로 요약할 수 있다. "아기들이 올림픽대회에 참가한다면?"

벌써 멋진 헤드라인이 생겼다. 이해하기 쉽고 시각화하기도 쉽다. 게다가 겟잇 요인이 포함되어 있다. 영상을 처음 마주치는 순간 확인하지 않고는 못 견딜 만큼 매력이 있다. 이것이 우리가 내부 검토를 통해 헤드라인을 그토록 엄격하게 테스트하는 이유이자 즉시 공유 가능하다고 자신만만해 하는 이유였다.

물론 올림픽 채널이 이 아이디어를 승인하도록 하기 위해 몇 차례 설득이 필요했다. 올림픽대회는 운동선수의 뛰어난 성취를 축하하는 데 초점이 맞춰지는 경향이 있기 때문에 승부를 가리기 힘든 베이비 올림픽은 확실히 그들에게는 미지의 영역이었고 망설일 수밖에 없었다. 하지만 곧 이 캠페인은 수억 뷰의 조회 수를 얻으며 가장 성공한 프로모션 가운데 하나가 되었다. 베이비 올림픽이라는 헤드라인에 포함된 겟잇 요인 덕분이었다.

겟잇 요인과 행복, 경탄, 공감, 호기심, 놀람 같은 공유 가능한 감정 가운데 하나를 결합하면 정말 재미있는 일이 일어난다. 기존의 생각은 사람들이 전체 영상을 충분히 즐긴 후에야 친구들과 공유하고 싶은 마음이 든다는 것이었다. 하지만 그렇지 않았다. 선형적인 사고방식으로는 이 모든 일이 차례대로 일어나야 하지만 현실 세계는 순차적인 과정을 따르지 않는다. 우리는 대부분의 사람들이 인식하지 못하는 흥미로운 현상을 발견했다. 겟잇 요인이 공유 가능한 감정과 만나면 사람들은 즉시, 심지어 영상을 단 15~30초만 보고도 주변 사람들과 공유하기 위해 클릭을 한다. 나머지 영상을 기다리거나 볼 필요도 없다. 그 자리에서 바로 친구와 팔로워들에게 전달한다. 영상을 끝까지 다 보기도 전에 공유한다는 뜻이다. 이것이 바로 겟잇 요인을 우선순위에 두어야 하는 가장 설득력 있는 이유다.

단계2
기자처럼 생각하라

2014년에 처음 셰어러빌리티를 시작했을 때(회사 이름은 아직 컨테이저스였다) 우리는 유튜브용 브랜드 바이럴 영상을 전문으로 제작했다. 그때는 유튜브에 지금처럼 수많은 콘텐츠나 소음이 있지는 않았지만, 많은 사람들이 영상을 보거나 바이럴 마케팅이 효과를 볼 가능성이 높지 않을 때였다. 우리는 유명한 디지털 매체와 블로그에 영상이 소개되는 것이 유튜브 알고리즘 순위를 높이는 가장 좋은 방법이라는 것을 일찍 파악했다. 기자들이 뉴스 가치가 있는(즉, 공유할 만한) 영상에 대한 기사를 쓰면 이 기사가 순식간에 수만 수천 명의 시청자를 몰고 왔다. 영상에 관한 기사가 많을수록 영상 순위는 빠르게 상승했다. 그럴 때였다.

이것은 영상 순위를 치고 올라가는 궁극의 비법이었고 때로는 유튜브 첫 페이지로 가는 길이 되었다. 게다가 우리는 이 일에 전문가가 되었다. 우리 회사 초기 히트 영상들을 보면 유독 관련 기사가

7 seconds 명백하게 꼬마The Apparently Kid.
"놀이기구는 어땠나요"라는 리포터의 질문에 '명백하게'를 남용하며 어른스럽게 대답하는
한 꼬마의 영상이다. 2014년 수많은 기사와 함께 인터넷을 순식간에 집어삼켰다.

많다는 걸 알 수 있다. 프레시펫의 "명백하게 꼬마The Apparently Kid" 영상
에 수십 개의 기사가 만들어졌다. 펩시와 피자헛의 "셀카봉 남용의
위험The Dangers of Selfie Stick Abuse" 영상에는 수백 개의 기사가 작성되었다.
그리고 2014년 터키항공 광고 영상 "메시 vs 코비Leo Messi vs Kobe Bryant"
가 배포되자 2,000개의 기사가 달렸다.

우리가 제작한 영상이 그토록 성공적으로 보도된 이유는 기자처
럼 생각하는 방법을 배웠기 때문이다. 두 가지였다. 첫째, 영상을
시사적이거나 유행하는 주제라고 생각하고 접근했다(다음 장에서 이
사고 과정을 자세히 살펴본다). 둘째, 그리고 다방면에서 생각하고 결정
한 후 기자의 관점에서 헤드라인을 썼다. 우리가 실제 저널리즘에
뛰어들었다는 말이 아니다. 우리 영상에 관한 기사를 쓸 기자가 어
떻게 생각할지 이해하는 시간을 가졌다. 적극적으로 기자의 입장이

되어 그들의 관점에서 핵심 질문을 던졌다. "내가 여기서 얻으려는 게 뭐지?"

기억하자. 모든 사람은 이기적이다. 무엇이 자신에게 득이 될지를 생각한다. 그렇다면 〈매셔블〉이나 〈허핑턴포스트〉같은 매체의 기자들은 무엇을 원할까? 아주 간단하다. 그들은 가능한 한 많이 클릭되고 널리 읽히는 기사를 원한다. 글로써 자신의 프로필(그리고 예상 수입)의 가치를 높인 다음 더 많은 독자를 〈매셔블〉이나 〈허핑턴포스트〉로 데려오고 궁극적으로 더 많은 광고를 통해 수익을 내길 바란다.

만약 우리가 관심을 끄는 기사나 인터넷 서핑을 하는 사람들이 읽고 싶어 할 이야기를 전달하면 기자들이 우리 영상에 관한 기사를 쓸 가능성이 더 커진다. 우리는 가치를 제공하고 그들은 그 가치를 대가로 받는 것이다. 기자들은 매일 기사화될 가능성 있는 수백 수천 개의 이야기를 접한다. 그렇다면 그들이 당신을 선택하게 만들 수 있는 방법은 무엇일까? 당장 기사로 쓸 수 있는 공유할 만한 이야기를 은쟁반에 담아 제공하는 수고를 당신이 대신해주는 것이다. 방법은 그것밖에 없다.

예를 들어보자. 2014년에 우리는 소니 스튜디오로부터 곧 개봉할 영화 〈스파이더맨 2〉의 홍보를 도와달라는 제안을 받았다. 가장 성공한 영화 시리즈 가운데 하나이지만 시간이 지나면서 스파이더맨 브랜드는 젊은 관객들의 공감을 잃기 시작했다. 우리가 가진 유튜브 전문 지식을 통해 이 브랜드를 좀 더 감각적으로 트렌디하게 만들어야 했다.

그해 개봉될 대작 영화와 함께 일한다는 것은 우리에게 꿈같은 일이었다. 물론 이 영화가 가진 한계도 있었다. 스파이더맨 브랜드는 전 세계적으로 너무나 유명했고 영화사도 글로벌 홍보를 위해 수억 달러를 집행할 예정이었다. 우리가 맡은 유튜브 캠페인은 이 쓰나미 같은 글로벌 프로모션 예산 속에 포함된 아주 작은 티끌 수준이었다. 대대적인 마케팅 활동 덕분에 영화는 박스오피스에서 힘을 발휘할 수 있었다. 이미 전 세계 주요 엔터테인먼트 매체에서 이 영화를 보도하려고 준비하고 있었다. 고민이 시작되었다. 우리의 자그마한 캠페인이 어떻게 수많은 소음을 뚫고 효과를 발휘할 수 있을까?

우리는 내러티브를 만들어야 했다. 인터넷에서 시선을 사로잡기 충분한 임팩트 있는 장소에서 이루어져야 하고 표준화된 영화 마케팅에 싫증 난 사람들을 끌어당길 수 있는 정말 새롭고 신선한 앵글이어야 했다. 그리고 현재 가장 유행하면서도 가장 인터넷다운 것이어야 했다. 이를 실행하려면 소셜미디어에서 젊은 층이 주도하는 대중문화 주제에 관해 언론 친화적인 헤드라인이 필요했다. 어려운 주문이었다.

당시 온라인에서 파쿠르parkour가 유행하고 있었다. 파쿠르는 한 지역을 빠르게 이동하는 기술이다. 벽이나 난간, 지붕 등 우리가 살고 있는 도시에서 흔히 볼 수 있는 환경을 이용하여 달리고 점프하고 기어오르며 인간의 한계에 도전하는 스포츠였다. 이 기술은 체

7 seconds 어메이징 스파이더맨 파쿠르The Amazing Spider-Man Parkour

2014년 당시 온라인에서 유행하는 '파쿠르'라는 인간의 한계에 도전하는 스포츠를 스파이더맨과 접목시킨 이 영상은 언론 친화적인 헤드라인으로 기자들로 하여금 좋은 기사들을 끌어냈다.

조와 아크로배틱, 거리 예술이 혼합된 것이다. 파쿠르라는 이름은 경로, 코스라는 의미의 프랑스어 parcour에서 왔다. 그렇게 건물이나 자동차 그리고 다른 무엇이든 두려움 없이 달리고 점프하고 회전하며 도시를 날아다니는 파쿠르 영상이 유튜브에서 큰 인기를 얻고 있었다.

또한 파쿠르를 좋아하는 든든한 젊은 팬들도 많았다. 몇몇 선수는 본격적인 유튜브 스타로 부상했다. 이들 가운데 한 명이 로니 셀비스였다. 미국 유타주 솔트레이크 출신인 이 청년의 파쿠르 영상은 수백만 뷰의 조회 수를 얻고 있었다. 우리는 셀비스와 협업하는 아이디어를 냈다. 그에게 스파이더맨 의상을 입히고 스토리가 있는 파쿠르 영상을 촬영하는 것이었다.

영상이 시작하면 스파이더맨이 범인을 쫓고 있다. 그러나 갑자기 거미줄 쏘는 능력을 잃고 땅에 떨어진다. 그는 포기할까? 천만에! 거미줄을 타는 대신 파쿠르라는 최신 기술을 사용하며 오직 로니 셀비스만 할 수 있는 기법을 선보인다. 모든 장면이 영화처럼 촬영되었지만 진짜 같기도 하고 다소 엉성한 느낌이 들기도 한다. 이 영상은 당시 인기 있는 파쿠르 영상과 비슷하게 촬영되었다. 내러티브는 제한하고 셀비스가 보여주는 다양한 기술과 회전에 중점을 뒀다. 젊은 시청자들은 디테일에 주목하는 영상을 좋아했고 파쿠르 기술을 배우고 따라 하기 위해 영상들을 봤다. 결국 스파이더맨은 자신의 캐릭터를 지켰고 이미 체포된 악당을, 도착한 경찰이 발견한다. 스파이더맨은 정의를 지키는 다음 임무를 위해 떠난다.

이 영상은 젊은이들이 높은 관심을 두는 주제로 설득력 있는 영상을 만드는 것이 목적이었지만 핵심은 기자들이 쓸 만한 헤드라인을 만드는 데 있었다. 우리 팀은 콘셉트를 발전시키며 재미있는 헤드라인을 고민했다. "피터 파커가 아니다. 피터 파쿠르다." 모든 기자가 군침을 흘릴 만한 말장난이었다. 사실 절반은 이 제목으로 기사를 썼다.

인터넷이 좋아할 만한 헤드라인이었고 실제로도 그랬다. 영상이 유튜브 첫 페이지에 걸리자 메인 콘텐츠 조회 수 1,500만 뷰를 기록했고 인터넷에서 수천만 건 이상 옮겨지고 재업로드되었다. 그리고 세계적으로 수백 건의 기사가 만들어졌다. 우리의 주요 타깃 매체인 〈매셔블〉의 베테랑 기자 스탠리는 이렇게 썼다. "〈어메이징 스파이더맨 2〉를 기다릴 수 없다면? 피터 파쿠르를 확인하라." 이 영상을 만든 우리도 이보다 더 좋은 문장을 쓸 수는 없다.

또 다른 예는 다양한 색깔의 양말을 제조하는 스웨덴 기업 해피 삭스를 위해 제작한 영상이다. 우리는 틀에 박힌 사고방식을 거부하는 이 회사를 틀에 박힌 사고에서 벗어난 아이디어로 널리 알리고 싶었다. 눈길을 끄는 헤드라인도 만들었다. "구름 속에서 스노보딩을Snowboarding In The Clouds." 얼마나 근사한 헤드라인인가!

이 아이디어는 셰어러빌리티 창립 멤버인 카메론 맨워링이 냈다. 그는 초기 데빈슈퍼트램프 영상 제작에 다수 참여했다. 기본 콘셉트는 말 그대로였다. 우리는 스노보더를 200피트 상공으로 데려가 힘들이지 않고 구름 위를 미끄러져 가게 할 계획이었다. 우리는 이 콘셉트에 지극히 낙관적이었고 강렬하고 단순한 액션과 헤드라인의 시각적 어필 덕분에 이 영상이 유튜브 순위를 치고 올라갈 것을 확신했다. 심지어 우리는 스턴트를 할 백만장자 모험가 애드리언 세니와 파트너십을 맺었고 영상 제작에 필요한 엄청난 비용을 감당하는 데 도움을 받았다. 이제 모든 것이 준비되었다.

실제 영상 촬영에 들어가기 전까지는 그랬다. 이 콘셉트가 한 번도 시도된 적이 없는 이유를 곧 알 수 있었다. 거의 불가능할 정도로 어려운 데다 비용이 많이 들었다. 우리는 스노보더가 부드럽고 폭신한 구름 사이를 누비는 모습을 케이크 자르듯 아주 간단하게 상상했지만, 와일드맨을 상공에 데려다 놓고 나서야 현실을 깨달았다. 우리는 친숙하게 하늘을 미끄러지듯 가로지르는 스노보더가 아니라 무기력하게 밧줄에 매달려 있는 한 남자를 촬영하고 있었다.

물리학을 순진하게 생각한 탓에 이 아이디어는 악몽이 되었다. 스노보딩의 우아함은 밀고 당기는 중력, 슬로프의 곡선과 싸우는 보더의 몸, 다리에서 뿜어져 나오는 에너지와 흩날리는 눈가루에서 오지만 상공에는 그런 것이 없었다. 구름은 수증기일 뿐이고 '미는' 힘은 전혀 없었다. 작용하는 힘이라곤 장비를 착용하고 무거운 짐처럼 줄에 매달려 있는 사람을 '당기는' 중력밖에 없었다.

더 힘든 것은 헬리콥터와 고속으로 부는 바람의 힘이 애드리언 세니를 헝겊 인형처럼 휘둘러대고, 차갑고 희박한 공기 때문에 활공하는 척도 거의 불가능했다. 게다가 구름은 전혀 눈처럼 보이지 않았다. 너무 가깝게 촬영한 탓에 구름의 형태를 볼 수도 없었고 우리가 있던 위치에서는 모든 것이 곤죽 같았다. 밧줄의 방향을 제대로 잡아주는 여러 대의 기계 장치와 애드리언 세니가 스노보드 자세를 취할 때 사용할 장비를 만드느라 몇 달이 걸렸다. 우리가 처음 상상했던 것과는 여전히 거리가 멀었고 결국 최종 영상은 우리 모두에게 창의적인 실망만을 안겨주었다.

물론 몇몇 멋진 헬리콥터 장면과 훌륭한 사운드트랙이 있었지만, 전체적인 영상미는 사람들이 탄성을 지를 만한 것이 아니었다. 상상하고 계획했던 것과는 전혀 달랐다. 그 시점에서 돈도 부족했고 솔직히 어떻게 더 잘 만들어야 할지 아이디어도 바닥났다. 우리는 실패를 받아들이면서 진창에 빠진 채 영상 출시를 준비했다. 하지만 그때 사건이 벌어졌다.

7 seconds
구름 속에서 스노보딩을 Snowboarding In The Clouds
구름 위 스노보딩 장면이 상상했던 것만큼 잘 나오지 않아 아쉬웠던 영상이지만 눈길을
사로잡는 강렬한 헤드라인 하나로 여러 매체에 기사화된 성공 사례다.

영상을 내보낸 날, 몇몇 기자에게 영상에 관해 묻는 연락이 왔다. 같은 날 IT 전문매체 〈기즈모도〉에 기사 하나가 올라왔다. "구름 속 스노보딩은 일반 스노보딩보다 훨씬 더 쿨하다"라는 제목이었다. 그런 다음 〈데일리모션〉이 "그는 구름 위에서 스노보드를 탄다!"라는 제목의 기사를 냈고 뒤이어 〈블리처 리포트〉는 "애드리언 세니, 헬리콥터에 매달려 스노보드로 구름 속을 누비다"라는 기사를 냈다. 기사가 계속 이어졌고 이 주제는 인터넷에서 점점 더 힘을 얻었다. 그리고 다음 날 아침 깜짝 놀랄 일이 생겼다. 한 친구에게 전화가 왔다.

"팀, TV 켜봐!"

텔레비전에 나오고 있었다. "구름 속에서 스노보딩을" 영상을 ABC 아침 방송 〈굿모닝 아메리카Good Morning America〉에서 소개한 것이다. 수억 뷰 조회 수를 찍은 영상을 여러 편 제작했지만, 아침 방송에 소개된 것은 이번이 처음이었다. 축하 열기가 식은 다음 이 모든 경험은 우리에게 중요한 교훈을 남겼다. 헤드라인이 강력하면 좋은 일이 생긴다는 거였다.

단계3
초반 시각적 매력에
집중하라

시각적 매력은 겟잇 요인과 밀접한 관련이 있지만 좀 더 기술적인 면과 관계된다. 사람들이 소셜미디어를 스크롤할 때 당신의 존재감을 확인하게 해야 한다.

이상적인 온라인 헤드라인에 관해 쓴 글이나 블로그는 많다. 어떤 문구가 가장 효과적인지, 몇 단어가 적당한지, 숫자를 넣어야 할지 말지 알려준다. 이런 글을 읽어보지 못했다면 '좋은 영상 제목 만드는 방법'을 검색해보라. 다른 사람들에게 어떤 것이 효과 있었는지 배우고 자신에게 무엇을 적용할 수 있을지를 알아보는 것은 살펴볼 만한 가치가 있다. 이런 가이드라인은 확실히 도움이 된다. 하지만 이런 원칙과 가이드라인은 늘 빠르게 변하고 항상 진화한다.

더 나은 접근 방법은 헤드라인과 여기에 필요한 모든 것(자막, 이미지, 처음 몇 초 영상, 전달하려는 분위기)을 당신이 팔려는 집의 잘 꾸민 앞마당처럼 생각하는 것이다. 부동산 중개인이나 단기 매매업자들은 화려한 조경을 약간 추가하거나 눈길을 끄는 색으로 문을 칠해야 하는 것을 안다. 이렇게 집 앞쪽을 수리하고 정리하면 경매나 급매물, 몇 달 동안 팔리지 않는 주택이라는 것은 전혀 눈치 채지 못하게 할 수 있다.

같은 방식으로 영상 도입부를 생각해보자. 자막에는 '도심의 매력적인 보석' 같이 장소 설명이 포함되어 있어야 한다. 섬네일로는 도로 경계석과 새로 칠한 창 덧문, 빨간 대문, 잘 손질된 화단을 보여준다. 처음 3~7초 영상에는 문을 열었을 때 보이는 탁 트인 거실 공간, 깨끗한 현관 계단 또는 무엇이든 매력적이고 눈길을 끄는 집의 특징을 드러내야 한다. 이 모든 요소가 시각적 매력이 된다. 헤드라인이 영상의 제목이나 설명을 능가하는 것과 비슷하다. 훨씬 효과적인 접근 방법이다.

또한 모든 것이 조화를 이루는지 확인해야 한다. 현관문을 마당과 상반되는 색으로 칠할 수 없고, 현관문은 스테인리스 장식에 어울리는 푸른색인데 부엌을 백색 가전제품에 맞춰 온통 흰색으로 칠할 수는 없다. 모든 부분이 촘촘히 맞물려 있어야 하며 하나의 응집력 있는 이야기를 전달해야 한다.

헤드라인을 작성할 때 우리는 매우 전략적으로 접근한다. 먼저 순수하게 콘셉트에 초점을 맞춘다. 그런 다음 다른 요소들을 여기에 맞춰 집어넣는다. 자막, 섬네일, 첫 7초 영상이 모두 전체 영상의 핵심 요소를 반영해야 하며 시청자와 공감이 이루어져야 한다. 결국 이 아이디어를 보고 공유할 가치가 있는지 판단하는 사람은 시청자다.

때로는 매우 간단한 일일 수 있다. 스파이더맨 영상을 예로 들어보자. '피터 파쿠르'는 언론의 관점을 고려한 것이지만 유튜브 헤드라인은 훨씬 더 전술적이고 직접적이어야 했다. 이 영상의 실제 제목은 "어메이징 스파이더맨 파쿠르"였다(우리는 간단히 "스파이더맨 파쿠르"라고 붙이고 싶었지만, 영화 제목에 '어메이징'이 있어서 소니 측에서 이 단어를 포함시키길 원했다). 영상의 섬네일은 인상적인 파쿠르 장면 중 스파이더맨 이미지였다. "거미줄이 없을 때 스파이더맨은 어떻게 할까? 파쿠르!" 영상의 처음 5초는 스파이더맨이 벽을 넘어 완벽하게 파쿠르 다이브롤dive-roll을 하는 모습을 보여준다. 웹서핑을 하다 이 영상을 보게 되어도 무슨 말인지 쉽게 이해할 수 있을 것이다. 만약 당신이 파쿠르 팬이면서 스파이더맨에 관심이 있다면 엄청난 시각적 매력에 순식간에 빨려들 것이다.

이와는 다른 분야의 영상이라면 우리는 더 세심하게 작업해야 한다. 프린스 이에이와 함께 만든 세계적으로 히트한 공교육 제도에 관한 영상을 작업할 때는 특히 더 신경 써야 했다. 학교 교육은 사람들에게 지루한 주제일 수 있으므로 이 영상이 성공하려면 사람들을 단숨에 사로잡을 특별한 제목이 필요했다. 프린스 이에이가 만든 굉장한 제목을 생각해보라. "나는 학교 교육 제도를 고발한다"와 같은 헤드라인이라면 어떻게 주목하지 않을 수 있겠는가?

이 선언은 흥미를 불러일으키고 왜 이 사람이 대담한 행동을 하는지 궁금하게 만든다. 헤드라인은 법정에 선 변호사처럼 보이는

7
seconds **나는 학교 교육 제도를 고발한다**I Just Sued the School System!!!

앞에서도 살펴봤던 2016년 9월 25일에 게시된 프린스 이에이의 영상이다. 이 영상의 시
작 장면에 박혀 있는 "The People vs. the School System(사람 vs 학교 교육)"이라는 그래
픽 문구가 법률 사건을 연상시키며 사람들의 시선을 사로잡았다.

정장 차림의 프린스 이에이의 모습과 짝을 이뤘다. "사람 vs 학교 교
육"이라는 그래픽 문구도 법률 사건처럼 보였다. 시작 장면에는 프
린스 이에이가 배심원들 앞에 서서 진술을 한다. 이 모든 요소가 시
각적 매력을 담은 세계적 수준의 배경과 결합하고, 독특하고 공감
가는 영상과 맞아떨어졌을 때 인터넷 역사상 가장 성공적인 공익광
고가 되는 결과를 낳았다.

때로는 대담함이 먹힌다는 생각으로 도발과 몰이해를 자아내는
영상이 만들어지기도 하지만, 전혀 효과가 없다는 것을 기억하길
바란다. 효과가 전혀 없었기 때문에 항상 기억해야 하는 헤드라인
이 있다. "외팔 남성, 낯선 사람의 친절에 박수를 보내다." 이게 무
슨 말일까? 예리하지 못하고 민망하기만 한 말장난처럼 사람들을
달아나게 하는 것은 없다. 그 안에도 영감을 주는 이야기가 분명 있
지만, 이런 헤드라인이라면 대부분의 사람들은 굳이 확인조차 하지
않을 것이다. 대신 이 콘텐츠를 올린 사람의 의도에 고개를 갸웃거

리며 바로 다른 곳으로 갈 것이다. 이것도 그나마 헤드라인을 이해하려고 시간을 들인 경우다.

헤드라인은 현실적으로 생각해야 한다. '하루 만에 백만 달러를 버는 방법' 같은 것이 차라리 훌륭한 헤드라인이다. 단, 언급한 대로 제대로 된 방법을 알려줄 수 있어야 한다. 하지만 너무 터무니없는 말이라 일확천금을 버는 최신 기법을 팔고 다니는 사기꾼처럼 보인다. 정말 큰돈을 버는 공식이 있다면 구체적이고 믿을 만해야 한다.

이제 시각적 매력의 구성요소를 이해하고 이들이 조화를 이뤄야 한다는 것을 확인했다. 사실 우리 회사도 이 규칙을 어겼던 경우가 있다. 구름 위에서 스노보딩하는 영상으로 다시 돌아가자면 우리는 "구름 속에서 스노보딩을"이라는 단도직입적인 헤드라인을 달았다. 스노보더가 구름이 가득한 하늘을 가로지르는 근사한 섬네일 이미지도 있었다. 이 요소들이 결합해 명확한 가치를 만들어냈고 덕분에 이 영상의 조회 수는 엄청나게 높아졌다. 하지만 문제는 분명 있었다.

영상이 시작하고 애드리언 세니가 상공에서 실제로 스노보딩하는 장면까지 무려 25초가 걸렸다. 그때까지 우리는 애드리언 세니가 산을 오르고 헬리콥터에 타는 장면을 보여줬다. 우리 영상은 수백 개의 다른 스노보드 영상의 도입부와 다를 것이 없었고 구름에서 스노보딩을 한다는 헤드라인의 약속을 그때까지 지키지 못했다. 강렬한 헤드라인과 놀라운 비주얼로 사람들의 관심을 끌고 클릭 수를 늘릴 수 있었지만 말이다. 약속을 지키지 못했기 때문에 우리의 시각적 매력은 타격을 입었다. 이 영상은 여전히 잘 되고 있지만 아쉬운 부분이 있다. 스노보딩 장면이 나오기까지 너무 오래 걸렸기 때문에 영상을 일단 보기 시작했던 소중한 사람들 중 수백만 정도를 10~15초 안에 떠나보낸 것이다.

단계4
염소를 포기하라

"염소를 포기하라"는 말에는 다중적인 의미가 있다. 셰어러빌리티에서 이 말을 사용할 때는 매우 구체적인 것을 가리킨다. 우리가 염소를 포기한다는 것은 처음 7초 안에 영상의 가장 중요한 부분을 보여주라는 의미다.

상식과 완전히 어긋나는 것처럼 보인다. 스토리텔링의 전통적인 방법은 2막의 끝에 일어나는 클라이맥스에 도달할 때까지 천천히 진행하는 것이다. 장편영화의 오프닝 장면에서 이야기의 결말을 말하지 않는 것은 불문율이다. 이 규칙을 따르지 않는 영화라면 말도 안 될뿐더러 관객들도 화를 낼 것이다. 하지만 인터넷은 정반대다. 온라인 콘텐츠에서 처음 몇 초 안에 중요한 장면을 보여주지 않으면 사람들은 다른 것을 찾아떠난다. 이후 다시 그 영상의 남은 부분을 볼 가능성은 없다. 그러므로 처음부터 염소를 포기해야 한다. "구름 속에서 스노보딩을" 영상의 첫 장면은 애드리언 세니가 바로 구름으로 나오는 것이어야 했다.

이런 전략은 기본적으로 우리 회사의 새로운 고객과 항상 대립을 일으킨다. 그들은 특정한 방식으로 일하는 전통적 광고에 수년간 훈련되었고 인터넷 리듬에 익숙하지 않은 고객도 종종 있다. 고객과 트러블을 일으키는 완벽한 사례는 우리가 흔하게 제작하곤 하는 몰래카메라 스타일의 영상들이다. 우리의 기준과 관행에 익숙하지 않은 새로운 고객과 일을 하면 그 자체가 고객에게는 몰래카메라다. 미리 다 알려주는 오프닝으로 영상을 시작해야 하는 이유를 아무리 여러 번 설명해도, 하이라이트를 첫 장면에 노출하자는 의견에 기업 고객은 여전히 반대한다.

"처음부터 존 시나가 벽을 뚫고 나올 순 없어요! 이건 끝에 나와야 하는 서프라이즈잖아요!"

하지만 초반에 그 서프라이즈 장면을 보여주지 않으면 정작 그 일이 벌어질 때까지 영상을 볼 사람은 없다. 특히 몰래카메라의 절정에서 고객들의 반발을 자주 들을 수 있다. 그들이 반발하는 이유는 꽤 논리적으로 보인다. 놀라게 할 일을 미리 드러내지 않는 것이 스토리텔링의 기본이라고 알고 있기 때문이다. 제일 웃긴 부분을 먼저 말해 놓고 농담을 시작하는 것과 같다. 그건 말도 안 되는 소리인 것이다. 하지만 디지털 마케팅 세계에서는 이 전부가 말이 된다.

이렇게 생각해보자. 오프닝 장면을 많은 사람에게 강한 인상을 주는, 본 영상의 예고편처럼 생각해보는 것이다. 나머지 이야기가 펼쳐지기 전에 보고 있는 영상에 집중하게 만들고 즉각적인 감정 몰입을 일으키는 효과가 있다.

이건 사실 텔레비전에서는 이미 일반적인 관행이다. 리얼리티 쇼는 몇 년 전부터 슈퍼 티즈Super Tease라는 형식을 사용하고 있다. 앞으로 어떤 사건이 진행될지 처음부터 2~4분짜리 예고 영상을 보여준다. 일부 요리 프로그램은 이 방식을 극단적으로 사용하기도 한다. 오프닝 영상을 제일 처음 만든다. 심지어 다른 프로그램은 이 콘셉트로 전체 에피소드를 만들기도 한다. 미리 보기나 특별편이라는 이름으로 실제 프로그램이 방송되기까지 그 준비 과정을 몇 시간에 걸쳐 보여준다. 모든 장면이 실제 프로그램을 위한 거대한 예고편처럼 편집되고 만들어진다.

우리 회사 온라인 작업의 경우 이 티저 영상은 일반적으로 3~15초다. 어떻게 내용이 진행될지 보여주는 것은 사람들을 붙잡아 두는 유인책이다. 영상에서 헤드라인에 해당하는 부분이다.

중요한 부분을 처음에 보여주면 역행하는 것처럼 보이지만 사실 이것은 시청자와 맺는 일종의 계약이다. 그리고 이렇게 말하는 것이다. "잠깐 기다려 보세요. 그럴 만한 가치가 있습니다." 아무리 영상을 일단 클릭했더라도 3분이나 되는 영상을 온전히 끝까지 보는 사람은 많지 않다. 따라서 헤드라인에 킬러 이미지 등의 시각적인 내러티브를 먼저 넣음으로써 시청자에게 이 영상은 볼 만한 가치가 있고 꼭 봐야 한다고 말해야 하는 것이다.

몰래카메라 형식은 더 간단하다. 깜짝 놀라는 최고 장면부터 보여주고 앞으로 일어날 일을 설명하는 준비 장면으로 돌아가는 것이다. 다른 분야는 좀 더 어려울 수 있다. 화면에 도발적인 질문을 띄우는 방식을 사용할 수도 있다. 앞으로 보게 될 내용의 주제를 함축적으로 드러내고 호기심을 자극하는 문장을 통해 시청자를 궁금하게 만들고 영상을 더 보게 만들 수 있다. 그러기 위해서 염소를 포기해야 하는 것이다.

6장

문화 트렌드를
접목하라

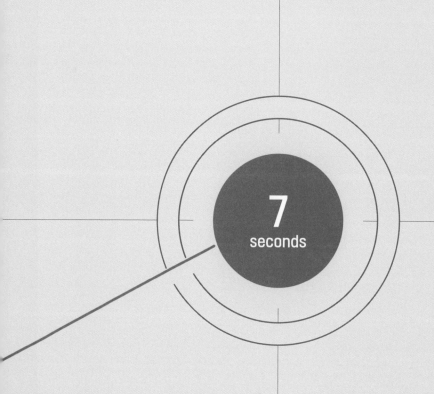

7
seconds

II ▶I ◀ 0:07

모두가 웃을 수 있는
지점을 찾아라

셀카봉이 엄청나게 유행하던 적이 있다. 해변, 놀이공원, 쇼핑몰 등 이 자아도취적인 길다란 셀카봉이 없는 곳이 없었고 길이는 점점 더 길어져 갔다. 2015년 온라인에서는 가장 길고 가장 불쾌하게 셀카봉을 뻗어 가장 우스꽝스럽게 셀카를 찍은 사람에게 상을 주는 대회가 비공식적으로 열리기도 했다.

휴대전화를 부착하여 확장되는 셀카봉은 사회적으로 큰 골칫거리가 되었다. 거리를 걷다 보면 허리에 나일론 가방을 두른 여행객 무리가 사진을 찍으려 포즈를 취하는 모습을 어디서나 볼 수 있다. 무리의 한가운데에서 셀카 대장이 자기 얼굴 앞으로 팔 길이보다 몇 배는 긴 셀카봉을 뻗어 들고, 좌우로 흔들며, 모두를 웃게 한 다음 방아쇠를 당기듯 촬영 버튼을 누르는 상황 말이다.

이런 상황을 점점 더 통제할 수 없게 되자 디즈니월드는 공식적으로 안전을 위해 셀카봉 사용을 금지했다. 한 방문객의 셀카봉이

휴대전화를 부착하여 확장되는 셀카봉이 사회적으로 큰 골칫거리가 되었다. 거리를 걷다 보면 허리에 나일론 가방을 두른 여행객 무리가 사진을 찍으려 포즈를 취하는 모습을 어디서나 볼 수 있다.

롤러코스터 차량에 엉켜 한 시간 동안 탑승이 중단된 일이 발생하자 놀이공원 측은 길이가 긴 셀카봉은 방문객에게 안전상 위험이 될 수 있다고 공지했다. 특히 신나게 뛰어다니며 주위를 살피지 않는 어린이들에게는 더욱더 위태로울 수 있다.

미디어는 위험에 상관없이 기사화될 수 있는 모든 것을 반긴다. 매일같이 가장 긴 셀카봉과 기업의 셀카봉 금지 조치에 관한 새로운 뉴스거리가 쏟아져 나왔다. 셀카봉 밈과 그에 대한 우스운 댓글이 인터넷에 넘쳤고 대중문화 전체를 장악했다.

이 무렵 피자헛이 새로 출시한 60센티미터 피자 홍보 영상을 우리 회사에 맡겼다. 우리는 일반적으로 작업 시작 전 영감을 얻기 위해 그 브랜드의 전반을 파악하고 지금 인터넷에서 인기 있는 것이 무엇인지를 살펴본다. 자, 이제 우리가 무엇을 할지 눈치 빠른 사람은 파악했을 것이다. 이들 정보를 연결하는 데는 오래 걸리지 않았다. 인기 있는 셀카봉 현상을 피자와 함께 드러내는 것이다. 그러면 셀카봉에 관한 여러 재미있는 영상들처럼 우리가 제작한 영상이 주요 블로거나 온라인 미디어 매체에서 널리 다뤄지고 공유될 것이 다.

우리는 이것을 '파도타기'라고 부른다. 파도를 타면 대중문화의 탄력을 받고 그 위에 자신만의 변화를 더해 어떤 식으로든 그 주제에 새로운 가치를 더할 수 있다.

공유성과 인터넷 소음을 돌파하는 기본 원칙 가운데 하나는 처음부터 불을 지피기보다 이미 열기가 있는 곳에 가서 자신의 것을 접목하는 것이다. 당신의 브랜드를 인기 검색어 안에 집어넣는 것이 대중의 관심을 얻는 가장 효과적인 방법이 될 수 있다. 물론 역효과를 내기도 하므로 매우 신중하게 전략을 계산해야 한다.

우리는 트렌드에 바로 뛰어들기보다 피자헛 캠페인을 역설계하기로 했다. 트렌드 자체로는 공유성을 얻겠지만 이 트렌드에 어떤 가치를 더할 수 있을까? 우리는 이 대중문화에 대해 비판적 시각을 더하기로 했다. 그러려면 관점이 필요했다.

우리는 셀카봉을 좋아하는가 아니면 싫어하는가? 셀카봉은 재미있는 것인가 아니면 사회적 골칫거리인가? 등에 대한 입장 말이다. 대중이 각기 다른 입장을 어떻게 받아들일지 생각해보자. 만약 당신이 셀카봉을 좋아하지만 어떤 브랜드가 그것을 조롱하는 영상을 내놓는다면 당신 내면에 있는 괴물이 분연히 일어날 것이고 성난 셀카 애호가 부대는 악플로 그 영상을 결딴낼 것이다.

반면 당신은 셀카봉을 싫어하는데 어떤 브랜드가 셀카봉이 얼마나 재미있는지 알려주는 영상을 내놓는다면? 당신은 그 브랜드를 적극적으로 외면하고, 그게 사회적으로 어떤 영향을 미치는지 제대로나 알고 신중하게 시류에 편승하라고 목소리를 높일 것이다. 이것이 바로 파도타기를 할 때 위험한 부분이다. 금방 나가떨어질 수 있다. 파도가 클수록 충격도 크다. 따라서 적정한 선을 찾고 균형을 유지해야 한다.

우리의 경우 가짜 다큐멘터리에서 스케치 코미디에 이르기까지 어떤 것을 제작하든 올바른 균형을 찾으려고 애쓰며 아이디어를 빨리 발전시키는 것을 원칙으로 한다. 어느 시점에는 셀카봉을 사용하여 노숙자에 관한 가짜 뉴스를 만드는 것도 생각해봤다. 이 유행이 얼마나 멀리까지 왔는지 보여주려는 악의 없는 생각에서 시작한 거지만 헛다리를 짚고 있다는 것을 바로 깨달았다.

결국 우리는 최적의 지점에 착륙했다. 셀카봉에 대한 애증 관계가 아니라 더 근본적인 주제인 셀카 자체에 초점을 맞추기로 했다. 이 편이 셀카를 사랑하는 피자헛 입장에서도 안전해 보였다. 만약 당신이 셀카를 좋아한다면 셀카봉이 매력적이지만 위험하다는 것도 인지하고 있을 것이다. 셀카와 셀카봉을 좋아한다 해도 사람들이 점점 더 셀카봉을 길게 만들면 세상은 안전할 수 없을 것이다. 결국 셀카봉을 갖는 것조차 금지될 것이고 많은 사람이 찍고 싶어 하는 셀카 자체에 위기를 가져올 것이다.

출처: 유튜브

7 seconds　　피자헛의 유머러스한 광고-셀카봉이 당신의 피자를 망친다

Humorous ad from Pizzahut-Selfie stick destroy your pizza

셀카봉 남용의 문제를 유머러스하게 풀어낸 피자헛의 이 영상은 큰 인기를 얻으며 퍼져 나갔다. 이처럼 큰 공감대를 형성할 수 있었던 것은 양쪽 모두가 웃을 수 있는 지점을 찾 아 의미를 담았기 때문이다.

　　우리는 양쪽 모두의 입장에서 불편하지 않은 접근방식이 필요 하다고 생각했다. 한쪽을 지지하는 논쟁이 아닌 양쪽 모두를 아우 를 때 재미있을 수 있다고 생각했다. 자연스럽게 구체적인 스토리 로 연결되었다. 셀카봉 남용의 위험을 재미있게 표현하는 공익광고를 흉내 내는 영상을 만드는 것이다. 우리는 걱정하는 엄마 역할을 맡을 호감 가는 인상의 여배우를 캐스팅했다. 셀카 사진으로 가득한 갤러리에서 내레이션을 하고, 셀카 문화의 좋은 점과 이 자부심 강한 이들의 바람과는 다르게 셀카봉이 얼마나 위협적인지를 설명했다.

이 영상에는 셀카봉을 사용할 때 일어날 수 있는 모든 종류의 우스꽝스러운 모습을 보여준다. 화장실 칸막이 안에서 사진을 찍는 사람, 셀카봉을 있는 힘껏 끝까지 뽑아들고는 엘리베이터를 타려고 버둥거리는 사람, 가장 돋보이는 각도에서 팔뚝 근육을 찍으려고 역기 끝에 셀카봉을 연결한 역도 선수까지.

개인적으로 가장 좋아하는 장면은 3미터쯤 되는 셀카봉을 양옆에 장착한 자동차가 온 동네를 쌩쌩거리며 돌아다니다 레모네이드 가판대를 뒤엎는 장면이다. 이 다양한 별난 장면을 보여주고 난 뒤 피자헛 배달원이 등장한다. 셀카 스케일이 크면 클수록 파티가 커지고 파티가 커지면 피자도 커진다고 말하며 한마디를 덧붙인다. "이건 인스타그램에서 더 잘 확인할 수 있잖아요."

영상의 마지막 장면에 피자헛 로고가 나오기 전까지는 이 영상이 피자헛에 의해 제작되었다는 것을 알 수 없다. 강매라고는 없는 그저 순수하게 재미있는 영상을 제공하는 형식을 취한다. 마지막까지 유머러스하다. 피자헛 로고가 나타나면 내레이터가 차분하게 말한다. "피자헛은 셀카봉 남용 피해를 겪는 분들을 후원합니다. 셀카는 책임감 있게 찍어주세요."

캠페인은 큰 인기를 얻으며 퍼져나갔고 유튜브 차트에서 급상승하며 세계에서 가장 많이 공유된 그 달의 광고가 되었다. 이와 함께 수백 개의 기사가 작성되었고 광범위한 매체에 보도되었다. 이처럼 큰 공감대를 형성한 이유는 영상이 재미있기도 했지만, 양쪽 어느 쪽도 불편하지 않게 모두가 웃을 수 있는 지점을 찾아 의미를 전달했기 때문이었다.

어떤 파도에
편승해야 할까?

나는 캘리포니아 맨해튼 비치에 살고 있다. 몇 블록만 나가면 드넓은 바다가 펼쳐진다. 내가 좋아하는 일 중 하나는 일몰 직전에 해변으로 내려가 모래에 앉아 밀려오는 파도를 바라보는 것이다. 가까운 곳에 서핑 장소가 몇 군데 있어서 태평양을 향해 나가는 서퍼들을 자주 본다. 그러면서 서퍼들이 바다를 분석하고 파도를 선택하는 몇 가지 방법이 있다는 걸 알게 되었다. 가장 열정적인 서퍼들은 물속으로 곧장 들어가 거침없이 패들링을 하고 첫 파도를 탄다. 다른 서퍼들은 좀 더 침착하게 접근한다. 서프보드 위에 앉아 파도의 주기와 패턴을 살피며 만날 수 있는 가장 큰 파도를 기다린다. 또 다른 서퍼는 해변에 서서 파도를 보며 바다에 굳이 들어갈 필요가 있을지를 골똘히 생각한다. 그리고 집으로 돌아가 바다를 바라보며 언제 파도가 좋아질지 알려주는 친구의 문자를 기다리기도 한다.

인터넷에서 어떤 파도를 탈지를 선택하는 것도 이들 서퍼들이 파도를 선택하는 것과 다르지 않다. 적극적으로 나서 스스로 일을 찾아 할 수도 있고 다른 사람이 대신하게 할 수도 있다. 셰어러빌리티는 온라인에서 사람들이 이야기하는 내용을 조사하고 기록하는 매우 정교한 소셜 청취 도구를 사용한다. 일단 페이스북, 트위터, 인스타그램 같은 주요 소셜 플랫폼에서 빈번히 사용되거나 함께 짝을 이루는 단어나 표현을 추출해 모두 스크랩한다. 갑자기 특정 단어나 표현이 급증하면 청취 도구는 우리에게 그 표현을 사용하는 사람들이 증가한 것을 알려주고 소셜 인텔리전스 팀은 이를 더 깊이 파고든다. 이 도구는 엄청나게 효과적이지만 비용이 무척 많이 든다. 이런 도구를 사용할 자원이 없다면 디지털 문화의 트렌드와 최신 정보를 파악할 수 있는 좀 더 쉬운 방법도 있다.

가장 빨리 업데이트되는 소셜 플랫폼이자 인터넷의 '지금 여기'를 가장 쉽게 모니터링할 수 있는 곳이 트위터다. 파도를 타기 대단히 효과적인 곳이다. 트위터는 인터넷 봇과 악플러로 가득 찬 성난 공간이라는 맹공격을 받지만 여러 면에서 이런 모습은 인터넷의 심장 박동 같은 것이다. 또한 이곳은 대중문화에서 일어나고 있는 수많은 속보, 유명인 근황, 웹에서 폭발적인 반응을 얻고 있는 최신 영상을 모니터할 수 있는 곳이다. 유행의 첨단을 걷고 있으면서도 가장 빨리 움직이는 장소다. 이 모두가 모이는 장소가 바로 트위터다.

일반적으로 트위터의 실시간 검색어에는 해시태그가 붙는다. 해시태그는 검색하기 쉽다는 장점과 함께 사용되는 해시태그가 수천 개일 수 있다는 단점이 있다. 트위터에서 인기 검색어를 파악하는 더 좋은 방법은 '모멘트moments' 메뉴를 사용하는 것이다. 이 메뉴를 클릭하면 사람들이 트위터에서 지금 이야기하고 있는 주제들을 볼 수 있다. 콘텐츠의 대부분은 뉴스와 관련이 있지만, CNN이나 지역 뉴스에서 다루지 않는 온라인에만 있는 트렌드를 발견할 수 있다.

우리는 트위터를 콘텐츠를 퍼트리는 용도로 사용할 때도 있지만 주로 소셜 청취 도구로 활용하는 경우가 많다. 트위터를 고객과 소통하는 플랫폼으로 사용하려면 실시간으로 대화 하나하나에 전념할 시간이 필요하다. 브랜드 입장에서는 소비자와 직접 대화할 수 있는 엄청난 기회다. 몇몇 브랜드의 경우 트위터를 완전히 장악했다. 하지만 셰어러빌리티는 브랜드 고객을 위해 이런 일을 하지 않는다. 대부분 기업에는 이미 상시 운영되는 매우 뛰어난 소셜미디어 팀이 있기 때문이다. 우리에게 트위터는 영감의 원천이자 트렌드를 지켜보는 장소다.

트위터가 인터넷의 심장 박동이라면 레딧은 인터넷의 신경계다. 우리는 레딧을 '인터넷이 태어나는 곳'이라고 부른다. 뜨거워지기 시작하는 인기 검색어나 주제가 있다면 그건 레딧에서 출발했을 가능성이 높다. 레딧은 거대한 게시판처럼 움직인다. 소셜 뉴스 콘텐츠를 모으고 웹 콘텐츠의 순위를 매기며 사람들이 이 콘텐츠에 관해 토론하도록 한다. 게시물은 사용자 게시판에서 주제별로 정렬할 수 있는데 이것을 '서브레딧subreddit'이라고 부른다. 특정 관심 분야로

트위터, 레딧과 같은 소셜미디어는 뜨거워지기 시작하는 인기
검색어의 출발이 되는 곳으로 지금 이 순간의 트렌드를 알고
싶다면 이들을 활용할 필요가 있다.

검색 범위를 좁혀주는 역할을 한다. 서브레딧의 주제는 영화나 음
악에서부터 음식이나 동물, 또는 특정 유명인의 코에 관한 밈 같은
매우 협소한 틈새 주제에 이르기까지 끝이 없다.

레딧은 사용하기도 매우 쉽다. 누구나 무료로 '레디터reditor'로 가
입할 수 있고 사이트에 콘텐츠를 등록할 수 있다. 홈페이지 상단에
'핫Hot', '뉴New', '토론Controversial', '뜨는Rising' 같은 카테고리를 선택할
수 있는 메뉴가 있고, 특정 국가나 지역으로 범위를 좁힐 수 있는
선택 메뉴가 있다.

모두 훌륭하지만 한걸음 물러나서 이제 마케팅이라는 입장에서
생각해보자. 지금 당신은 사용자들이 생성한 의견과 댓글만 있는

플랫폼에 있다. 활동 인구가 게시물 하나하나에 찬성반대 투표를 한다. 이런 공간에 상업광고를 끼워 넣으려는 브랜드를 상상할 수 있겠는가? 10억분의 1초 만에 그 게시물은 추락할 것이다.

이런 이유로 "레딧은 공략하기 불가능하다"라는 말을 듣기도 한다. 하지만 그건 오해다. 그런 의견은 시장에 진출하려면 어떤 시스템을 공략하든지 해킹을 하든지 일단 뚫어야 하고 시스템에 반하는 행동이라도 이득을 얻기 위해서 실행해야 한다는 생각에 기반을 둔 것이기 때문이다. 만약 이것이 당신의 접근 방법이라면 다시 생각해보길 권한다.

레딧도 인터넷의 다른 것들과 마찬가지다. 당신에게 유리하게 사용하려면 그들이 원하는 것을 주면 된다. 예컨대 우리가 제작한 "뜻밖의 존 시나" 영상에 생명을 불어넣은 존 시나 밈은 처음 레딧에서 시작되었다. 우리가 그 영상을 내놓았을 때 서브레딧의 크리에이터는 이렇게 반응했다. "애들아 짐 싸. 우린 끝났어." 우리가 이제껏 들어본 최고의 찬사였다. 당신이 제대로 파도를 탔다는 확인일 뿐 아니라 바다에 있는 다른 서퍼들이 당신이 선택한 방법을 인정하는 말이었다.

레딧이 신경계라면 버즈피드는 가십 잡지를 읽고 있는 당신의 뇌다. 버즈피드는 기존 신문들과 마찬가지로 유행하는 주제들을 보도한다. 물론《워싱턴포스트》보다《피플》에 가까울 수 있다. 버즈피드의 통신원들은 종종 딱딱한 뉴스보다 신변잡기 대화에 가까운 글과 영상을 올린다. 버즈피드는 원래 바이럴 콘텐츠에 집중했지만,

뉴스를 포함하여 다양한 주제로 범위를 확장해왔다. 버즈피드에서 가장 좋은 반응을 얻은 영상 중 하나는 유기 농업부터 산호초 복원에 이르기까지 인류 전체를 걱정하는 주제를 의미 있게 다룬 것들이다. 사람들은 버즈피드를 흔히 인기 검색어 기계라고 말한다. 하지만 우리가 볼 때 일단 어떤 스토리가 버즈피드에 올라간 이상 그건 이미 때늦은 흐름일 때가 많다. 트렌드 기차가 이미 역을 출발한 이후인 것이다. 진행 중인 대화에 특별히 추가할 것이 없는 한 굳이 그 기차를 쫓아갈 필요는 없다.

파도를 타려면
어떻게 해야 하나?

　일단 파도를 확인했다면 이 파도는 어떻게 타야 할까? 첫 번째 핵심 요인은 속도다. 모래 위에 앉아 완벽한 파도가 일어나길 지켜보다가 마침내 그 파도가 나를 향해 다가온다 해도 파도는 당신을 태우려 속도를 늦추는 배려를 해주지 않는다. 재빨리 움직여야 하는 것은 당신이다. 인터넷의 파도는 맨해튼 해변에 부딪히는 파도처럼 금새 사라지는 것은 아니지만, 최고조에 이르기 전에 잡아야 한다. 인터넷 파도의 유효기간은 짧다. 한 브랜드나 개인으로서 빨리 움직이지 않으면 인터넷 친화적인 영향력을 잃을 위험이 있다. 결정해야 할 일을 두고 끊임없이 망설이는 임원 꼴이 될 수 있는 것이다.

　우리가 파도를 잡으려고 가장 빨리 움직였던 때는 2014년이다. 펜실베이니아주 윌크스베리에서 온 통통한 얼굴에 귀여운 빨간 머리 소년 노아 리터를 봤을 때 일은 시작되었다. 이 소년은 오직 인터넷에서만 가능한 방법으로 하룻밤 사이 갑자기 유명해졌다. 웨인 카운티 축제에 나가 있던 한 지역 뉴스 리포터가 놀이기구를 탄 아이들을 인터뷰했다. 마이크가 자기 앞에 온 그 순간 노아는 프로그램을 완전히 장악해버렸다.

"놀이기구는 어땠나요?" 리포터가 묻는다.

"정말 재미있었어요! 그리고 '명백하게' 제가 생방송에 나온 건 처음이에요. 하지만 '명백하게' 뉴스를 못 볼 때가 있어요. 나는 '명백하게' 꼬마이고 할아버지가 '명백하게' 리모컨을 저에게 줄 때는 항상 복권 방송을 봐야 했거든요."

정말 의식의 흐름에 따라 얘기하는 모습이 사랑스럽기 그지없었다. 인터뷰 자체를 언급하며 제4의 벽(무대와 객석 사이에 존재하는 가상의 벽)을 깨뜨린 것에서부터 세 마디마다 꼬박꼬박 '명백하게'라는 단어를 넣은 것까지 전체적으로 감탄밖에 나오지 않았다.

그런 다음 노아는 말 그대로 마이크를 손에 쥐고 주위를 걸어 다니며 마치 전문가가 말하듯 놀이기구에 대해 자세히 설명했다. 이 '명백하게'라는 단어를, 10대 청소년들이 '그러니까hike'를 남용하는 것처럼 사용하는 모습을 상상해봐라.

인터넷은 이 영상을 순식간에 집어삼켰고 이 소년에게 '명백하게 꼬마The Apparently Kid'라는 이름을 붙여주었다. 웹에서 폭발적 반응을 얻으며 이 영상은 조회 수 3,000만 뷰를 넘겼다.

그 당시 우리는 프레시펫의 첫 번째 영상을 준비 중이었고 새로운 콘셉트 개발에 몰두하고 있었다. 그리고 노아가 웹을 휩쓰는 것

7 seconds '명백하게 꼬마'의 첫 번째 광고Apparently Kid's First Ever TV Commercial
한 인터뷰에서 '명백하게 꼬마'로 유명해진 노아 리터를 등장시키며 대히트를 친 프레시펫 광고 영상이다. 노아라는 딱 맞는 파도를 제때 잡은 것이다.

을 보고 그에게 푹 빠져들었다. 그리고 전구 하나가 탁 켜졌다. 이 '명백하게 꼬마'를 데려와 사랑스러운 강아지들과 짝을 지어 놓으면 어떨까? 단번에 히트칠 것 같았다. 우리는 이 콘셉트를 프레시펫에 제안했고 다행히 즉각 수락을 받았다. 그린라이트였다. 이제 실행에 옮길 일만 남았다.

  사람들이 미처 생각하지 못하는 것이 있다. 노아 같은 사람이 입소문을 타고 유명해지면 그들의 삶은 순식간에 걷잡을 수 없는 허리케인이 된다. 갑자기 수천 명의 사람이 집으로 전화를 걸고 트위터나 이메일로 연락을 한다. 기자나 기업 또는 그저 열렬한 팬일 수도 있지만 꽤 압도적일 수 있다. 노아에게는 할아버지 잭이 있었다. 잭은 노아의 가장 친한 친구이자 보호자였고 이제 노아를 위해 각종 매체 요청이나 브랜드 제안의 문지기 역할을 했다. 상황이 정신없이 빠르게 돌아가자 잭은 전화기를 꺼버렸다. 우리가 히트를 예상하는 영상에는 청신호가 들어왔지만, 정작 그 영상의 주인공에게는 닿을 수 없었다. 시간은 흐르고 있었다. 재빨리 시장에 무언가를 내놓지 못하면 인터넷은 다음 대중문화의 총아를 찾아 움직일 것이다.

다행히 우리에게는 전직 에이전트이자 필요할 때면 끊임없는 힘이 되어주는 사업 파트너 닉 리드가 있었다. 닉이 꼬박 이틀 동안 추적한 끝에 마침내 잭과 연결되었다. 닉이 군인 출신임을 알고 잭은 우리와 함께 일하기로 했다. 잭은 수없이 들어왔던 다른 제안들보다 우리 일에 전념해주었다.

문제는 시간이었다. 그때가 목요일 오후였고 노아는 다음 주 목요일에 유명 프로그램 엘렌 쇼와 인터뷰가 잡혀 있었다. 일반적으로 영상 작업은 완성까지 4~8주가 필요하다. 하지만 노아의 경우는 시간이 없었다. 영상 대본을 쓰고 프레시펫의 승인을 받고 LA에 있는 노아에게 날아가 영상을 촬영한 다음 편집까지 이 모든 일을 1주일 안에 마쳐야 하는 상황이었다.

우리는 뉴스에 방송된 노아의 캐릭터를 광고에 가져와 노아의 인기에 편승하기로 했다. 우리는 노아가 그저 노아이기만 하면 되도록 설정했다. 대본 없이 즉흥적일 때 가장 좋은 것이 나오기 때문이다.

"오늘 우리는 애완동물에 관해 이야기할 겁니다." 노아가 즉석에서 시작한다. "명백하게 저의 첫 번째 TV 광고예요." 그리고 그의 매력 포인트인 일관되지 않은 방식으로 의식의 흐름에 따라 버니와 에드라는 개 두 마리와의 우정을 이야기한다. 노아가 사료에 대해 언급할 때 개들이 얼굴을 핥는다. "이 아이는 어떤 음식도 좋아하지 않았어요, 매일 밤낮으로 냄새나는 방귀를 뀌죠." 노아는 계속해서 엉뚱하고 아이다운 억양으로 어떻게 개를 훈련했고, 던지고 물어오는 놀이를 가르쳤는지 이야기한다. 그런 다음 개 한 마리를 위해 커다란 사료 그릇을 가지고 온다. "명백하게 프레시펫 음식이 다른 보통 사료보다 최고로 좋아요. 이 아이는 매일 밤낮으로 이걸 먹고 싶어 하죠." 계속 익살스러운 행동과 앞뒤가 맞지 않지만 재미있는 말을 이어간다. 개 한 마리가 사료를 게걸스럽게 먹자 노아가 말한다. "명백하게 좀 좋은 음식인가 봐요!"

노아가 엘렌 쇼에 출연하는 기회를 놓치지 않기 위해 늦지 않게 촬영과 편집을 마쳤다. 제대로 파도를 타기 위해 엘렌 쇼가 방송된 다음 날 아침 우리는 프레시펫 영상을 공개했다. 노아가 쇼에 나오면 엄청나게 많은 말들이 만들어질 것을 예상할 수 있었다. 이 영상은 전 세계적 유튜브 동영상 2위로 급상승했다. 노아가 자주 말하는 것처럼 '명백하게' 우리는 딱 맞는 파도를 제때 잡은 것이다.

한편 계절적인 파도도 예상할 수 있다. 해마다 12월이면 크리스마스 광고가 쏟아져 나온다. 이 밖에도 만우절부터 햄버거의 날에 이르기까지 크고 작은 이벤트들이 일 년 내내 있다. 대중문화의 관심을 제대로 맞출 수만 있으면 이런 날들도 파도타기의 기회가 될 수 있는 것이다.

우리도 그 파도를 탔다. 2016년 어머니날에 포토밤을 가지고 캠페인을 준비했다. 포토밤은 다른 사람의 사진 배경에 폭탄처럼 뛰어드는 행동으로 대중적인 트렌드로 인기를 얻고 있었다. 우리는 동떨어져 보이는 두 아이디어인 '포토바밍photobombing'과 '맘mom'을 합쳐 '포토마밍PhotoMombing'을 만들어냈다.

헤드라인 콘셉트만으로도 광고가 됐다. 바로 이런 내용이었다. 엄마들은 자녀들의 생활에 관심을 쏟고 늘 함께하고 싶어 하지만 아이들은 휴대폰만 붙들고 있고 그저 모든 순간 사진 찍느라 바쁘다. 할 수 없이 엄마들은 아이들의 모든 셀카에 끼어드는 포토밤을 할 수밖에 없다는 내용이다.

포토마밍,
엄마는 폭탄이니까

　우리는 이 아이디어를 예상 고객에게 제안했다. 그 브랜드에 완벽하게 어울린다고 생각했지만 상대편은 미끼를 물지 않았다. 우리는 다른 기업에도 또 다른 기업에도 제안했지만 받아주는 곳이 없었다. 무엇이 잘못되었는지 알 수 없었다. 히트칠 것이 눈앞에 보였지만 아무도 우리를 이해하지 못했다. 방금 우리와 대화를 시작한 작은 통신 회사가 관심을 보이고 뛰어들기 전까지는 말이다. 크리켓 와이어리스가 이 아이디어를 받아들였고 이것이 여러 해 지속해온 파트너십의 시작이었다.

　이 영상은 엄마에게 경의를 표하는 것이었다. 그리고 10대 아이들도 같이 즐기고, 더 중요하게는 모두가 공유할 수 있도록 즐겁고 재미있는 방식으로 표현했다. 영상의 내용은 포토밤 임무를 수행 중인 엄마들이 전달했다. "무제한 데이터 요금을 누가 낼까? 이 꼬마 코딱지 괴물들." 누군가 이제 엄마들이 나설 때라고 말한다. "제

 포토마밍! 엄마는 폭탄이니까!PhotoMombing! Because Moms Are the Bomb!
어머니날이라는 이벤트에 맞춰 제작한 이 영상은 엄마들에게 경의를 표하면서 10대 아이들도 함께 즐기고 공유할 수 있도록 재미있는 방식으로 표현해서 좋은 반응을 얻었다.

가 모든 셀카에 재미있게 포토밤을 하는 이유지요." 사람들 사이를 뚫고 아이들의 축구 경기나 파티에서 포토밤을 한 다음 엄마들은 이렇게 말한다. "엄마와 대화하세요. 어머니날이잖아요. 크리켓을 위하여!"

이 영상은 엄마와 아이들 모두를 감동하게 했고 누적 조회 수 1,000만 뷰를 넘겼으며 크리켓 와이어리스의 페이스북 참여는 한 달 만에 열 배 이상 증가했다.

쿡은 되지 말자

쿡kook이라는 단어를 들어본 적이 없다면 초보자를 경멸적으로 가리키는 서핑 용어라는 점을 이해해주길 바란다. 이들은 자신의 서핑 기술을 과대평가하고 종종 서핑 윤리도 저버린 채 바다에서 다른 서퍼들을 방해하고 자신도 제대로 즐기지 못한다. 달리 말하면 쿡은 모두를 망친다.

소셜미디어에서도 많은 기업들이 홍보에 대한 마음만 앞서 상황을 충분히 생각하지 않고 대중문화의 파도를 타려다가 본의 아니게 쿡이 되고 있다. 이런 일은 대부분 본인들은 진심이라는 환상에 빠져있지만, 실제로는 진정성이나 진지한 관심 없이 파도를 타려 할 때 일어난다. 한마디로 파도를 타려면 진심이어야 한다. 그렇지 않으면 곧 들통 난다.

인터넷 해변은 이미 이 쿡들이 만들어낸 홍보의 잔해로 뒤덮였다. 2018년 몇몇 브랜드가 세계 여성의 날이라는 파도를 타려 했다.

맥도날드는 세계 여성의 날을 기념하며 골든아치 M을 W로 만들었다. 미투 운동이라는 파도를 타고자 계획한 행동이었지만 실제로는 여성 노동자를 지원하는 정책에 반하는 맥도날드의 관행이 폭로되면서 비판이 쏟아졌다.

철저한 조사가 필요한 일이었다. 미투운동이 활발히 진행되고 있었고 많은 여성이 성희롱당하고, 일에서 배제되며, 남자보다 못한 존재로 차별당한 이야기를 하고 있었다. 세계 여성의 날에 많은 주요 브랜드들이 여성을 지원하겠다고 나섰다. 진심으로 했다면 멋진 일이었겠지만 몇몇 기업들은 어설프게 하다 큰 기회를 놓쳤다.

그중에 맥도날드가 있었다. 이 패스트푸드 기업은 캘리포니아 린우드 매장의 상징적인 골든 아치를 거꾸로 뒤집기로 했다. M을 W로 만들어 세계 여성의 날을 기념하는 의미였다. 매장 수백 곳에서 유니폼과 포장의 M을 W로 뒤집었다. 이 캠페인에 관심을 갖도록 하기 위해 맥도날드는 소셜미디어에 발표했다. "오늘 우리는 세계 여성의 날을 축하하기 위해 골든 아치를 뒤집습니다. 그리고 미국에서 우리의 10개 매장 가운데 6곳의 매니저가 여성이라는 점을 자랑스럽게 공유합니다."

이론적으로는 모두 훌륭하게 들린다. 하지만 문제는 맥도날드가 진심이 아니었다는 것이다. 즉각적인 반발이 일어났고 맥도날드가 여성 노동자를 지원하는 정책에 반하는 행동을 한 기업이라는 사실이 밝혀지고 비판이 쏟아졌다. 특히 이 회사는 최저임금 인상 문제로 오랜 다툼을 벌여왔고 이 일은 남성보다 여성에게 더 불공정한 영향을 미쳤다.

결국 트위터에서 폭발했다. 어떤 사람은 이렇게 트윗했다. "여성을 위해 로고를 W로 바꾼 이상 맥도날드에서 성차별이 끝나는 것을 보고 싶다." 다른 사람은 이렇게 썼다. "맥도날드가 2018년 세계 여성의 날을 위해 W를 만들려고 로고를 뒤집었다면 다른 모든 날은 남자들을 축하하려고 M인 겁니까?" 민주당 연합의 상임이사 네이선 러너는 트위터에서 이렇게 지적했다. "@맥도날드, 여성을 지지한답시고 M을 W로 만드는 뻔한 광고 대신 여성을 위한 실질적인 일을 하시죠. 노동자에게 최저임금을 지불하는 것과 같은 일이요."

맥도날드는 예상치 못한 공격을 방어하느라 며칠을 보냈다. 이 회사 대변인은 비난을 체인점에 전가하면서 상황을 정리하려 했다. 체인점 가운데 90퍼센트 이상이 독립적인 소유로 운영되고 있으며 소유주들이 각각 정책과 임금, 복지혜택을 결정한다고 말했다.

하지만 이것이 끝이 아니었다. 맥도날드에 대한 비난은 기업이 직장에서 여성을 지원하도록 하는 새로운 파도를 일으켰다. 영국의 활동가 단체 모멘텀은 맥도날드의 낮은 임금과 제로 시간 근로계약은 여성 노동자에게는 빈곤을 의미하고 심지어 노숙을 방조하는 행위라는 내용의 영상을 공개했다.

맥도날드가 진심으로 성실하게 파도를 타려 했다면 혜택을 얻을 수 있었을 것이다. 이를테면 세계 여성의 날에 M을 W로 뒤집으면서 평등한 실질 임금을 도입하거나 더 많은 여성을 경영진에 영입하는 글로벌 이니셔티브를 발표하는 기회로 삼았다면 경멸과 조롱 대신 환호를 받았을 것이다. 하지만 그들은 파도를 잡으려 성급하게 달려들었고 편승하려던 메시지에 진실하지 못했다. 그 결과 제대로 넘어졌다.

KFC의 경우도 말레이시아에서 창업자 커넬 샌더스의 이미지를 그의 아내 클라우디아 샌더스의 이미지로 바꿔 파도타기를 시도했다. KFC 마케팅 대행사의 대표는 KFC가 세계 여성의 날을 지원할 새로운 방법을 찾던 중 아내에게 지원을 아끼지 않은 커넬 샌더스의 이야기를 발견했다고 말했다.

하지만 늘 준비가 되어 있는 인터넷은 KFC 측의 전달에 그치지 않고 더 깊이 파고들어 그 이면의 이야기를 찾아냈다. 커넬 샌더스의 딸 마거릿이 낸 회고록에 따르면 클라우디아는 커넬 샌더스와 불륜 관계였다. 이렇게 솔직하지 못해서 낭패를 본 사례도 있지만 시간을 좀 더 거슬러 올라가면 눈치 없고 어리석은 사례도 있다. 최근에는 냉동피자회사 디지오르노_DiGiorno_가 이런 식으로 파도를 타려는 어리석은 시도를 했다. 2014년에 여성들이 #WhyIStayed(나는 왜 참았나)라는 해시태그를 사용하여 학대적인 관계를 떠나지 못하는 이유를 이야기하는 운동이 있었다. 디지오르노는 이렇게 트위트했다. "#WhyIStayed 피자 때문에 벗어날 수 없었다." 상대방의 절박한 상황을 진심으로 이해하지 못하고 그저 파도에 편승하고 싶어한 그들의 개념 없음이 드러난 것이다. 무슨 일을 하든 쿡은 되지 말아야 한다.

파도를 타려거든
멋있게 타라

행텐Hang ten은 서퍼가 보드 맨 앞에 서서 발가락 열 개를 보드 노즈에 걸고 파도를 타는 몹시 어려운 서핑 기술이다. 이 비유로 말하고 싶은 것은 파도를 스타일 있게 타라는 것이다. 당신은 트렌드가 풍성해지도록 기여를 해야 한다. 그러려면 당신만의 개성 있는 목소리를 사용해야 한다.

인터넷 최대 밈 사이트 가운데 하나였던 퍽 제리Fuck Jerry를 생각해 보라. 밈이 처음으로 인기를 얻을 때 엘리엇 테벨이라는 기발한 젊은이는 파도를 탈 간단한 아이디어를 내고 새로운 반향을 일으켰다. 2013년에 그는 텀블러 계정을 열고 다른 사람들이 만든 밈을 모은 다음 여러 플랫폼에서 이 콘텐츠들을 공유했다. 그는 이 사이트에 시트콤 〈사인필드〉를 대놓고 비판하는 신랄한 제목을 붙였지만, 이곳은 곧 밈의 교환소이자 인터넷에서 찾은 별난 행동을 즐기는 장소가 되었다.

그가 주로 하는 것은 다른 사람의 작업을 수집해서 재포장하는 것에 불과했지만 이 표장이 중요하다. 포장해서 다른 제품으로 내놓았을 때 충분히 히트할 만한 포인트를 부각시키는 독특한 콘셉트였다. 이 아이디어가 성공하자 테벨의 사이트는 점점 더 독창적인 곳이 되었다. 밈이라는 파도를 초기에 포착하고 창의적으로 올라탄 테벨은 작은 미디어 제국을 건설했다. 그의 팔로워는 1,400만 명이 넘고 엄청난 돈을 벌고 있다. 그는 '왓두유밈What Do You Meme?'이라는 어른용 파티 게임을 판매하고 제리스 월드Jerry's World라는 컨설팅 및 영상 제작사를 운영한다. 또한 티셔츠를 비롯한 여러 상품을 판매하고 심지어 자신의 이름을 딴 테킬라 브랜드도 가지고 있다.

파도타기의
결론은 무엇인가?

요약하면 이렇다. 세상으로 자신의 메시지를 내보내고 싶어도 파도를 타고 있지 않다면 성공할 확률은 200만 분의 1에 불과하다. 하지만 당신이 파도를 탈 수 있고 진심으로 시도한다면 가능성은 2,000분의 1로 껑충 뛴다. 파도를 타면 극적으로 경기장이 평평해진다. 인기 검색어에 자신을 어떻게 연결하는가의 문제에만 집중하면 된다. 인기 검색어를 타야 사람들이 당신을 천박한 기회주의자로 보지 않는다. 당신의 콘텐츠를 클릭하고 상호작용할 가능성이 커지는 것이다. 제대로만 하면 아직 관계를 형성하지 못한 새로운 잠재 고객에게 다가가는 효과를 얻을 수 있다.

하지만 모든 사람이 같은 파도를 타고 경쟁한다면 어떻게 되겠는가? 이 파도가 쉽게 달성할 수 있는 목표라면 어떻게 하겠는가? 또 모든 사람이 파도를 잡으려고 피나는 노력을 하며 그 일에 가치를 더하기 위해 경쟁적으로 덤빈다면 어떨까? 너무 혼잡해서 당신의 최선이 주목받지 못한다면 어떻게 하겠는가? 걱정할 것 없다. 또 다른 길이 있다. 바로 다음 장에서 만날 내용이다.

7장

각본을 뒤집어라

확신이 있다면
반대로 가라

'파도타기'와 대조되는 원칙을 우리는 '각본 뒤집기flip the script'라고
부른다. 표준 절차를 뒤집는다는 뜻이다. 또한 예상치 못한 일이나
혁신적인 일을 하거나, 유행하는 주제나 일반적으로 수용되는 관점
을 거꾸로 뒤집는 것이기도 하다.

반대의견을 가진 비주류가 되는 것도 재미있을 수 있다. 지루하
고 단조로운 주류 속으로 멍키 렌치를 던져 넣는 걸 보고 좋아하지
않을 사람이 있겠는가? 인터넷은 이런 일이 정말 사랑한다. 단, 기
발하고 어떤 식으로든 가치를 제공해야 한다. 그리고 유머 감각이
있다면 더할 나위 없다.

광고 초창기부터 똑똑한 브랜드는 각본 뒤집기를 해왔다. 버그로
도 알려진 폭스바겐 비틀의 1959년 지면 광고가 좋은 예다. 전후 시
대 미국 사람들이 머슬카를 선호하고 '클수록 좋다'는 생각에 집착
할 때 비틀 광고는 이를 뒤집었다. 헤드라인은 간단히 '싱크스몰Think

small'이라고 썼고 구석에 작은 자동차 이미지 하나를 같이 실었다. 이 광고는 대단히 성공적으로 '각본 뒤집기'를 했고 광고 전문 잡지 《애드에이지》가 뽑은 20세기 최고 광고 캠페인으로 선정되었다.

아니면 세상에서 가장 크고 가장 나쁘고 가장 비싼 텔레비전 광고인 오늘날 슈퍼볼 광고를 생각해보자. 시청자와 소비자의 관심만큼 미디어와 온라인의 시선을 끌 목적으로 대체로 시끄럽고 과잉된 이미지로 제작된다. 종종 슈퍼볼 광고는 경기 일주일 전에 온라인에 먼저 공개되곤 한다. 그 즈음 쏟아져 나오는 다른 광고들 사이에서 살아남으려는 시도다. 이렇게 되면 완성도 높은 괜찮은 광고조차 끊임없이 사람들의 가십거리가 되고 언론에 보도되며 뉴스에 계속해서 방송된다. 더 나아가 온라인에서 공유되고 수많은 댓글이 달린다. 많은 시청자들은 정작 슈퍼볼의 재미를 경험하고 실제 경기의 결과에 주목하기보다 하나의 쇼와 같은 화려한 슈퍼볼 광고를 보는 데 집중하게 된다. 따라서 각본을 뒤집기 딱 좋은 경우다. 주류에서 벗어나도 대세를 거스르는 것이 하나의 전략이 될 수 있다. 모두 큰소리를 낼 때 작은 소리를 내는 것이 먹히는 순간인 거다.

미니멀한 슈퍼볼 광고는 오랫동안 사람들의 관심을 끌었고 대단히 효과적이었다. 기존 광고와 무척 대비되었기 때문이다. 1998년에 페덱스는 각본을 뒤집은 아주 멋진 광고 한편을 제작했다. 처음 30초 동안 TV 화면 조정 시간에 나오는 배경화면을 보여준다. 이 상태로 약 10초가 지난 다음 간단한 메시지가 화면에 나타난다. "다음에는 페덱스를 이용하세요. 절대로, 반드시 그곳에 도착해야 할 때." 정말 천재적이다. 다른 모든 광고가 큰 소리를 낼 때 그와는 반대로 조용한 화면에 군더더기 없는 브랜드 핵심 메시지를 한 문장으로 보여주니 돋보이는 것이다.

최근에 가장 재미있었던 사례 중 하나는 올드 밀워키Old Milwaukee 맥주가 2011년 슈퍼볼 시즌용으로 만든 광고다. 이 회사는 영화배우 윌 퍼렐과 광고를 촬영했다. 유명인이 등장하면 주목받는 데 도움이 되지만 슈퍼볼 광고에서라면 흔한 일이기 때문에 배우 한 명 정도 나오는 것만으로는 사실 눈에 띄지도 않았다. 하지만 슈퍼볼 개막일에 화제를 몰았던 올드 밀워키 광고의 비범함은 오히려 화려하지 않음에 있었다.

슈퍼볼은 미국 내 광고시청률이 가장 높은 것으로 알려져 있고 매년 언론은 이 경기의 30초 광고를 사는 데 필요한 어마어마한 비용에 대해 늘 시끄럽게 떠들어댔다. 현재 편당 500만 달러가 훌쩍 넘는 비용이다. 어쨌든 2011년에 올드 밀워키는 슈퍼볼 광고를 샀다. 네브래스카주의 인구 2만 3,000명이 사는 도시 노스플랫의 지역 방송에만 단독으로 내보내기 위한 작은 광고였다.

소도시 한 곳에만 광고를 방송한 것도 전국의 시청자가 슈퍼볼 하면 떠오르는 광고의 각본을 완전히 뒤집은 것이었다. 거기에다 광고 자체도 반전이었다. 화려함이라고는 찾아볼 수 없는 "이게 뭐지"가 튀어나올 정도로 단조로웠다. 반바지에 티셔츠를 입은 퍼렐이 경건한 오케스트라 음악에 맞춰 허리까지 오는 야생화 핀 들판을 걸어온다. 그가 카메라에 다가오면 맥주 캔 하나가 그에게 날아

올드 밀워키 슈퍼볼 광고Old Milwaukee Super Bowl XLVII commercial
올드 밀워키는 1년 중 광고계가 가장 화려한 슈퍼볼 시즌에 지극히 단조로워 웃음을 자
아내는 독특한 광고로 열광적인 반응을 이끌었다.

온다. 멀리서 날아오는 맥주를 받아 캔 뚜껑을 열면 맥주 거품이 일
어난다. 그리고 광고 멘트를 하려고 입을 연다. "올드 밀워키…" 말
이 채 끝나기도 전에 갑자기 화면이 중단되고 광고가 끝난다.

　놀랄 것 없는 이 작은 광고는 곧 인터넷 호사가들의 주된 화젯거
리가 되었다. 화려함에 대한 기대를 저버리게 만드는 이 기획은 적
중했다. 네브래스카주 노스플랫에 있던 몇몇 사람들은 휴대전화로
광고를 녹화한 다음 그 영상을 온라인에 올렸다. 미국 다른 도시에
사는 사람은 이 광고를 보지 못했다는 사실이 더더욱 궁금증을 자
아냈다. 영상은 들불처럼 퍼져나갔다. 사람들은 으레 슈퍼볼 하면
떠오르는 것들에 동조하지 않는 이 광고의 성격을 좋아했다. 올드
밀워키는 사람들이 이 광고를 보든 말든 상관없는 척했지만 그럴수

록 네티즌들은 이 광고를 더 보고 싶어 했다. 이 광고 영상을 복사해서 굳이 퍼나르는 사람들과 올드 밀워키 마케팅 측 사이에 모종의 관계가 있다고 생각하는가? 만약 우리 회사 캠페인이었다면 그렇게 했을지도 모르겠다.

당신이 슈퍼볼 광고는커녕 한 도시를 겨냥한 광고도 집행할 가능성이 없다 해도, 충분한 광고 예산을 가지고 있는 거대한 기업이 일 년 중 광고계가 가장 들뜨고 시끄러운 날에 감행한 이 일에서 배울 점이 있다. 보통은 스케일 크게 접근하는 일을 거꾸로 뒤집어 오히려 작게 만들었다. 자꾸 과잉되는 흐름에 상관없이 정직한 판단을 했다. 만약 당신이 트렌드에 맞서 반대로 가는 창의적인 방법을 찾아냈고 그 방법이 브랜드 메시지에 적합하다고 확신할 수 있으면 각본을 뒤집어라. 두각을 나타내는 기회로 활용할 수 있을 것이다.

반대 담론을
만들어라

당신은 우리가 하는 모든 일이 마케팅에 관한 각본 뒤집기가 아니냐고 주장할 수 있다. 트렌드 아이디어와 관련된 구체적인 사례를 하나 살펴보자. 파도를 타든 각본을 뒤집든 이 두 가지의 일의 핵심 요소는 무엇이 트렌드인지 파악하는 것이다. 유행하는 주제를 파악해 편승할 수도 있고, 이것을 완전히 뒤집을 수도 있다. 당신은 최신 주제나 트렌드에 따라 계획을 진행하거나 아니면 이와 반대되는 행동을 하려는 것이다.

몇 년 전 반려동물 창피 주기라는 콘셉트가 크게 유행했다. 사람들은 반려동물을 사랑하기 때문에 동물 관련 주제는 재미 요소만 있다면 순식간에 온라인을 장악한다. 반려동물 창피 주기는 반려동물이 나쁜 행동을 할 때마다 사람들이 반려동물의 목이나 잠자리 또는 사료 그릇 옆에 푯말을 건 다음 한심해 보이는 사진이나 영상을 찍으면서 시작되었다. 푯말에는 이렇게 적혀 있다. "나는 소파를 물어뜯었어요.", "엄마가 제일 좋아하는 베개에 응가했어요", "아기 신발을 물어뜯었어요" 동물들에 씌우는 바보 모자 같은 것이었다.

그 무렵 우리는 반려동물을 옹호하고 반려동물이 인간의 삶을 어떻게 향상하는지 연구하는 단체, 펫츠애드라이프Pets Add Life와 일을 시작했다. 우리는 동물 영상으로 여러 차례 성공을 거뒀고 얼마나 이 주제가 강력한지 알고 있었다. 또한 이미 많은 반려동물 영상이 웹에 올라와 있지만, 그럼에도 불구하고 끊임없이 쏟아져 나오는 것도 알고 있었다. 이 수많은 영상들 중에 튀기 위해서는 이 모든 소음을 뚫기 위해서는 독특하고 색다른 무언가가 필요했다. 우리와 브레인트러스트는 이 과정에서 반려동물 창피 주기 트렌드를 발견했고 우리가 해야 할 일은 각본 뒤집기라고 판단했다. 인간이 반려동물을 창피 주는 대신 반려동물들이 인간을 창피하게 만들면 어떨까? 됐다. 최고의 아이디어였다. 적어도 종이 위에서는 그랬다.

우리는 확실해 보이는 한 가지 아이디어를 해결하려고 수백만 가지 다른 방법을 검토했다. 당황스러운 상황에 있는 인간의 사진을 동물이 찍게 할까? 어떻게 동물이 사진을 찍지? 동물이 카메라를 들고 있어야 할까? 인간들이 사진 찍히는 걸 알아야 할까? 잠들어 있어야 할까? 그렇다면 반려동물이 그 순간을 재현해야 할까?

콘셉트는 훌륭했지만 실제로 영상으로 구현하는 데는 어려움이 있었다. 마침내 가장 좋은 아이디어를 선택했다. "모든 인간 주목!!! | 반려동물 창피 주기는 그만!"이라는 콘셉트였다. 이 영상은 개 한 마리가 카메라에 이야기하는 것으로 시작한다. 말 그대로 카

출처: 야후

(7 seconds) **모든 인간 주목!!! | 반려동물 창피 주기는 그만!**
ATTENTION ALL HUMANS!!! | STOP PET SHAMING
인터넷상에 반려동물 창피 주기 트렌드가 한창일 때 반려동물이 인간을 창피 주는 콘셉트로 성공을 거둔 영상이다. 결국 창피 주기는 그만하고 서로 화해하자는 제스처를 취하고 있다.

메라와 대화한다. 개의 입 모양을 움직이게 하고 목소리 더빙은 뛰어난 실력을 지닌 여러 배우를 검토했지만 우리 모두가 좋아하는 작가인 데이브 애커먼이 맡게 되었다. 그의 수염 때문인지 유쾌한 성격 때문인지는 알 수 없지만, 아무튼 그는 개가 말을 한다면 낼 법한 바로 그 소리를 들려주었다.

"이봐 인간들. 잠깐 마우스를 멈춰봐. 우리 얘기 좀 해." 개가 카메라를 응시하며 말한다. "당신은 스스로 무척 재미있다고 생각하겠지. 우리를 인터넷 밈으로 만들었으니까. 우리의 약점을 모조리 휴대전화에 담았다가 온 세상이 보도록 인터넷에 올렸어. 당신과 그 휴대전화… 그러면서 배짱 좋게 우리를 당신의 가장 좋은 친구라고 부르더군. 상황이 바뀌면 당신 기분은 어떨까?"

이제 반려동물에 유리한 상황이 되고 우리는 인간이 하는 행동을 지켜본다. 사람들은 소셜미디어에 올릴 수 없는 부끄러운 행동을 하고 자신의 반려동물 탓으로 돌린다. 남자친구와 다정하게 소파에 앉아 TV를 보던 여자가 방귀를 뀐다.

그녀는 재빨리 발 근처에서 자고 있던 개를 바라본다. 우리는 개 옆에 있는 픗말로 카메라를 옮긴다. "네가 했다는 거 너도 알잖아." 방귀 뀐 사람이 여자 친구라는 것을 아는 남자는 코를 찡그리며 그녀를 쳐다보지만, 그녀는 자기가 아니라고 계속 부정하면서 고개를 젓는다. 다시 강아지 옆 픗말로 화면이 바뀐다. "맞아 너야. 너 과민대장 증후군 있잖아. 그게 문제야."

복잡한 문제에 대한 간단한 해결책이 나왔다. 생각보다 너무 간단할 때가 많다. 우리는 반려동물이 인간에게 창피를 주는 픗말을 보여주었다. 동물들이 어떻게 썼냐고? 상관없다. 그건 우리도 못 봤으니까! 간단한 해결책이었다. 핵심 아이디어의 유머를 잃지 않으면서 제작 과정도 복잡해지지 않았다.

반려동물이 인간을 창피 주는 몇 가지 영상을 보여준 다음 우리의 강아지 내레이터는 화해의 손길을 내민다. "어때? 우리는 모두 혼자 있을 때 조금씩 이상한 행동을 해." 그리고 덧붙인다. "하지만 그런 순간이 우리의 전부는 아니잖아. 어쨌든 당신의 가장 좋은 친구가 되는 것, 그게 우리의 일이야. 그게 우리라고." 그러면서 이상한 행동을 계속해도 된다고 인간을 격려한다. 그리고 한 남자와 앵

무새가 같이 있는 영상을 보여준다. 남자는 힙합 음악에 심취해 있고 앵무새는 그가 부르는 노래에 고개를 까딱이다가 심지어 같이 부르기까지 한다. "기억해줘. 우리는 아무에게도 말하지 않았어. 그때 네가… 너도 알잖아."

그리고 영상은 이런 자막과 함께 끝난다. "창피 주기는 건너뛰고 그 대신 이 영상을 공유하세요. #PetsAddLife" 사람들은 이 자막대로 했다. 이 영상은 500만 뷰 이상 조회되고 1,000건 이상 공유되었다.

색다른 것이
필요하다

각본 뒤집기는 인플루언서들에게도 효과가 있다. 대신 매우 독특하거나 다른 관점에서 비튼 것이어야 한다. 케이블 뉴스에서 벌어지는 보수 대 진보의 논쟁보다 더 다른 관점으로 당신이 속한 분야에서 이미 리더라고 인정받는 사람들을 살펴봐야 한다. 그들이 자신의 의견을 어떻게 제시하고, 이미 확보한 고객을 다시 끌어당기기 위해 어떻게 독창적이고 색다른 것을 만들어 내는지, 새롭고 신선하지만, 상호보완적이고 대조적인 것을 어떻게 제공하는지 관찰해야 한다.

2015년 유튜브는 따뜻하고 긍정적인 개성을 지닌 매력 넘치는 인플루언서들로 가득했다. 유튜브 어디를 클릭해도 누군가가 당신에게 동기를 부여하고 최고의 자신이 되라고 격려하면서 모두의 삶에 긍정의 왁스칠을 했다. 하지만 '라이프캐스터lifecaster'를 자처하는 아이저스틴과 명랑한 베이킹 영상으로 유명한 로산나 판시노가 부상하면서 색다르고 불친절한 목소리가 등장하는 문이 열렸다.

포피Poppy를 검색해보라. 기묘함의 기준이 느슨한 인터넷에서도 무척 기묘해 보이는 젊은 여성이 나온다. 그녀는 너무 다르고 너무 대중적이지 않고 너무 절제된 화면 속에 등장했기 때문에 주목하지 않을 수 없다. 포피는 모든 블로거와 정반대였다. 호감 가고 다정한 이미지도 아니었고 놀랍게도 전달하는 메시지가 전혀 없었다.

포피가 15살이었을 때 그때 이름은 모리아 페레이라였다. 그녀는 연예계에 진출하고 싶어 내슈빌에서 로스앤젤레스로 왔다. 하지만 재능 있는 사람들이 너무 많았고 그들처럼 두각을 나타내는 것은 어려운 일이었다. 그러다 인터넷으로 눈을 돌렸고 폭발적 인기를 얻는 인플루언서들을 연구한 끝에 아무도 하지 않는 것을 발견했다. 그리고 많은 사람들이 하는 것과 반대로 한다면 어떨까를 생각했다.

그녀는 포피라는 닉네임을 만들고, 있는 그대로의 모습을 추상적인 영상으로 만들기 시작했다. 이 영상의 연출가이자 제작자인 타이태닉 싱클레어는 "앤디 워홀의 팝아트적 접근과 데이비드 린치의 오싹함, 팀 버튼의 엉뚱한 코믹어법"을 결합했다고 설명했다. 과장된 발언인지 아닌지는 사실 중요하지 않다. 사람들은 이 영상을 보기 시작했고 멈추지 않았다.

포피가 처음 등장한 영상인 "포피는 솜사탕을 먹는다Poppy Eats Cotton Candy"에서 그녀는 분홍색 발레복을 입고 분홍색 솜사탕을 먹는다. 1분 30초 동안 일어나는 일이라곤 이것이 전부다. 무채색 배경에 색

7 seconds 포피는 솜사탕을 먹는다Poppy Eats Cotton Candy
포피라는 닉네임의 여자가 분홍색 발레복을 입고 분홍색 솜사탕을 먹는 영상이다. 1분 30초 동안 일어나는 일이라곤 이게 전부다. 모두가 시끌벅적한 상황을 영상에 담아낼 때 반대로 단순한 콘셉트를 표방했다.

감도 없다. 포피가 솜사탕을 음미하고 나무 막대를 핥아먹은 다음 카메라를 보고 웃는 것으로 끝난다. 그게 전부다.

또 다른 히트 요인은 차원이 다른 이상한 단순함이 콘셉트였다는 점이다. 그녀는 아이 같은 말투와 단조로운 목소리에 억양으로 변화를 주면서 10분 내내 "나는 포피"를 반복해서 말한다. 정말이다. 10분 동안 "나는 포피. 나는 포피, 나는 포피…"만을 반복해 중얼거린다.

두 영상은 다소 오싹한 면이 있다. 다른 유튜버들과는 무척 다르다는 점에 주목할 필요가 있다. 인간관계에 도움이 될 만한 사려 깊고 감동적인 메시지를 전달하지도 않고 실질적으로 내일 아침에 써

먹을 수 있는 머핀을 굽는 방법을 알려주지도 않지만, 포피는 온라인에 살면서 항상 새로운 대상을 찾는 젊은이들의 신경을 건드렸다. 걱정을 잠시 내려놓고, 먹고사는 데 필요한 정보 흡수를 잠시 멈추게 해주었기 때문이다. 포피의 영상을 보면서 이상한 것을 즐길 수 있는 잠깐의 여유를 얻은 것이다.

포피는 각본 뒤집기로 인터넷에서 명성을 얻었고, 자신의 고유한 목소리를 찾았다. 이 영상으로 5,000만 명의 팔로워를 얻었고 인터넷을 무대 삼아 그녀의 경력이 시작되었다. 포피는 아일랜드 레코드와 음반 계약을 맺고 첫 번째 앨범으로 투어를 시작했다. 코미디 센트럴 방송사의 "인터넷 페이머스 위드 포피Internet Famous with Poppy"라는 시리즈 영상에 출연했고 《포피의 가스펠The Gospel of Poppy》이라는 제목의 책도 냈다. 짐작하는 것처럼 성경에 나오는 이야기를 패러디해서 뒤집은 내용이다.

인터넷이 어떻게 작동하는지 이해하는 이 젊은 아가씨는 파도가 한 방향으로 거세게 몰아칠 때 180도 방향 전환하여 성공한 것이다. 인터넷은 인기 있는 것과 완전히 반대되는 것도 기꺼이 두 팔 벌려 수용한다. 하지만 신경을 건드리려면 독특한 목소리를 가진 누군가가 필요하다. 그 목소리의 주인공이 바로 포피인 것이다.

전형적인 것을
거부하라

트렌드를 집요하게 모니터링하지 않고도 각본을 뒤집을 수 있는 방법은 기존 캐릭터나 아이디어를 가져다 반전을 주는 것이다. 로버트 드니로가 처음으로 코믹 배역을 맡는 것처럼 틀에 벗어난 캐스팅을 하는 것이다. 드니로가 그 배역을 맡을지 모든 사람이 주목할 것이고 역할을 소화하면 그의 경력에 색다른 역할이 추가될 것이다. 말할 것도 없이 드니로는 그렇게 했다.

세상에서 가장 유명한 사람 가운데 한 명과 헤드폰 브랜드 출시를 준비할 때 우리도 이렇게 생각했다. 그 유명인을 익명의 사람으로 만들어 반전을 노린 것이다.

크리스티아누 호날두는 지구상에서 얼굴이 가장 널리 알려진 스타 중 하나다. 《타임》에 따르면 세계 86퍼센트의 사람이 그를 알아본다고 한다. 포르투갈 출신인 그는 스페인에 거주 중이고 스페인에서는 신만큼이나 유명하다. 사람들은 호날두를 나이키나 캘빈클

7 seconds

변장한 호날두 Ronaldo in Disguise
최고의 스타 호날두를 노숙자로 변장시킨 후 사람들의 반응을 담은 영상이다. 유명인을 영웅 대접하는 세태를 비틀고 잠시만 그 유명인을 평범한 시민으로 만들었다.

라인 광고에서 볼 때마다 스포츠 스타면서도 영화배우 같은 외모를 홀린 듯 바라본다. 화려하고 대단하고 멀리 있는 건드릴 수 없는 아도니스 같은 슈퍼스타로 인식되고 있는 것이다.

그래서 우리는 반대로 가기로 했다. 모든 사람이 생각하는 것처럼 그저 세련되고 멋있는 슈퍼스타를 촬영하는 대신 우리는 그를 노숙자로 바꿨다. 제대로 다듬지 않은 수염을 붙이고 후줄근한 옷을 입혀 마드리드 거리로 내보냈다. 거기서 그는 사람들이 자신을 알아보게 하려고 축구공으로 개인기를 보여줬다. 변장하지 않고서는 많은 팬에 밀려 단 5초도 하지 못할 일이었다. 하지만 그는 그저 거리에서 흔히 볼 수 있는 노숙자처럼 보였기 때문에 아무도 그에게 신경 쓰거나 주목하지 않았다.

호날두는 한 시간 동안 축구공으로 기술을 부리며 사람들의 관심을 끌기 위해 점점 더 필사적으로 움직였다. 지나가는 사람에게 공을 차서 보내도 되돌려 주기는커녕 피해갔다. 한 여성에게 장난스럽게 전화번호를 물었지만 퇴짜를 맞았다. 그는 개인기의 수준을 높여 사람들 사이를 헤집고 축구공을 드리블했다. 신나게 축구 묘기를 하다 탈진한 척하며 바닥에 털썩 주저앉았다.

최선을 다했지만 변장한 호날두를 알아보는 사람은 없었다. 마침내 호기심 많은 꼬마 하나가 그의 발재간에 관심을 보였다. 아이가 공을 돌려주자 둘 사이에 축구공이 오고 가는 장면이 펼쳐졌다. 이 노숙자는 꼬마에게 축구공으로 할 수 있는 것을 보여 달라고 했고 꼬마는 공을 위로 몇 번 차올리고는 돌려주었다. 기술이 좀 들어간 것이다. 차림새가 단정치 못한 이 남자는 드리블을 시작하더니 꼬마에게 공을 뺏어보라고 했다. 꼬마가 해냈다. 남자는 공을 집어 들고 꼬마와 하이파이브를 한 다음 공을 잠깐 들고 있으라고 한다. 그가 수염을 떼어 내고 변장을 벗는 순간 그가 누구인지가 드러났다. 세계적인 슈퍼스타 크리스티아누 호날두였다.

몇 초 만에 수많은 사람들이 모여들더니 광장을 가득 메웠다. 걸음을 멈추고 호날두를 에워쌌다. 그는 간신히 공에 사인해서 꼬마에게 주었다. 그리고 그제야 자신들의 영웅을 알아보고 환호하는 팬들에게 인사하고 안전상 경호팀과 함께 광장을 황급히 떠난다.

이 영상은 매우 공유할 만했다. 한 번도 본 적 없는 방식으로 호날두를 보여주었기 때문이다. 또한 유명인을 영웅 대접하는 세태를 비틀었고 유명인 가운데 한 사람을 잠시 평범한 시민으로 만들었다. 스타 우상화에 관한 구체적인 의견이나 관점을 구구절절 이야기한 것이 아니었다. 공개된 장소에서 호날두가 지금의 명성을 얻게 해준 놀라운 축구 기술을 선보였지만, 사람들이 이 엄청난 스타를 알아보지 못했다는 사실만으로도 충분히 시사하는 바가 있었다. 사람들은 이 영상에 흥미를 느끼고 모여들었다.

정식으로 영상을 공개하기 전 1차 편집본을 시사했을 때 다들 훌륭하지만 너무 길다고 말했다. 이 영상은 4분이 넘었다. 전통적 광고에서 4분은 영원히 끝날 것 같지 않은 너무 긴 시간이고 슈퍼볼 광고 여덟 개 분량에 해당됐다. 게다가 별다른 사건이 일어나지 않는 영상이다. 심지어 어떤 순간에는 호날두가 낮잠을 자려는 것처럼 보인다. 이 분야의 전문가들은 단순하게 편집하고 영상의 반은 들어내야 한다고 딱 잘라 말했다. 그렇게 하고도 2분은 변덕스러운 인터넷이 현실적으로 감당하기에 긴 시간이었다.

그 말을 듣지 않은 것은 잘한 일이었다. 4분 버전으로 글로벌 브랜드 ROC를 세상에 선보였다. 조회 수 1억 뷰가 넘었고 이 영상과 관련하여 전 세계 22개 언어로 2,500개의 기사가 작성되었다. 이 브랜드는 대중문화에 돌풍을 일으켰지만 우리는 일반적 광고 예산의 극히 일부분을 사용했을 뿐이었다.

이 사례는 기업이 새로운 제품 라인을 출시할 때 사용할 수 있는 하나의 견본일 뿐이다. 단지 각본을 뒤집는 것만으로 충분한 것이다.

인터넷이 각본을
뒤집는 순간

인터넷에는 군중심리가 존재한다. 특히 과시적인 기업 프로모션처럼 지배적인 기득권이 느껴지면 방해하거나 뒤엎고 싶어 하고 실제로 그렇게 한다. 브랜드에서 심혈을 기울인 프로모션 계획을 뒤집는 일은 소셜미디어에서 끊임없이 사랑받아온 활동이다.

일단 인터넷에서 애초 의도했던 것과 다른 일이 일어난다면 기업들은 이를 수용하고 열린 자세를 갖고 발 빠르게 대응해야 하며 초기 전략을 수정하고 바꿔야 한다. 이때 이 브랜드가 어떤 반응을 보이는지에 따라 스스로 구멍을 더 깊게 파고 들어가는 상황이 될지 대중으로 하여금 더 큰 호의를 얻게 될지가 결정된다. 방어적인 자세와 반발은 부정적 댓글을 키우는 인터넷 군중을 만나게 할 뿐이다. 그러므로 인터넷이 당신의 각본을 뒤집을 때 브랜드가 할 수 있는 가장 좋은 반응은 새로운 현실을 즉시 받아들이는 것이다.

마치 즉흥 코미디에서 흔히 하는 "맞아, 그리고 또"와 같다. 상대방의 말을 거부할 수 없고 오직 수락할 수만 있다. 그 말을 받아 계속 진행하는 것이 규칙이다. 당신이 누군가와 즉흥극을 하면 점점 수위를 높여가며 그들이 행동하거나 말하는 것을 따라가야 한다. 그들이 만든 상황을 부정할 수 없다. 예컨대 어떤 사람이 손가락으로 권총 모양을 만들고 "꼼짝 마"라고 할 때 "그건 총이 아니라 당신 손가락이잖아"라고 말할 수 없다. 이것은 규칙이다. 당신은 '맞아'라고 말하고 이 순간은 그 손이 권총이라고 받아들인 다음 그 상황에 맞게 반응해야 한다. 의도했던 것과 다르게 역전된 상황을 맞닥뜨린 기업도, 좋든 싫든 유머 감각이 필요하다.

월마트도 이런 상황에 빠졌다. 힙합 아티스트 핏불이 지역 월마트 매장 주차장에서 무료 콘서트를 하는 온라인 프로모션을 시작했을 때였다. 이 콘테스트는 리스테린 같은 입 냄새 제거제 시트 에너지 스트립스Sheets Energy Strips가 후원했고 규칙은 간단했다. 정해진 기간 온라인에서 가장 많은 표를 얻은 도시에서, 그곳이 어디든 콘서트를 개최하는 것이다.

이 아이디어는 지역 사회의 애정도 테스트를 통해 자부심을 높이고 투표를 독려하는 것이었다. 모두 자기가 사는 도시에 투표하고 소셜미디어의 친구들에게도 투표를 권할 것이다. 그렇게 해야 자기 지역 월마트에서 핏불 공연이 열릴 수 있다. 인터넷이 이 규칙을 따랐을까? 천만에! 대신 인터넷 군중심리는 월마트 비용으로 재미있는 일을 꾸미기로 했다. 외딴곳에 있는 엉뚱한 도시에 공연을 몰아주기로 한 것이다. 군중들은 그것이 아무리 작은 일이라도 권력을

출처: 피터 유

7 seconds **알래스카주 코디악은 핏불을 환영합니다**Kodiak, Alaska Welcomes Pitbull

지역 주민의 참여를 이끌어내고자 애정도 테스트 차원에서 나온 월마트의 핏불 콘서트 이벤트는 인터넷상에서 전혀 다른 방향으로 흘러갔다. 월마트는 유쾌하게 네티즌들의 장난을 수용했고 이는 더 큰 호응으로 이어졌다. 대중의 반응에 따라 각본을 뒤집어 성공한 좋은 사례다.

가질 기회를 놓치지 않는다.

캠페인이 시작되자 섬싱오풀Something Awful 사이트에서는 사람들에게 알래스카주 코디악에 투표하라고 장난스럽게 부탁했다. 인구 6,191명이 사는 이곳은 미국에서 가장 작은 월마트 매장이 있는 도시였다. 미국에서 가장 작은 도시. 장난이 점점 커지고 코디악이 인구보다 훨씬 많은 표를 얻자 월마트는 두 가지 선택에 놓였다. 결과를 부정하고 프로모션을 없었던 일로 하거나 아니면 그냥 진행하는 것이었다. 알래스카의 그 작은 마을까지 가는 고생을 감수하면서 말이다.

현명하게 월마트는 힘든 상황을 회피하거나 이런 움직임을 멈추려 하지 않았다. 더 중요한 것은 핏불도 마찬가지였다. 그는 진행 중인 월드투어 클럽 영상을 올리며 팬들이 있는 곳은 어디든 갈 테니 "나를 따라 코디악으로 가자"며 이 장난을 시작한 사람들을 기분 좋게 받아들이고 그들을 초대했다.

인터넷이 월마트의 각본을 뒤집었기 때문에 핏불은 코디악으로 날아갔다. 그는 현지 방식으로 환대를 받고 곰 퇴치기도 선물로 받았다. 그리고 광고한 것처럼 그는 월마트 주차장을 음악으로 흔들어놓았다. 결국 월마트와 핏불은 프로모션이 처음 계획한 대로 진행되었을 경우 받았을 관심보다 훨씬 더 많고 훨씬 더 긍정적인 관심을 받았다.

파도타기가 양이라면 각본 뒤집기는 음이다. 모든 사람이 크게 갈 때 작게 가고, 다른 사람의 입장이 되어 보고, 전형성을 깬 캐스팅을 하고, 브랜드의 계획과 달리 상황이 뒤집혀도 따라가는 것이다. 당신의 메시지는 여론에 편승할 때도 있고 완전히 맞서야 할 때도 있다. 이것은 동전의 양면과 같다. 당신이 전달하려는 메시지가 무엇이든지 마찬가지다. 지역사회나 공익문제, 치과 진료처럼 흥미진진한 주제가 아니어도 상관없다. 각본 뒤집기는 지루한 것을 흥미진진한 것으로 만드는 효과적인 방법이기 때문이다.

8장

플랫폼을 이해하라

소셜 생태계를
이해하라

숀 멘데스는 세계적인 슈퍼스타다. 그는 스무 살이 되기 전에 네 곡의 1위 히트곡을 낸 최초의 팝 아티스트다. 전 세계를 다니며 공연을 하고 소셜미디어에는 1억 명이 넘는 엄청난 팔로워들이 있다. 하지만 줄곧 이랬던 것은 아니다. 멘데스는 팝스타 사관학교에 들어간 것도 아니고 10년간의 클럽 투어 끝에 빛을 본 것도 아니다. 그는 그저 인터넷을 기반으로 자신의 팬층을 구축하여 성공했다.

캐나다 온타리오주 토론토 외곽의 자그마한 도시 피커링에서 자란 멘데스는 자신이 항상 더 큰 뭔가를 원한다는 것을 알고 있었다. 그래서 그는 14살 나이에 기타 연주를 배웠고 동영상 공유 앱 바인에 저스틴 비버, 에드 시런, 아델의 노래를 연주하는 6초짜리 커버 영상을 올리기 시작했다. 그는 정식 음악 교육을 받지 못해 부족한 부분을 다른 장점으로 가득 채웠다. 다듬어지지 않은 재능과 사람을 끌어당기는 매력, 온라인에서 사람들과 연결하는 방법에 관한

7
seconds

숀 멘데스의 기타연주 Shawn Mendes EP LiveStream
멘데스의 스토리는 전통적인 할리우드의 권력 구조 바깥에서 청중과 연결하고 크고 열정
적인 팬층을 구축하는 유튜브나 트위터, 인스타그램 같은 소셜 플랫폼의 놀라운 힘을 보
여준다.

타고난 이해력으로 말이다. 그는 새로운 영상을 정기적으로 올렸고
곧 확고한 지지자들을 얻게 되었다. 팔로워가 바인에서 100만 명,
트위터에서 40만 명으로 늘어났지만, 모두 피커링에 있는 멘데스의
부모님 집에서 이룬 일이다.

음악 잡지 《롤링 스톤》에 말한 것처럼 멘데스에게 이 모든 일은
자연스러웠다. "저는 항상 온라인에 접속해 있었고 늘 유튜브를 보
는 아이 중 하나였어요. 어려운 일이 아니었죠. 일이 아니라 그냥
재미였어요."

이 '재미' 덕분에 유명한 연예 매니저 앤드루 거틀러가 유튜브에
서 멘데스를 발견했고 즉시 멘데스와 그의 가족을 뉴욕의 스튜디오
로 날아오게 만들었다. 거틀러는 곧 아일랜드 레코드와 멘데스의

리코딩 계약을 성사시켰고 뒤이어 멘데스의 첫 번째 싱글이 발매되었다. 이 곡은 아이튠즈에서 1위로 급상승했고 멘데스는 세계적인 팝스타 테일러 스위프트와 함께 공연 투어를 시작했고 마침내 자신만의 투어를 하게 되었다.

멘데스의 스토리는 전통적인 할리우드의 권력 구조 바깥에서 연결된 열정적인 팬층을 두텁게 구축하는 유튜브나 트위터, 인스타그램 같은 소셜 플랫폼의 놀라운 힘을 보여준다. 이런 소셜 플랫폼들은 모든 사람에게 자신의 이야기와 재능을 세계와 공유할 기회를 제공한다.

이 장에서는 실제 플랫폼들을 자세히 살펴본다. 이를 통해 복잡하고 기술적이지만 성공적인 결과를 얻기 위해 반드시 알아야 하는 모든 세부 사항을 깊이 이해할 수 있을 것이다. 나는 플랫폼의 선택 사항을 전부 고려하고, 당신의 콘텐츠 유형과 가장 잘 맞는 곳이 어디인지 이해하며, 그 플랫폼을 공략하기 위해 구체적으로 어떻게 해야 하는지에 관한 노하우로 당신을 무장시키고 싶다.

물론 위험부담이 높을 수 있다. 세상에는 수많은 플랫폼이 있고 이 플랫폼들은 매일 변하고 진화한다. 어제 통했던 전략이 내일은 종말의 전조가 될 수 있고 콘텐츠가 아무리 뛰어나더라도 다른 플랫폼의 선택사항을 제대로 이해하지 못하면 당신의 노력은 실패할 것이다.

그러나 《은하수를 여행하는 히치하이커를 위한 안내서》를 쓴 더글러스 애덤스가 말한 것처럼, 그리고 전설적인 SF 작가 아서 C. 클라크가 인류에게 줄 수 있는 가장 훌륭한 조언이라고 언급한 것처럼, "돈 패닉! 당황할 필요는 없다"

일 년에 몇 차례 일부 플랫폼에서 해당 플랫폼의 모든 콘텐츠를 재배치하기 위해 알고리즘을 변경한다는 보도가 나올 때마다 우리는 브랜드 커뮤니티에 밀려드는 현실적인 불안을 목격한다. "페이스북이 상태 업데이트를 제한하고 몇몇의 팔로워들만 게시물을 볼 수 있다면? 이것은 온라인 영상 광고의 종말로 이어질까?"

아니, 그렇지 않다.

사람들은 좌절감에 빠져 머리를 키보드에 박고, 마크 저커버그가 어떻게 그들의 사업을 죽이고 있는지 분노하는 글을 작성할 것이다. 그리고 그들이 뛰어들기로 선택한 이 급성장하는 산업의 성격이 끊임없이 변하는 것이 부당하다고 외칠 것이다. 그들은 키보드를 두드리는 데 많은 시간을 쓰지만, 주장을 관철시킬 만큼의 돈은 벌지 못한다. 한 달 뒤에 그 알고리즘이 또 다시 바뀐다는 뉴스를 접할 뿐이다.

만약 당신이 기술 뉴스를 신뢰한다면, 플랫폼의 최신 변화를 모두 따라잡으려면 MIT 데이터 과학자로 구성된 팀 하나는 필요한 것처럼 느껴질 것이다. 하지만 나는 당신에게 절대 당황하지 말라는 말을 하고 싶다. 물론 알고리즘은 변할 것이고 어떤 식으로든 당신의 콘텐츠가 조회되고 공유되는 방식에 영향을 미칠 것이다. 그러나 사실 이 책에서 요약하여 설명하는 큰 그림에 집중하면 어떤 알고리즘의 변화가 오더라도 당신은 계속해서 경쟁자보다 더 나은 성과를 얻을 수 있다.

　그렇기 때문에 이 장과 다음 장에 걸쳐 플랫폼이 우리에게 영향을 미치는 다양한 방법과 성과를 극대화하기 위해 어떻게 적응할 수 있는지 설명하는 데 많은 시간을 할애하고자 한다. 핵심은 이들 플랫폼을 추동하는 동기와 인센티브를 개념적으로 이해하고, 플랫폼이 구축하려는 것이 무엇이며, 우리의 소셜 생태계 형성에 이들이 어떤 작용을 하는지 근본적으로 깨닫는 것이다. 그렇게 해야 이 시스템이 당신을 위해 작동하도록 만들 수 있다.

큰 그림을 봐라

특정 플랫폼으로 들어가기 전에 한발 물러서서 소셜 네트워크라는 개념을 전체적으로 살펴보도록 하자. 우리에게는 반드시 이해해야 할 소셜미디어 철학에 대한 세 가지 개념이 있다. 이른바 큰 그림이라고 할 수 있다.

첫째, 소셜 네트워크는 사용자를 위해 만들어졌다

이 말은 당연하게 들리지만 놀랍도록 상식에 어긋난다. 대다수의 사람은, 심지어 이 분야의 전문가들조차 이 말을 이해하지 못한다.

텔레비전과 라디오라는 전통적인 네트워크를 생각해보자. 이 매체는 처음부터 단 하나의 지배층에 봉사하기 위해 만들어졌다. 바로 광고주들이다. 두 매체는 방송에 제품을 홍보하려고 기꺼이 비용을 지불하려는 기업을 위해 존재한다. 그들이 광고를 할 수 있도록 장을 제공하고 있는 것이다.

하지만 이것은 소셜 플랫폼도 마찬가지 아닌가? 비용을 지불하면 수십억 노출 횟수가 보장되는 거대한 광고를 위한 메커니즘이 아니라면 도대체 페이스북이 무엇이겠는가? 텔레비전과 라디오와의 차이점이 있다면 소셜 플랫폼은 광고만을 위해 만들어진 것이 아니라는 것이다. 소셜 플랫폼은 사람들을 연결하고 그들의 삶과 관련된 정보를 공유하기 위해 만들어졌다. 이것이 소셜 플랫폼의 존재 이유다.

내가 참석했던 브랜드 회의에서 만난 수많은 임원들은 대부분 소셜 플랫폼을 브랜드를 위한 일종의 포스트모던 광고 전달 시스템으로 취급하곤 했다. 그들은 '노출 수'나 '유료 배포' 또는 '전환율'에 관해 말한다. 그리고 마치 인스타그램을 통해 저 멀리 외지에 사는 아이들 몇 명에게까지 초코바를 팔 수 있는 것처럼 말한다.

하지만 소셜 네트워크는 완전히 다른 것이다. 전통적 미디어와는 달리 이익을 위해 시청자를 이용하는 것은 부수적인 일일뿐 핵심이 아니다. 물론 중요한 부분이고 수십억 달러 매출의 원천이지만 핵심 기능은 아니다. 이 점이 크게 다르다.

당신이 브랜드이건 유명인이건 소셜 플랫폼에서 성공하려면 사용자의 사고방식을 이해해야 한다. 당신은 사실 소셜 플랫폼에 초대받지 않은 손님이다(이동통신사의 최신 특가를 보려고 페이스북을 확인하는 사람은 없다). 이건 소셜미디어의 생태계에서는 불문율이다. 그러므로 불문율에 맞게 행동하는 편이 낫다.

3장으로 돌아가 가치 제공에 집중하자. 손님인 당신은 소셜 플랫폼에서 가치를 얻으려 하기보다 가치를 제공하는 데 초점을 맞춰야 한다. 그렇게 해야 더 많은 친구를 얻을 수 있다.

사업 파트너 닉 리드는 종종 칵테일 파티에 비유해 소셜 에티켓을 어떻게 적용해야 하는지 말한다. 친구들과 대화를 나누고 있는데 갑자기 낯선 사람이 다가오더니 다짜고짜 택시비 20달러를 빌려달라고 하면 당신은 어떻게 하겠는가? 순간 그 자리를 벗어나고 싶은 생각만 들 것이다. 반대로 같은 사람이 다가와 자신을 소개하고 웃으며 악수한 다음 30분 정도 일상생활과 아이들, 출퇴근의 피곤함에 대해 유쾌하고 활기찬 대화를 나눈다면 어떤 기분이 들 것 같은가? 전자와는 다르게 즐거운 기분이 들어 좀 더 함께 하고 싶을 것이다. 그런 다음 이 사람이 당신에게 약간 당황스러운 기색을 보이며 지갑을 잃어버렸다고 한다면 그리고 집에 갈 택시비로 20달러를 빌려줄 수 있는지 묻는다면 당신은 어떻게 하겠는가? 빌려줄 거라 장담한다. 이것이 당신이 소셜미디어에 대해 가져야 할 사고방식이다.

둘째, 모든 소셜 플랫폼은 특별하다

모든 소셜 플랫폼에는 공통점이 있지만, 한편으로는 분명한 차이점이 있다. 저마다 나름의 목적과 방식이 있고 특정한 문제 해결에 초점을 맞추고 사용자를 위해 그 문제의 해결책을 제시하고자 한다.

그들은 각각 고유의 언어로 이 일을 처리한다. 특별한 형식을 갖춘 텍스트와 사진, 영상, 이모티콘을 조합하여 사람들이 친구와 가족, 팔로워들과 의사소통하는 방법을 안내한다. 얼마나 자주 게시물을 올리고 그 콘텐츠의 깊이는 어느 정도이며 사용자 경험이 적극적인지 수동적인지 등 저마다 각자에게 맞는 독특한 리듬과 박자가 있다.

몇 년 동안 사람들은 유튜브가 기존의 텔레비전과 얼마나 다른지를 이야기해왔다. 물론 맞는 말이다. 그러나 사용자 경험에서 생각하면 유튜브가 텔레비전과 다른 만큼 인스타그램과 유튜브는 다르고, 왓츠앱이 페이스북과 다른 것처럼 트위터와 스냅챗이 다르다. 각자 고유의 규칙과 가이드라인이 있는 완벽하게 전혀 다른 세계다. 다양한 소셜 플랫폼을 이해하고 정복하려 할 때 항상 이 점을 기억해야 한다.

이 장 뒷부분에서 주요 소셜 플랫폼을 자세히 파헤쳐볼 것이다. 유튜브, 페이스북, 인스타그램을 포함하여 브랜드에 가장 가치 있는 여러 플랫폼과 트위터, 스냅챗, 레딧 등 다이렉트 메시지 플랫폼을 설명할 것이다. 내가 보기에 각각의 플랫폼이 어떻게 구분되는지 그 차이점을 이해하지 못하면 소셜미디어에서 성공하는 건 불가능하다.

셋째, 모두에게 맞는 한 사이즈는 없다

모든 플랫폼이 다르기 때문에 플랫폼별로 전략과 실행을 달리해야 한다는 점을 이제 분명히 알았을 것이다. 유튜브 영상을 페이스북에 올려놓은 채 그저 잘 되기만 바라면 안 된다. 이 경우 잘 될 턱이 없기 때문이다.

지난 몇 년 동안 브랜드 세계에 '만능 콘텐츠'라는 개념이 있었다. 일단 수많은 비용과 공을 들여 상업 광고를 제작한 다음 모든 소셜미디어 채널에 퍼트리는 것을 의미한다. 물론 인스타그램은 이제 60초가 넘는 영상을 허용하지 않기 때문에 인스타그램용 브랜드 홍보 영상을 짧은 버전으로 따로 만들지만 이렇게 만들어진 영상이 인스타그램에 딱 맞는다고 볼 수는 없다.

이것은 매우 잘못된 접근 방식이다. 폭스 TV가 영화관 체인 AMC와 제휴하여 TV 프로그램 〈댄싱 위드 스타Dancing with the Stars〉의 극장용 축소판을 미국 전역의 2,000여 개 스크린에 상영한다고 생각해보라. 그리고 그걸 동시에 팟캐스트로 제작한다고 생각해보라. 말이 안 된다. 누가 경연 대회 프로그램을 보러 영화관에 가겠는가? 누가 댄스 프로그램을 팟캐스트로 청취하겠는가? 이건 우리가 엔터테인먼트를 소비하는 방식이 아니다.

마찬가지로 페이스북용으로 만든 영상을 스냅챗에 욱여넣을 수 없고 인스타그램용 이미지 중심 전략을 유튜브에 사용해서는 성공할 수 없다. 이들은 전혀 다른 세상이고 각각의 특성에 맞는 도구와

7 seconds 댄싱 위드 스타Hannah Brown's Freestyle-Dancing with the Stars
TV 프로그램 〈댄싱 위드 스타〉의 극장용 축소판을 스크린에 상영한다는 것이 말이 안 되는 것처럼 모든 플랫폼이 다르기 때문에 플랫폼별로 전략과 실행을 달리해야 한다.

스타일, 효과적인 리듬이 필요하다. 물론 각각에 맞는 전략을 짜기 위해서는 큰 노력이 필요하다. 하지만 이 노력만이 성공을 보장하는 길이다.

이 세 가지 원칙을 살펴보면 '만능 콘텐츠'라는 과장된 개념은 기본적으로 '아무 쓸모없다'와 같다는 것을 알 수 있다. 나는 항상 정반대되는 길을 가길 추천한다. 모든 플랫폼을 얇고 넓게 마스터하려 들면 그 복잡함에 압도당하고 계속되는 실패에 탈진할 뿐이다. 플랫폼 하나를 깊이 파고드는 것부터 시작해야 한다. 당신이 필요로 하는 것에 가장 적합하고, (다음 장에서 설명할) 테스트-학습 방법론을 만들 수 있는 플랫폼에 집중하라. 그런 다음 성공으로 가는 길을 실험하면 결국 당신이 선택한 플랫폼을 마스터할 수 있을 것이다.

이것은 제이 셰티(페이스북)나 퓨리어스 피트(유튜브), 어맨다 서니 (스냅챗) 같은 성공한 소셜 셀러브리티들이 했던 일이다. 하나의 플랫폼을 마스터한 다음 다른 플랫폼으로 옮겨가야 한다. 점차 두각을 나타내는 방법이다. 영감을 얻으려면 레드불이 유튜브에서 무엇을 했는지 보라. 에어비앤비가 인스타그램에 올려놓은 사진을 보고, 햄버거 브랜드 웬디스가 트위터를 어떻게 흔들어놓았는지 살펴보라. 바로 이들이 플랫폼을 마스터하기 위해 수많은 시간과 자원을 사용하여 성공의 혜택을 누리고 있는 브랜드다.

지금까지는 플랫폼의 일반적인 면을 이야기했다. 이제 세부적인 내용으로 넘어가 보자. 나는 다양한 소셜 플랫폼을 명확하고 이해하기 쉽게 설명할 방법을 늘 고민해왔다. 한번은 우연히 참석한 회의에서 우리 회사 전략담당자가 여러 소셜 플랫폼을 도시의 장소에 비유하는 것을 들었다. 정말 탁월하다고 생각했다. 대부분의 비유가 그렇듯이 아주 딱 들어맞지는 않지만, 도시에서 각 건물이나 기관이 저마다의 역할에 맞게 작동하는 것처럼 온라인 생활에서도 각 플랫폼이 저마다의 역할을 맡고 있다. 그리고 이런 비유는 각각의 소셜 플랫폼이 맡은 역할을 설명하는 데 매우 도움이 되었다. 더 고민하지 않고 그가 설명한 그 인터넷 도시를 소개하려 한다.

유튜브는
공공 도서관이다

인터넷이 하나의 도시라면 유튜브는 인터넷에서 도서관 역할을
한다. 지금 누군가가 유튜브를 찾는다면 매우 구체적인 목적을 가
지고 있는 경우가 대부분이다. 사람들이 특정 주제에 관한 책이나
기사를 찾으려면 도서관에 가야 했던 시절과 비슷하다. 오늘날 사
용자는 유튜브에서 자신이 원하는 콘텐츠를 검색한다. 최신 뮤직비
디오나 배터리를 교체하는 방법을 찾기 위해 그리고 오늘 저녁 식
사로 무엇을 요리할지 영감을 얻기 위해 검색한다.

지금은 검색이 유튜브의 핵심 기능이다(어쨌든 구글이 소유하고 있으
니). 그동안 이 플랫폼이 성장할 수 있었던 요인이 바로 검색이었다.
2005년에 시작하여 2006년에 구글에 인수된 유튜브는 원래 바이럴
영상을 올리는 플랫폼이었다. 사람들이 인터넷 세상에 자신을 드러
내고 개인 브랜드를 구축할 수 있는 최초의 주요 사이트였다. 어떤
의미에서 유튜브는 모든 시민이 방송국이면서 시청자가 되는 인터

넷 세상의 텔레비전이었다.

초기 유튜브 채널은, 지금도 그렇긴 하지만, 채널 개설자나 기획자 중심이었다. 채널을 운영하는 사람 자체가 콘텐츠 안에 등장하거나 그 영상의 주인공일 것이라는 기대가 있었다. 몇 가지 예외가 있지만 영향력 있는 유튜버들은 다른 사람이나 기업의 영상을 자신의 채널에 올리지 않았던 것이다.

초기 유튜버들은 브랜딩 환경을 바꾸는 계기가 되었다. 밀레니얼 세대가 텔레비전에서 인터넷의 독창적이고 엽기적인 콘텐츠로 옮겨가자 미디어 스타라는 새로운 세대가 탄생했다. 이 기간에는 발견 감각이 중요하다. 젊은이들은 시대에 뒤떨어진 미디어 기업에 영향을 받기보다 자신들이 새로운 인재를 발견하는 것처럼 생각했고 이 사람들의 성공에 더욱 관심을 쏟는 시청자가 되었다. 주인 의식을 느낀 것이다.

이것은 차세대 영화제작자들에게 새로운 깨달음을 주었고 폭발적인 동영상 공유로 이어졌다. 시장이 확장되면서 콘텐츠의 질도 극적으로 향상되었다. 어떤 영상은 초고화질 4K 해상도로 촬영되었고 장편 영화를 찍어도 될 만큼 영화적인 스토리텔링도 가지고 있었다. 모두 크리에이터나 특히 밀레니얼 세대에 특화된 분위기와 관점을 가지고 있었다.

콘텐츠의 질만 좋아진 것이 아니다. 지난 10년 동안 콘텐츠의 양도 소소한 물방울에서 전 세계를 뒤덮을 홍수 급으로 늘어났다. 2019년 유튜브에는 50만 시간 이상의 콘텐츠가 매일 올라오고 있다. 자그마치 50만 시간이다. 그것도 단 하루 만에. 이 놀랄 만한 숫자는 유튜브 플랫폼에서 두 가지 의미를 가진다.

첫째, 압도적인 콘텐츠의 양은 일반 개인이나 브랜드가 유튜브에서 바이럴해지는 것을 거의 불가능하게 만들었다. 물론 여전히 가능할 수는 있지만 확률상 너무 희박하다.

둘째, 업로드되는 엄청난 양의 콘텐츠는 유튜브를 최고의 온라인 영상 거래소로 만들었다. 기본적으로 당신이 상상할 수 있는 모든 주제에 관한 영상이 경쟁하듯 올라온다.

이처럼 진화한 덕분에 유튜브는 원래 의도했던 것보다 훨씬 흥미로운 곳으로 발전했다. 유튜브에서 시작한 콘텐츠는 모두 유튜브에 저장되고 따라서 관심 있는 사용자가 검색할 수 있다. 영상에 키워드와 설명을 입력하는 사용자의 도움을 받아 유튜브는 수십억 시간에 이르는 콘텐츠를 카테고리별로 분류하기 시작했다.

지난 5년 동안 유튜브는 즉각적 바이럴이라는 이미지를 벗고 롱테일(하찮은 다수가 전체를 주도하는 법칙) 검색으로 알려지게 되었다. 유튜브는 인터넷에서 가장 유명하고 효과적인 검색 엔진 구글이 소유하고 있으므로 검색이라는 임무가 기업 DNA에 포함되어 있고 검색 기능으로 놀라운 성공을 끌어냈다. 2018년에 50억 개 이상의 영상이 매일 유튜브에서 시청되었다. 케이블 TV 일평균 시청자가 약 50만 명인 것을 생각하면 단순하게 비교할 수는 없지만, 유튜브만 봐도 이 세상이 어디로 가고 있는지는 알 수 있다. 검색 기능 덕분에 온라인 영상 콘텐츠 소비 부분에 있어 유튜브는 거대기업이 되

7 seconds

홀로코스트 생존자 인터뷰 Holocaust survivor interview
누군가 유튜브에서 홀로코스트와 관련된 영상을 찾다가 이를 부정하는 이야기를 우연히 클릭하면 알고리즘은 그를 마치 홀로코스트가 일어나지 않은 것처럼 알려주는 음모론과 허위 선전의 소굴로 기꺼이 안내할 것이다.

었다.

지속적인 성장을 위해 유튜브는 사용자에게 바이럴 콘텐츠를 대량 공급하기보다 사이트 경험을 개인화하는 데 더 많은 관심을 기울이고 있다. 유튜브 사이트는 개인이 특정 콘텐츠를 찾는 것을 돕는 데 초점을 맞춘다. 검색 기능을 사용하여 사용자가 원하는 것을 제공하거나 인공지능 알고리즘을 통해 사용자의 취향이나 이전 검색어들을 파악한다.

인공지능 알고리즘은 논쟁의 여지가 있는 문제다. 지지자들은 인공지능이 우리 자신보다 우리가 원하는 것을 더 잘 안다고 주장한다. 물론 아직 정교화되기 전의 초기 단계이므로 인공지능이 끔찍한 실수를 저지르는 사례도 많다.

하지만 긍정적인 면에서 유튜브 도서관은 사용자 대부분이 진짜 관심 있어 하는 것을 보여줄 정도로 똑똑하다. 만약 펜실베이니아에 사는 리스베스가 요리를 좋아하고. 음식 관련 콘텐츠를 검색하고 시청하는 데 많은 시간을 사용한다면 알고리즘은 리스베스가 로그인할 때 첫 화면에 새로운 요리 영상을 보여준다. 만약 캐츠킬스에서 휴가를 보내려고 검색을 시작하면 알고리즘은 휴가철 숙소와 여행 정보를 추가하도록 변경된다. 마치 도서관에 가서 요리책을 살펴본 다음 여행 서가로 이동하는 것과 같다. 콘텐츠가 논리적으로 구분되어 있기 때문에 원하는 것을 찾을 수 있는 것이다.

하지만 사용자가 양극화되거나 논란을 불러일으키고 편중된 주제를 검색할 때 부정적인 평가도 생길 수 있다. 몬타나에 사는 앤디가 홀로코스트와 관련된 영상을 찾다가 이를 부정하는 이야기를 우연히 클릭했다고 해보자. 알고리즘은 앤디를 마치 홀로코스트가 일어나지 않은 것처럼 알려주는 음모론과 허위 선전의 소굴로 기꺼이 안내할 것이다. 이런 영상이 기만적이라는 사실을 판단하고 더 정확하고 나은 정보를 찾는 일은 앤디에게 달렸다. 아직 성숙하지 못한 알고리즘은 그 점에서는 앤디를 도울 수 없기 때문이다.

리스베스가 잘못된 요리 영상을 보고 그날 저녁을 망쳤다면 그 결과는 그걸로 끝이다. 하지만 감수성이 예민한 앤디가 사실처럼 보이는 것을 그대로 받아들이면 그 결과는 끔찍하다.

극단적인 사례지만 안타깝게도 모두 너무 현실적이다. 유튜브를 영상 검색엔진으로 사용하는 일은 이제 너무 당연해서 아무도 텔레

7 seconds

미술 수업: 공기 경화 점토로 나만의 가든 놈 만들기
Art Lesson: How to Make Your Own Garden Gnome Using Air-Hardening Clay
장인어른은 이 영상의 설명대로 따라 했고 수십 번 반복해서 본 끝에 수많은 댓글과 칭찬
을 가져다준 근사한 가든 놈을 만들었다.

비전 채널 돌리듯 우연히 사이트를 방문하지 않는다. 사람들은 관심 없는 주제에 관한 수백 개의 영상을 보며 스크롤을 내리기보다 자신이 보고 싶은 것을 정확하게 검색한 후 시청한다. 콘텐츠의 조회 수가 얼마나 많은지는 상관없다.

이런 기능은 놀랍도록 긍정적인 결과를 가져올 수도 있다. 내 장인어른은 인터넷 도서관으로 진화한 유튜브의 혜택을 누린 완벽한 사례다. 지난 여름 그는 우리 집 뒤 테라스에 놓을 가든 놈(정원을 지키는 난쟁이 요정)을 만들어 선물하고 싶었다. 예전 같으면 절대 하지 않을 일이었지만 유튜브가 있어서 가능했다.

유튜브에 들어가서 '가든 놈 만드는 방법'을 입력했다. 끝도 없이 긴 검색 결과 목록이 나타났다. 스크롤을 내리며 가장 재미있어

유튜브 영상을 통해 만들어낸 가든 놈

보이는 네 개의 영상을 살펴봤다. 어떤 영상이었을 것 같은가? DIY 관련 검색 가운데 가장 멋진 제목과 섬네일이 있는 영상에 시선이 갔다. 그중 가장 가치 있는 것은 쉽고 간단하게 가든 놈을 만드는 방법을 설명하며 처음부터 차근차근 완성해가는 영상이었다. 섬네일은 거의 완성한 인형을 색칠하는 정지화면이었다. 제목도 솔깃했다. "미술 수업: 공기 경화 점토로 나만의 가든 놈 만들기"

자, 활기차고 호감 가는 채널 개설자가 당신에게 다가와 동네 철물점이나 인테리어 가게에서 살 수 있는 단순한 재료로 가든 놈을 만드는 방법을 차근차근 알려준다. 10분 길이의 이 영상은 처음 시도하는 거지만 꽤 그럴 듯한 결과물을 원하는, 혼자라면 완전히 헤맬 수밖에 없는 초보자에게 완벽한 가이드가 된다. 장인어른은 설명대로 따라 했고 이 영상을 수십 번 반복해서 본 끝에 수많은 댓글과 칭찬을 가져다준 근사한 가든 놈을 만들었다.

이 프로젝트는 유튜브를 매우 잘 활용한 훌륭한 사례다. 장인어른은 (유튜브라는) 도서관에 가서 검색하고 필요한 정보와 안내를 제공할 영상을 찾았다. 이제 이 정원 인형 만들기 프로젝트는 끝났다. 다음에 장인이 유튜브를 찾는다면 더 이상 가든 놈 만들기 때문은 아닐 것이다. 바로 이것이 유튜브를 인식하는 매우 좋은 방식이고, 사람들이 유튜브를 사용하는 가장 흔한 방식이다.

그렇다면 당신에게는 어떤 의미가 있는가? 유튜브 콘텐츠를 제작한다면 철학적 관점뿐만 아니라 기술적 관점에서 검색의 기능성을 생각해야 한다.

유튜브의 철학은
무엇일까?

앞서 3장에서 성공적인 콘텐츠를 제작하려면 가치에 집중해야한다고 말했다. 이 개념은 모든 플랫폼에서 중요하지만 특히 유튜브에 필요하다. 우리 장인어른의 경우를 생각해보자. 평소 점심시간에 웹 검색이나 하면서 멋진 콘텐츠를 찾거나 유튜브 채널을 보는 분이 아니었다. 하지만 가든 놈 만드는 방법이라는 매우 구체적인 정보를 얻기 위해 유튜브를 방문했다.

수천만 명의 사람들이 매일 비슷한 일을 겪으면서 특정 문제를 해결하려고 유튜브를 찾는다. 기업 입장에서 도달하려는 소비자나 시청자에게 가치 있을 만한 콘텐츠 유형을 생각해보자. 그런 다음 그들의 입장이 되어 어떤 유형의 콘텐츠를 검색할지 질문해보자. 그리고 당신의 전문성이 무엇이고 어떻게 이것을 그들이 원하는 것으로 바꿀 수 있을지 생각해보자. 당신은 그들이 가치 있다고 생각할 만한 것을 제공할 특별한 조건을 갖췄는가? 그렇다면 당신에게 해당하는 것을 파악한 다음 실행에 옮겨라.

예컨대 당신이 홈디포 같은 주택 관련 자재를 판매한다고 가정해보자. 전통적인 광고라면 당신은 시청자에게 집을 고치려면 자신의 회사에 오라고 유튜브에 유료 광고를 실을 것이다. 물론 집수리 영상을 검색한 사람들을 대상으로 한 정교한 알고리즘을 사용할 수 있다. 그러면 당신은 어쩔 수 없이 광고를 봐야 하는 수요층을 얻었다고 확신할 것이다. 그렇지 않은가?

하지만 틀렸다. 광고는 콘텐츠 시작 전에 나오고 영상을 보려는 시청자를 방해한다. 그러므로 대부분 광고를 건너뛰기 마련인 사람들은 당신의 광고를 만날 때마다 꺼버릴 것이다. 당장 침실의 벗겨진 페인트를 칠해야 하는 사람들이 겉만 번지르르하고 화려한 페인트 광고에 무슨 관심이 있겠는가? 냉정하게 들리겠지만 인터넷 시대인 지금 이미 진행되고 있는 현실이다.

대신 가치에 집중해보자. 어떤 유형의 콘텐츠를 만들겠는가? 만약 당신이 홈디포라면 먼저 자신의 강점을 살펴보는 것부터 시작하자. 당신은 주택 개조에 필요한 모든 것에 전문가일 뿐 아니라 사람들이 온라인과 오프라인 매장에서 구매하는 모든 종류의 집수리 제품에 대해 엄청나게 자세한 데이터를 보유하고 있다. 이 데이터를 사용하여 가장 인기 있거나 필요한 주택 개조 프로젝트를 파악하고 특히 이 분야에 가치 있는 콘텐츠를 제작할 수 있다. 예컨대 가장 일반적인 집수리 프로젝트가 침실 페인트칠이라면 최소한의 시간과 노력을 들여 페인트칠을 쉽게 따라 할 수 있는 방법을 보여주는

홈디포의 페인트 칠하는 방법 How to Paint a Room | Painting Tips | The Home Depot
당장 침실의 벗겨진 페인트를 칠해야 하는 사람들이라면 겉만 번지르르하고 화려한 페인
트 광고보다 페인트 칠하는 방법을 알려주는 영상에 더 끌릴 것이다.

일련의 영상을 제작할 수 있다. 전문가에게 의뢰하는 비용보다는
적은 비용으로 전문가처럼 침실을 칠하는 방법을 보여주는 것이다.
유튜브에서 '침실 페인트칠하는 방법'을 검색하는 사람의 관심을 끌
것 같지 않은가?

이제 당신은 시청자가 실제로 원하는 것이 무엇일지 고민하고 있
다. '꿈의 주방을 만드는 방법'이나 '수도 요금 아끼는 법', '이웃이
질투할 정원 만드는 방법' 같은 영상을 만들 수도 있다. 주제는 끝이
없다. 여기에는 두 가지 중요한 역학 관계가 있다.

첫째, 홈디포 같은 주요 브랜드는 막대한 마케팅 예산이 있다. 해
당 카테고리에서 최고의 콘텐츠를 만들 수 있는 자원이 있다는 뜻
이다. 물론 이 일을 할 수 있는 전문가들도 많다. 하지만 콘텐츠를

제작할 수 있는 전문가는 극히 드물다.

둘째, 브랜드는 이렇게 가치를 제공함으로써 잠재 고객과 관계를 형성하는 첫걸음을 내딛는다. 그냥 잠재 고객이 아니라 타깃화된 고객이다. 그렇다면 침실을 페인트칠하는 방법을 검색할 사람이 누구라고 생각하는가? 다름 아니라, 침실을 칠하려는 사람이다. 홈디포는 이 콘텐츠를 제공함으로써 도움이 필요한 잠재 고객에게 스스로 전문가가 되라고 포지셔닝한다. 만약 구매자가 홈디포에서 이 영상을 보고 자신이 당장 페인트를 칠하는 데 도움을 받았다고 생각하면, 이 일에 필요한 용품을 판매할 첫 번째 기회를 누구에게 줄 것 같은가? 그렇다. 홈디포다. 먼저 가치 있는 것을 제공하는 사람에게 보답하려는 것이 인간의 본성이다. 양쪽이 상생할 수 있는 최고의 사례다.

만약 당신이 터보택스나 택스액트 같은 세금 소프트웨어 회사라면 어떻겠는가? 최저가로 당신의 고민을 해결해준다는 광고를 큰돈을 들여 집행할 수 있다. 이미 대부분의 회사가 비슷한 전략을 취하고 있다. 이들이 광고에 수억 달러를 사용하는 것을 우리는 이미 알고 있을 것이다.

하지만 가치에 집중한다면 어떻게 될까? 사람들이 세금이라는 복잡한 문제에서 벗어나도록 돕는 콘텐츠를 제작한다면 어떻겠는가? 대부분은 세금 정산하기를 싫어한다. 특히 모든 내용을 전부 이해하기도 어렵고 큰 골칫거리처럼 느껴진다. 하지만 당신이 이 과정을 헤쳐나가도록 돕는 양질의 콘텐츠를 제작한다면 어떨까?

상업 광고나 정보성 광고가 아니라 가치 있는 정보를 제공하고, 복잡한 요소를 설명하거나 단순화하고 이 과정에서 시간과 돈을 절약하는 꿀팁을 제공한다면 말이다. 그렇다면 당신은 상당히 많은 미디어 예산을 평범한 광고가 아닌 이 가치 있는 영상을 홍보하고 알고리즘의 최상위로 올려보내는 데 사용할 수 있다. 이렇게 돈을 쓰는 편이 더 낫지 않은가?

이것이 유튜브에서 콘텐츠를 생각하는 방식이다. 이것만 기억하라. 유튜브에서 콘텐츠는 항상 목적에 부합해야 한다. 그 목적이란 시청자에게 가치 있는 것이다. 그리고 무엇보다 검색할 수 있어야 한다.

유튜브의
기술적인 면

　이제 유튜브를 움직이는 기본 철학이 무엇인지 이해했다. 이제 기술적인 면에 관해 이야기해보자. 당신의 콘텐츠가 검색되길 바란다면 일단 그 콘텐츠가 검색 가능한지부터 확인해야 한다. 소셜 미디어의 기술적인 부분에 관해서만 책 한 권을 쓸 수 있다. 수백만 달러를 들여 수천 개의 다양한 콘텐츠를 제작하는 기업에는 가치 있겠지만 이 책을 읽는 대부분 독자에게 이런 내용은 말할 수 없이 지루할 뿐 아니라 정보의 대다수는 적절하지도 않을 것이다. 그러므로 여기서는 유튜브에서 콘텐츠의 성공 가능성을 높이는 데 사용할 수 있는 핵심적인 기술 사항에 집중하려고 한다. 특히 메타데이터에 관해 이야기할 것이다. 메타데이터는 검색 결과를 극대화하는 데 결정적인 역할을 한다. 이 개념에 익숙하지 않을 수도 있겠다. 메타데이터란 콘텐츠를 파악하고 분류할 목적으로 필요한 키워드나 제목, 저자, 기타 정보를 나타내는 일련의 디지털 데이터다. 도서관에서 사용하는 듀이 십진분류법을 유튜브에 사용한다고 생각해보자. 1876년 듀이 십진분류법이 만들어지기 전에 책은 도착 날짜를 기준으로 서가에 비치되었다. 특정 주제로 책을 찾으려면 말할 수 없이 긴 시간이 걸렸다. 그러므로 주제별로 책을 분류하는 듀이 십진분류법의 등장은 커다란 진보적 사건이었다.

유튜브도 기본적으로 같은 방식으로 운영된다. 게시일에 따라 최신순으로 영상을 구분하기보다 게시자와 영상 내용이 제공하는 메타데이터에 기초하여 카테고리로 분류된다.

유튜브에 영상을 업로드할 때 두 가지 중요한 자산이 필요하다. 첫째, 영상 그 자체다. 둘째, 유튜브가 영상을 분류할 때 사용하는 메타데이터다. 메타데이터는 제목, 설명, 태그(검색을 위해 영상 내용을 설명하는 키워드), 섬네일(영상을 검색할 때 제일 처음 보이는 정지 이미지)이다. 유튜브 알고리즘은 메타데이터의 모든 요소를 평가하고 이 광대한 도서관 어디에 당신의 영상이 있어야 할지 가중치를 부여하고 분류한다.

헤드라인(제목)

유튜브는 제목이라고 부르지만 사실 헤드라인이라고 부르는 것이 더 적합하다.

- 영상에 제목을 붙이는 것을 잊지 말자. '리소토 3편'이라는 제

목을 달고 있는 영상이 얼마나 많은지 알면 깜짝 놀랄 것이다. 그리고 제목을 달 때 '리소토 레시피' 같은 일반적인 헤드라인은 사용하지 않길 바란다. 수많은 다른 리소토 레시피와 당신의 영상이 어떻게 다른지 설명할 수 없고 그러므로 아무도 이 영상을 클릭하지 않을 것이다. 또한 '폭발하는 리소토'처럼 자극적인 헤드라인도 사용하지 말아야 한다. 실제로 리소토를 폭발시켜 슬로모션 카메라로 그 장면을 촬영하는 경우라면 가능하다. 그런 경우에는 헤드라인에 설명이 들어가야 한다.

- 헤드라인을 독특하고 명확하며 설명적으로 만들라. 이를테면, "완벽한 리소토를 만드는 4가지 방법. 이탈리아인 친할머니 비밀 레시피 공개!"처럼 짓는 것이다. 물론 이 카테고리의 경쟁자들과 비교해 무엇이 효과 있었는지 살펴봐야 한다. 당신은 트래픽을 많이 일으키는 키워드를 사용하고 싶고 이 키워드를 제목 앞부분에 넣고 싶다. 하지만 브랜드명이나 에피소드 번호가 있거나 기억하기 어려운 세부사항이 포함되어야 한다면, 헤드라인 끝으로 보내라. 또한, 어떤 것이 가장 큰 반응을 일으킬지 정확히 결정하기 위해 헤드라인을 테스트해야 한다(이 부분은 다음 장에서 더 자세히 다룬다).

섬네일

- 당신이 영상에서 좋아하는 이미지를 선택하라. 하지만 절대 유튜브 알고리즘이 이미지를 선택하도록 내버려 두지 말라. 아무 노력 없이 무작위로 고르기 때문이다. 눈을 가리고 모자 안에서 제비뽑기를 할 수 있지만, 사람들의 클릭을 유도하기 위해 선택할 방법은 아니다.

- 영상 전체를 고려하는 것은 중요하다. 하지만 섬네일만큼 중요한 것은 없다. 스틸 사진가를 고용하거나 적어도 사양이 좋은 카메라 정도는 사용해야 한다. 그리고 독특한 섬네일이 될 아름답고 눈길을 끄는 이미지를 포착하라. 동영상의 정지화면이 효과 없다는 뜻은 아니다. 여전히 제일 나은 선택이 될 것이다. 핵심은 주목을 끌 만한 이미지를 찾는 데 시간을 투자하라는 것이다.

설명

- 별생각 없이 평범한 설명을 넣지 말라. 사람들이 영상을 보게 하려면 처음 몇 단어가 절대적으로 중요하다. 나머지는 사람들이 참여하게 만드는 것이 핵심이다. 헤드라인을 반복해서 쓴 다음 아래쪽에 수많은 태그와 링크를 쏟아놓는다면 누구도

클릭하고 싶지 않을 것이다.

- 당신의 영상을 볼 시청자의 반응을 예상해보라. 그들은 리소토 요리법을 찾고 있을 것이고 당신은 최고의 레시피를 가지고 있다. 그 레시피를 쉽고 빨리 이해시킨다면 완벽한 만남이 될 것이다. 이 레시피를 찾아 당신의 영상을 확인하도록 누군가를 유혹하기 위해서는 먼저 간략한 요약을 제공하라. 쉽고 빨리 만들 수 있는 확실히 실패하지 않을 방법인가? 당신의 레시피를 특별하게 만드는 핵심 구성 요소는 무엇인가? 먼저 이런 특성들을 앞에 내세워라. 그런 다음 더 세심한 정보를 제공해라. 장보기 목록이나 레시피 팁 같은 작은 도움을 제공하는 것도 잊지 말아라. 이 모든 것이 담겨 있다는 것을 설명 앞부분에 노출하라. 당신의 영상을 클릭하면 배우기 쉽다는 것을 어필할 수 있을 것이다.

태그

- 태그를 추가하는 것을 잊지 말라. 태그는 검색엔진이 작동하는 핵심이다. 태그는 사용자들이 사이트를 검색할 때 당신의 영상을 찾을 수 있도록 돕는다. 사용자가 당신이 입력한 태그와 관련된 키워드를 입력하면 당신의 영상이 검색 결과에 나타난다. 만약 텍스트 어디에서도 '트러플'이라는 단어를 사용

7 seconds 트러플 리소토MUSHROOM TRUFFLE RISOTTO
만약 태그에 '트러플'이라는 단어를 사용하지 않는다면 트러플 리소토 레시피를 찾는 사람이 그 영상을 발견하는 일은 결코 없을 것이다.

하지 않으면 트러플 리소토 레시피를 찾는 사람은 당신의 영상을 결코 발견할 수 없다. 또한 철자가 틀리지 않도록 하고 평범하거나 상관없는 태그를 사용하지 않도록 한다. '훌륭한'이라는 단어는 아무 효과가 없지만 '맛있는'이나 '제일 맛있는' 같은 단어는 도움이 된다. 그러나 '마싰는'처럼 잘못 쓴 단어는 혼돈만 준다.

• 용어 선택을 위해 플랫폼을 이용하라. 당신의 손끝에 세계 최대 규모의 검색엔진이 있으니 이 검색엔진이 제안하는 것을 한번 검토해보라. 리소토 레시피와 관련된 것을 검색하면 자동완성 제안이 뜬다. 너무 간단하다. 분명히 '인스턴트'라는 단어가 자동완성 제안에 포함되어 있을 것이다. 내기해도 좋다.

이 단어가 당신의 영상에도 해당되는지 확인하라. 헤드라인에 포함되어야 할까? '인스턴트'라는 말에서 다른 어떤 키워드를 얻을 수 있을까? 사람들은 '5분 요리법' 같은 것을 사용하여 리소토를 '빨리' 만들기 원할까? 이런 것이 알고리즘을 매우 유용하게 사용할 수 있는 질문이다. 알리고즘은 당신의 영상과 경쟁 영상에서 태그를 추출하도록 완벽하게 디자인되었기 때문이다. 키워드 제안 도구를 살펴보라. 그리고 당신의 이름이나 브랜드명을 넣어라. 놀랍게도 자주 간과되지만 사람들이 당신의 콘텐츠를 찾기 바란다면 꼭 추가해라. 그리고 마지막으로 당신이 사용하는 모든 태그를 스프레드시트에 넣으면 관련성에 따라 정렬할 수 있다. '인스턴트'와 '빠른'을 포함하는 모든 단어와 문구를 같은 그룹으로 만들어야 한다. 당신에게 필요한 것은 수백 개의 태그를 추가하는 것이 아니라 가장 적합한 태그를 입력하는 것이다. 최고의 태그가 그 목록 가장 위에 있게 되는 것이다. 태그를 스프레드시트에서 관리하면 정말 도움이 된다.

이런 단계를 거치면 좋은 출발이 될 수 있다. 하지만 유튜브는 온라인 영상을 보관하는 도서관이고 당신의 콘텐츠는 언제든지 다시 사용될 수 있다. 그러므로 모든 메타데이터를 주기적으로 업데이트하여 최신 상태로 유지하라.

그리고 지겨운 잔소리처럼 들릴 수 있지만 제발 부탁이니 당신이 쓴 글을 확인하라. 검토와 교정을 하지 않는 것은 슬픈 현실이다. 그리고 놀랍게도 영상에는 몇 주씩 노력을 기울이면서 제목에 오타를 그대로 놔둔 채 영상을 게시하는 사람들이 많다.

물론 이 모든 과정에서 기억해야 할 가장 중요한 것은 당신의 목소리를 고수하고 진정성을 갖는 것이다. 몇 년 전에 이런 경향이 있었다. 영상과 아무 상관이 없지만, 당시 가장 인기 있는 검색 주제를 키워드에 추가하여 시스템을 악용하려 했다. 한동안 효과가 있었지만, 유튜브는 게시자를 처벌하거나 콘텐츠 내용과 관련 없는 트렌드에 편승하려 했던 영상을 끌어내리는 등 이런 관행을 매우 단호하게 단속했다. 그 이후로 알고리즘은 바뀌었고 지금 이런 일을 시도했다가는 시스템이 당신의 손가락을 찰싹 때리고 그 영상을 순위에서 제외하거나 모두 차단하는 방법으로 징계할 것이다.

올바른 방식과 진정한 목소리를 사용한다면 유튜브는 사람들이 당신의 콘텐츠를 발견하는 놀라운 장소가 될 수 있다. 누군가 가까운 공공도서관에서 내가 쓴 이 책을 발견할 수 있는 것처럼 말이다.

페이스북,
도시 광장

우리가 유튜브에서 많은 지면을 할애한 데는 그럴 만한 이유가 있다. 유튜브는 최초의 소셜 플랫폼이었고 우리의 가상 도시에서 이 공공 도서관은 가장 먼저 지어진 건물이었다. 뒤따라 생긴 다른 것들은 여러 면에서 유튜브를 보고 모방할 것은 모방하고 보완할 것은 보완하는 방향으로 지어졌다. 이제 다른 플랫폼도 최대한 깊이 그러나 빠르게 살펴보려 한다. 비교 대상이 있기 때문이다.

유튜브가 공공 도서관이라면 페이스북은 도서관 바로 앞에 있는 조약돌로 바닥을 깐 북적거리는 광장이다. 이 장소는 우리 사회 중심에 깊게 자리 잡고 있다. 그래서 오래된 가게들이 문을 닫을 때도 그보다 빨리 새로운 가게들이 생길 때도 이 광장의 혜택을 생각하게 된다. 어제는 친구들과 어울리는 조용한 광장이었지만 지금은 페이스북 위치에 영화관이 생기고 페이스북 메신저라는 공중전화가 생겼으며 페이스북 마켓플레이스는 시장이 되었고 지금 이 글을 쓰고 있는 동안에는 데이트 앱이 만들어지고 있다.

여러 면에서 페이스북은 유튜브와 정반대다. 비교적 조용한 도서관을 나오면 온갖 종류의 사람을 만날 수 있는 분주한 광장에 접어들게 된다. 구석구석에서 자신의 의견을 유쾌하게 주장하고, 자기가 만든 음식이나 목요일에 참석할 행사, 근사한 휴가지에서 찍은 사진 등을 보여준다.

간단히 말해 유튜브가 아주 긴 꼬리를 가진 기록 보관소라면 페이스북은 지금 당장 눈앞에 펼쳐지는 즉각적인 경험에 관한 장소다. 페이스북은 피드 기반 시스템이기 때문이다. 유튜브와 근본적으로 전혀 다를 뿐 아니라 많은 소셜미디어 플랫폼이 이 피드 기반을 채택하고 있다. 이 개념은 다른 설명이 필요 없다. 페이스북이나 인스타그램, 트위터에 들어갔을 때 보이는 것이 '피드'다. 그동안 당신이 설정한 기준에 따라 알고리즘이 첫 화면에 보여주기로 한 콘텐츠의 흐름인 것이다.

페이스북에서 당신이 리사가 올린 게시물 하나를 '좋아요' 했다면 알고리즘은 시간이 지날수록 리사의 게시물을 조금씩 더 보여주는 경향이 있다. 계속 그 콘텐츠를 '좋아요' 하면 리사와 관련된 점점 더 많은 콘텐츠가 따라오고 머지않아 리사 중심적인 공간 속에 살게 될 것이다. 이 주제는 많은 논쟁의 원인이 되어 왔고 페이스북은 이 현상에 대응하기 위해 적극적으로 알고리즘을 변경하려고 노력하고 있다. 어느 정도 진전이 있지만, 이것은 페이스북이 아니라 인간 본성이 만들어낸 문제다.

단골 카페에 가려고 광장을 걷고 있다고 해보자. 그 카페 바깥에는 떠들썩한 모임이 열리고 있다. 어떤 격렬한 주제에 관해 당신과 다른 의견을 가진 사람들이 모여 목소리 높여 각자 주장하고 있다. 그렇다면 당신은 친구들을 만나 조용한 시간을 보낼 수 있는 다른 커피숍에 가고 싶을 것이다.

다른 사람들도 그렇게 행동할 것이다. 우리는 시끄러운 군중과 부딪히고 그들을 상대하기보다 모두가 평화롭고 조용한 곳에서 친구들과 수다를 떨면서 각자의 작은 공간 속에서 행복해하길 바란다.

이처럼 인간 본성에서 비롯된 행동은, 페이스북 알고리즘을 거치면, 진보적 자유주의자가 자신의 피드에서 보수적인 관점을 볼 가능성을 매우 희박하게 만든다. 페이스북이 다른 편의 관점을 알 수 없도록 의도적으로 노력한 것처럼 우리는 이 문제를 주저하지 않고 페이스북의 탓으로 돌린다. 하지만 사실은 우리가 그것을 보지 않겠다고 선택한 것이다. 그냥 광장 건너편에 있는 카페에 있기로 선택한 것이다.

물론 광장은 모든 종류의 정치 선전으로 가득하다. 실제 사람처럼 변장한 로봇도 있다. 이들은 전 세계 정치에서부터 새로 나온 핸드타월에 이르기까지 다양한 의견을 말한다. 우리는 아직 로봇에 익숙하지 않기 때문에 여전히 그들을 진짜 사람으로 생각하는 경향이 있다. 한 가지 현실적인 조언을 하자면 광장을 다닐 때 이 점을 인식하는 것이 좋다. 어떤 사람은 보이는 모습과 실제가 다를 수 있고 심지어 사람이 아닐 수도 있다.

또한 광장은 숨기 좋은 장소다. 직장의 탕비실을 생각해보자. 사람들이 잠시 들러 사는 이야기를 주고받거나 이곳에 모여 스포츠, 정치, 연예계 이야기를 나눈다. 여기서 큰 차이점은 이 광장에 들어서면 당신은 J.R.R. 톨킨에게 받은 투명 망토를 갖게 된다. 투명 인간처럼 보이지 않는 힘을 부여받는다. 곧장 탕비실로 가서 여러 가지 대화를 들을 수 있지만, 당신이 거기 있다는 것은 절대 드러나지 않는다. 다시 말하지만 이것은 각자의 선택에 달렸다. 참여하기로 선택하면 투명 망토를 벗고 자신을 드러내면 된다.

하지만 소음으로 시끄럽고 복잡한 장소에 발을 들여놓고 어떻게든 돌파하겠다는 것은 무엇을 의미할까? 관심을 끌어야 한다는 뜻이다. 광장에 있는 모든 사람이 일제히 쳐다보려고 고개를 돌릴 수 있을 만큼 크고 시끄럽고 눈길을 끄는 무언가가 필요하다. 무엇을 하든 오래 지속하지 못한다. 페이스북 게시물은 유튜브에 올리는 영상보다 훨씬 더 뾰족한 양상으로 나타난다. 게시물을 올리자마자 순식간에 조회, 댓글, 공유가 나타나고 일반적으로 한두 주가 지나면 반응이 급격히 떨어진다. 나중에 이 콘텐츠를 다시 게시할 때까지 이 상태가 유지된다.

페이스북이 피드를 기반으로 하는 시스템이기 때문이다. 당신이 올린 게시물이 누군가의 피드에 뜨면 관심을 끌 준비가 된 다른 게시물이 바로 뒤따라온다. 페이스북의 모든 것은 잠시 반짝할 뿐 금방 왔다가 사라진다. 하지만 이것이 효율성을 떨어트리는 것은 아

포드자동차에서 광고를 한다고 가정할 때 예전에는 슈퍼볼 광고나 주요 시간대의 텔레비전 광고를 사면 그만이었다. 하지만 이제 이 차를 구매할 만한 고객을 타깃화하여 섬세하게 접근해야 한다.

니다. 실제로는 그 반대다.

페이스북은 사람이 검색란에 입력하는 것보다 알고리즘에 크게 의존하기 때문에 당신은 대상에 맞춰 콘텐츠를 고도로 효율적으로 만들 수 있다. 페이스북의 고객 세분화 도구는 비교 대상이 없다. 페이스북이 당신의 메시지를 누가 봐야 하는지 파악하는 데 드는 시간은 제로에 가깝다(페이스북이 소유한 인스타그램은 제외하고). 다른 플랫폼들은 근처에 오지도 못한다. 많은 부분이 풀 퍼널 마케팅 개념과 일치한다. 퍼널 마케팅은 소비자가 제품 또는 서비스를 인식하는 시점부터 구매에 이르는 과정을 단계별로 나타낸 것으로 각 단계에 맞게 마케팅 전략을 수립하게 된다. 전체 단계를 나타낸 모양이 깔때기를 닮아 퍼널 마케팅이라고 부른다. 간단히 설명하면 이렇다. 깔때기 가장 위에서는 모든 사람에게 당신의 존재를 알리고 대중적인 인지도를 얻는다. 그런 다음 좀 더 매력적인 콘텐츠를 가지고 사람들을 깔때기 아래쪽으로 안내한다. 궁극적인 목적은 전환이다. 전환이란 사람들 가운데 일부가 행동을 취하도록 유도하는 것이다. 이때 행동은 뉴스레터를 구독하거나 신발을 구매하는 것처럼 당신이 목표하는 무엇이든 될 수 있다.

특히 페이스북을 이렇게 생각하는 데는 몇 가지 흥미롭고 독특한 차별적 요인이 있다. 이것을 설명하기 위해 세 가지 구체적인 사례를 살펴보려 한다.

전통적 퍼널

깔때기의 꼭대기에는 대중적 인식이 존재한다. 전통적으로 TV, 라디오, 지면 광고를 통해 이루어진다. 많은 돈을 들여 당신의 브랜드를 도시 곳곳에 알리고 방송으로 내보낸다. 사람들의 인식에 자리 잡는 것이다. 이 방법은 매우 효과적이었다. 막대한 자금이 있다면 여전히 이 방법을 선택해도 좋다. 하지만 이건 비용은 많이 들고 효과는 떨어지는 경향이 있다.

소셜미디어에는 다른 규칙이 존재한다. 인지도와 관심이 필요하다는 것은 여전히 유효하다. 그러나 이전에는 가능한 한 많은 사람에게 도달하기 위해 옥상에서 무차별적으로 메시지를 뿌려댔다면 지금은 판매가 일어날 수 있는 정확한 대상을 직접 겨냥할 수 있다. 핵심은 이것이다.

당신이 포드자동차 회사라고 가정해보자. 당신은 새로운 머스탱 모델을 판매하고 싶다. 이전에는 슈퍼볼 광고나 주요 시간대의 텔레비전 광고를 샀고 여기에 라디오나 지면 광고의 근사한 자리를 추가하면 당신이 전달하려는 메시지를 모든 사람이 볼 수 있었다. 하지만 요즘은 이런 질문을 해야 한다. 도달 대상 가운데 신차 시장에 관심 있는 사람은 몇 명인가? 그 가운데 몇 명이 유럽 자동차나 아시아 자동차보다 미국 자동차를 좋아하는가? 이 비율은 가슴 아플 정도로 적다. 절대 그 차를 사지 않을 사람들에게 메시지를 전달하려고 수백만 달러를 지출한다는 뜻이다.

그들이 당신이 만든 광고를 좋아하더라도 현실은 바뀌지 않는다. 그들은 이미 신형 자동차를 가지고 있거나, 리스 기간이 절반만 지났거나, 머스탱 같은 머슬카를 싫어하거나, 아이들을 축구 연습에 데려다주기 위한 기동성 좋은 작은 차를 찾고 있기 때문이다. 그래서 결론은? 엄청나게 많은 광고비가 잘못 쓰이고 있다는 말이다.

소셜미디어 퍼널

소셜미디어에서 특히 페이스북과 인스타그램에서 당신은 고도로 타깃화되고 세분화된 고객을 설정할 수 있다. 먼저 네 가지 카테고리에서 매개 변수를 설정하여 핵심 대상을 정의한다.

▶ 인구통계
연령, 성별, 결혼 여부, 교육 수준, 직장, 직책 등 인구통계는 세분화의 가장 기초 단계다.

▶ 위치
목표 지역을 선택한다. 어떤 지역을 선택하든 반경을 좁힐 수 있다. 시카고에 사는 사람들에게 도달하고 싶은가? 맞춤 반경을 만들고 이 지역에 사는 사람들만 대상으로 설정하면 된다.

▶ 관심사
취미, 좋아하는 영화, TV 프로그램, 여가 활동 등 좋아하는 것을 기반으로 사람들을 그룹으로 묶는다. 등산 배낭을 팔고 싶은가? 캠핑과 등산, 아웃도어 스포츠를 좋아하는 사람을 겨냥하라.

▶ 행동

사용하기 좋아하는 디바이스나 다른 많은 행동처럼 특정 구매 행동에 맞춰 대상을 맞춤 설정할 수 있다. 안드로이드용 앱을 판매한다면 iOS 사용자는 클릭해서 제외하라.

물론 대상을 세분화할수록 도달 비용은 올라간다. 대부분 소셜미디어 플랫폼은 경매 기반 미디어 시스템이기 때문이다. 이 내용은 9장에서 더 사세히 다룬다. 하지만 기본 개념은 이 장에서 이헤히는 것이 중요하다.

페이스북의
마케팅 활용방법

전통적 미디어에서 모든 광고는 똑같이 만들어진다. 한 드라마에 30초 광고를 걸려고 30만 달러를 쓴다고 하자. 방송사는 당신의 광고가 무엇이든 신경 쓰지 않는다. 내용이 좋든 나쁘든 시청자가 그 광고를 어떻게 생각하든 상관없이 같은 비용을 청구할 뿐이다. 방송사는 오직 당신의 광고가 불쾌하거나 공격적이지 않다는 것과 방송사 기준과 관행에 적합한지만 신경 쓴다. 당신의 광고가 창의적인지 효과적인지에 대해서는 별로 상관하지 않는다. 폭발 장면으로 가득한 액션물이든 자막만 있는 흑백화면이든 슈퍼볼 광고에 500만 달러를 지출하고 싶은가? 광고 제작비용은 다르지만 슈퍼볼 광고 구매 비용은 동일하다.

하지만 소셜미디어에서는 모든 것이 정반대다. 소셜 플랫폼은 광고주가 아니라 사용자를 위해 만들어졌다는 것을 기억하자. 광고 판매는 부수적이지 소셜미디어의 핵심 임무가 아니다. 이런 이유로

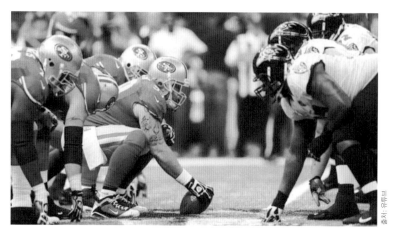

텔레비전에 나오는 슈퍼볼 광고의 경우 500만 달러 이상을 지출해야 하지만 이런 전통적 광고는 더 이상 예전의 효과를 기대할 수 없다.

소셜미디어 플랫폼은 이용자에게 봉사하는 데 가장 큰 관심이 있다. 즉, 이용자가 광고를 좋아하지 않으면 참여와 조회 시간이 줄어들고 알고리즘에서 그 광고는 순위가 낮아진다. 순위가 낮은 광고에는 조회 건당 더 큰 비용을 청구한다는 뜻이다. 반대로 사람들이 영상에 참여하면 알고리즘에서 순위가 올라가고 광고 단가가 낮아진다(이 부분도 다음 장에서 다룬다).

나중에 더 자세히 살펴보겠지만 지금은 소셜미디어에서 미디어 구매가 어떻게 이루어지는지 그 핵심 원칙을 이해하는 것이 중요하다. 플랫폼에 따라 콘텐츠를 극대화할 수 있기 때문이다.

특히 페이스북에서 중요하다. 이유는 간단하다. 다른 피드 기반 플랫폼보다 오래되었기 때문이다. 알고리즘이 더 오랫동안 발전하고 성숙했으며 시간이 지나면서 더 정교해졌다.

페이스북에서는 매우 좁게 광고 대상자를 선택할 수 있지만, 대상자가 너무 적으면 미칠 수 있는 영향력이 제한될 것이다. 간단한 계산이다. 1억 명에게 콘텐츠를 제공하고 그 콘텐츠를 1퍼센트만 좋아해도 100만 명이다. 대상자를 시카고 야구장에서 경기를 관람하는 사람으로 좁혀 보자. 전석 매진되어도 4만 명 정도이고 그들 중 페이스북을 하는 사람은 더 적을 것이다. 좋다, 절반인 2만 명이라고 치자. 대상자의 1퍼센트가 당신의 콘텐츠를 좋아한다면 고작 200명일 뿐이다.

이 게임을 어떻게 하느냐는 전적으로 게임을 하는 목적에 달렸다. 하지만 당신에게 적합한 광고 대상자를 똑똑하게 선택하기 위해서는 플랫폼을 움직이는 것이 무엇인지 이해하는 것이 중요하다.

지금은 소셜미디어 깔때기의 윗부분을 살짝 건드렸을 뿐이다. 모든 사람의 시선을 끌 수 있는 한방을 크게 날렸으면 이제 전환 단계를 향해 깔때기 아래쪽으로 밀어낼 차례다. 광고 대상자 세분화와 표적화가 진짜 재미있어지는 지점이다.

영상을 본 사람이 100만 명이라고 하자. 훌륭하다. 이제 이 숫자가 실제로 무엇을 의미하는지 살펴보자. 그리고 더 중요하게는 그 뒤에 숨어 있는 실제 숫자가 무엇인지 알아보자.

3장에서 언급했듯이 페이스북은 3초 이상 정지한 사람을 한 건의 조회로 친다. 가장 먼저 영상을 보려고 얼마나 오래 머물렀는지를 나타내는 리텐션retention 데이터를 살펴볼 수 있다. 하지만 스크롤을 멈춘 이유는 알 수 없다. 화장실에 다녀오느라 멈췄는지 정말 영상을 시청했는지는 구분할 수 없다. 그러므로 이 지표를 정량화하기 매우 어렵다.

누군가 진짜 관심을 보였는지를 결정하는 유일한 방법은 참여 지표다. 기억하자. 이것은 댓글을 달거나 영상을 공유하는 것처럼 적극적으로 반응하기로 선택한 사람들을 측정한 것이다. 골든 벤치마크는 1퍼센트다. 2017년 애드에이지 리더보드의 상위권 평균값은 0.87퍼센트였다.

펩시와 나이키 같은 대형 브랜드를 모두 제치고 당신의 영상이 참여율 1퍼센트를 얻었다고 가정해보자. 즉, 100만 명 가운데 1만 명의 사람이 반응하고 공유하거나 댓글을 남길 정도로 관심을 기울였다는 뜻이다.

콘텐츠와 상호작용한 사람을 분석하면 처음에는 알 수 없었던 패턴을 발견할 수 있다. 상상도 못했지만 표면적으로 나타난 패턴처럼 위스콘신 지역의 젊은 여성들에게 좋은 반응을 얻었다거나 낚시를 좋아하는 사람들이 공감했을 수 있다. 세부사항이 어찌 되었든 페이스북은 이 사람들을 추출할 수 있고 이제 당신은 이 기준을 바탕으로 유사한 광고 대상자를 설정할 수 있다. 1만 명으로부터 당신은 콘텐츠 준비에 필요한 요소를 파악했고 이제 핵심 매개 변수를 공유하는 대상자를 100만 명 이상으로 확장할 수 있다. 이 새로운 그룹에 당신의 광고를 집행하면 더 많은 참여를 얻을 가능성이 커진다.

이런 과정은 전환 단계에서 특히 더 중요해진다. 셰어러빌리티의 방법론은 시각적 볼거리와 함께 시청자를 인지도 캠페인에 연결되도록 하고 이를 전환 자산으로 만드는 것이다. 이전 참여자(유사 광고 대상자처럼 인지도를 높여주는, 콘텐츠에 반응한 사람을 말한다)들에게 이 콘텐츠를 다시 타깃화함으로써 그들의 인지도를 향상시키고 만족감을 유발한다. 이런 연결은 사람들의 행동 가능성을 높여준다.

물론 우리 회사는 고객의 요구에 따라 행동을 설계한다. 즉, 사람들이 웹사이트에 클릭하거나 더 많은 콘텐츠를 확인하거나 제품에 대해 알게 하거나 구매 의도를 가지고 매장을 방문하도록 유도할 수 있다.

또한 이 메커니즘은 페이스북을 제품 검색에 있어 가장 강력한 선택지 중 하나로 만들었다. 피드는 본질적으로 친구들이 채우는 공간이기 때문에 신뢰받는 경향이 있다. 마케터로서 우리는 이 신뢰를 활용하여 사람들이 우리 제품을 피드를 통해 발견하도록 한다. 믿을 수 있는 제품 정보를 제공함으로써 사람들이 편리하게 제품을 확인하고 스스로 결정할 수 있도록 상황을 만든다. 일단 누가 관심을 두는지 확인하면 그들을 다시 타깃으로 하여 보다 정교한 광고 대상자를 구성할 수 있다.

리버스 퍼널(역 깔때기)

우리는 매일 이런 공간에서 숨 쉬고 살기 때문에 독특한 관점이 생겼다. 이 관점은 우리가 평범한 것들을 평범하지 않은 방식으로 볼 수 있게 해주었다. 특히 전통적 미디어와 광고에 뿌리 깊게 박혀 있는 관습에 반대할 때는 더욱 그랬다.

전통적인 세일즈는 위에서 아래로 향하는 방식이기 때문에 위아래가 뒤집혀야 한다는 시도는 감동적이기까지 하다. 주요 도구로서 전통적 깔때기 모형은 여전히 쓸모가 있지만 보완할 점이 있다. 이 내용을 설명하기 위해 우리 고객인 세금 소프트웨어 회사 택스액트를 살펴보려 한다.

택스액트는 스스로 세금 신고를 해야 하는 사람들을 위한 소프트웨어 서비스 솔루션을 제공한다. 또한 터보택스, H&R블록, 크레딧카르마 같은 기존 거대 기업에 도전하는 업계 4위 기업이다. 처음 우리가 이 회사를 만났을 때 이들은 2019년 납세 기간에 맞춰 전통적인 TV 캠페인에 100퍼센트 집중하고 있었다. 택스액트는 상당히 많은 미디어 예산과 TV 광고 제작 예산을 가지고 있었다. 전통적인 TV 광고를 제작하여 인지도를 높이고 방송뿐만 아니라 소셜미디어에서 영상 전에 나오는 프리롤 광고를 집행하려 했다. 그들은 창의적인 아이디어를 찾고 있었고 여러 전통적인 광고 대행사와 접촉하고 있었다.

우리는 전통적 광고 공간에서 경쟁하는 데 전혀 관심이 없었고 왜 우리에게 참여 요청을 했는지 잘 이해가 되지 않았다. 하지만 색다른 시도를 하고 싶다는 택스액트의 말을 듣고 우리는 우려하던 마음을 던져 버렸다. 그리고 편견 없이 솔직하게 대하기로 했다. 우리가 어떻게 일하는지와 그 과정이 기존 TV 광고와 어떻게 완전히 다른지 설명했다. 그런 다음 혁신적인 접근 방법을 제안했다. 세 갈래로 나뉜 전략이었다.

▶ 디지털 우선 사고방식

디지털 우선 사고방식은 모든 콘텐츠를 디지털 형식으로 디지털을 위해 제작한다는 의미다. 우선 디지털 공간을 시험장으로 사용하여, TV나 지면 광고 같은 전통적 미디어에 적용하기 전에, 우리의 콘셉트가 광고 대상자들에게 공감을 얻는지를 확인한다.

▶ 메시지 테스트와 최적화

메시지 전달, 즉 당신이 목표로 하는 것을 사람들에게 전달하는 일은 기존 광고와 마찬가지로 디지털에서도 중요하다. 다만 차이점은 전통적 방법으로 메시지 전달을 테스트할 경우 일반적으로 포커스 그룹이나 소수의 표본 그룹을 대상으로 한다. 페이스북 대상자들에게 실제 다른 크리에이티브 변수를 A/B 테스트하는 우리의 독자적인 테스트 프로세스를 거치면 훨씬 더 미세하게 조율된 결과를 얻을 수 있다.

▶ 풀 퍼널 전환

이것은 역 깔때기 방식의 자연스러운 결론이다. 우리는 시험을 통해 검증된 풀 퍼널 마케팅 접근방식으로 실행할 것이다. 페이스북이 제공하는 가장 최근의 기술이 사용되고 소비자 행동을 좀 더 잘 추적할 수 있도록 만들어진다.

다시 말해 우리가 하는 일은 디지털 환경에서 콘텐츠를 테스트하는 것이다. 기업들이 TV 광고를 사려고 수백만 달러를 지출하기 전에 말이다. 창의적인 콘텐츠에 접근하는 보다 논리적이고 체계적인 방법이고 훌륭한 결과를 얻는 데 도움이 된다. 택스액트 일을 수주할 때도 도움이 되었다.

페이스북의
기술적인 면

    페이스북과 유튜브의 가장 큰 기술적 차이는 피드 기반이라는 플랫폼 성격이다. 앞에서 언급한 여러 세부사항과 함께 반감이나 악의에 대한 두려움 없이 사용자 콘텐츠를 취합할 수 있다는 뜻이다. 만약 유튜브라면 기본적으로 다른 사람의 영상을 가져다 자신의 게시물로 업로드해야 한다. 본질적으로 훔치는 것이고 커뮤니티나 플랫폼은 당신에게 어떤 보상도 하지 않는다. 반면 페이스북에서 사람들은 자신의 콘텐츠를 공유하기 좋아하고 그러면 콘텐츠를 공유하는 사람들의 피드에 나타나게 된다. 이것이 페이스북을 강력하게 만들었다. 당신은 광고 대상자 가운데 일부를 브랜드 홍보대사로 만든 것이다.

    또한 반대로도 작동한다. 당신은 플랫폼의 콘텐츠에 '좋아요'를 누르거나 이를 공유하거나 참여할 수 있고 이런 행동이 당신의 피드로 오면 당신 내러티브의 일부가 된다. 당신의 피드는 독창적인

페이스북에서 활동하는 사람들은 보통 자신의 콘텐츠를 공유하기 좋아한다. 그들이 게시물을 놀리면 그 콘텐츠를 공유하는 사람들의 피드에도 나타나게 된다. 페이스북의 이런 특성이 브랜드를 홍보하는 데 도움이 된다.

콘텐츠일 뿐만 아니라 여러 콘텐츠가 모여 있는 판이다. 따라서 처음부터 활동적이고 높은 참여율을 보유한 페이지를 생성할 수도 있고 새로운 콘텐츠를 시작할 때 알고리즘에 도움을 준다. 당신이 이미 광고 대상자와 관계를 형성한 것처럼 보이기 때문에 알고리즘은 이 브랜드를 홍보하는 방향으로 작동한다. 당신이 소유하고 통제할 수 있는 하나의 나선이다. 이 점을 이해하면 알고리즘 변화를 자연스럽게 받아들이게 된다.

2018년 페이스북이 사용자가 올릴 수 있는 게시물 수를 제한하여 게시물 깔때기가 좁아졌던 때를 생각해보자. 게시물을 통해 얻는 유기적 트래픽 수가 감소했다. 버즈피드는 구독자의 40퍼센트가 그들이 올리는 모든 게시물을 본다고 파악했지만 지금은 25퍼센트로 떨어졌다. 도달률이 거의 절반으로 줄어든 것이다.

하지만 페이스북을 이해하는 브랜드에 이런 종류의 변화는 중요하지 않다. 페이스북의 최고 콘텐츠들은 알고리즘의 변화에 상관없이 같은 수준으로 성과를 낸다. 같은 원칙이 항상 적용된다. 물론 바닥과 천장 사이가 약간 줄어들 수 있지만, 최고 콘텐츠들은 항상 다른 콘텐츠들보다 더 나은 결과를 낸다. 페이스북은 현재 조건에 따라 항상 상대 평가한다. 그리고 당신이 큰 그림에 보조를 맞추는 한, 당신을 따라 하려는 경쟁자들보다 지속해서 평균 이상의 성과를 낼 것이다.

이 외에도 소셜미디어 플랫폼에서 콘텐츠를 제작할 때 고려해야 할 작지만 중요한 세부사항은 수없이 많다. 여기서는 가장 중요한 것만 소개한다.

오프닝

페이스북에서는 매력적인 콘텐츠를 제작하는 것이 핵심이다. 처음 몇 초만큼 당신의 영상에 큰 영향을 미치는 것은 없다. 다시 한 번 광장을 떠올리고 오늘 방문할 가게를 찾고 있다고 상상해보자. 어떤 가게에 들어가게 만드는 요인이 무엇인가? 만약 신발을 살 생각이면 빵집에 들어가지는 않겠지만 유리창 너머로 보이는 페이스트리가 정말 맛있어 보인다면 어떨까? 가게 밖에서 친절한 직원이

맛보기를 나눠준다면? 잠깐 가게 안으로 들어가지 않을까? 차 한 잔, 간식 하나 먹는다고 누가 죽는 건 아니지 않는가? 그리고 당신이 해야 하는 소중한 신발 쇼핑에 필요한 기운을 보충해줄 수도 있을 것이다.

가게 밖 호객꾼에 해당하는 것이 영상의 첫 3초, 5초, 7초다. 매일 올라오는 피드 중에서 스크롤을 멈추게 하는 바로 그것이다. 지나쳐가는 영상이 흑백의 텍스트나 지루한 음악이 흐르는 평범한 풍경 사진으로 시작한다면 나머지 영상을 확인하고 싶은 마음이 절대 들지 않을 것이다. 문제는 처음부터 이 영상이 무엇에 관한 것인지 결코 알 수 없다는 것이다. 하지만 영상을 근사한 비주얼과 함께 시선을 끄는 헤드라인으로 시작한다면 호기심이 발동하여 이 영상이 무슨 내용인지 확인할 수밖에 없을 것이다.

사운드

사운드, 더 정확하게는 사운드가 없는 것이 핵심이다. 무려 페이스북 사용자의 85퍼센트가 사운드를 끈 상태로 피드를 스크롤한다. 직장에 있거나 버스 안이거나 회의 중이거나 화장실에 있을 수도 있다. 장소에 상관없이 그들은 소리 없이 당신의 영상을 볼 확률이 아주 높다. 이것은 아무 소리 없이도 당신의 콘텐츠가 재미있고 명확하며 간결해야 한다는 뜻이다.

영상의 표준 화면비는 가로 16 x 세로 9로 텔레비전 회면비와 같지만 보통 모바일로 영상을 보는 요즘 가로로 넓은 화면을 옆으로 세워 화면비 9 x 16 으로 이미지를 길게 만드는 것이 하나의 전략이 된다.

그러므로 설득력 있는 텍스트가 절대적으로 필요하다. 자막뿐만 아니라 내러티브를 설명하는 큼지막한 텍스트가 필요하다. 셰어러 빌리티는 자막과 텍스트를 영상과 함께 저장한다. 즉, 페이스북이 제공하는 자막 엔진에 의존하지 않고 자체 제작한 자막이 꺼질 수 없도록 설정한다.

물론 음소거 상태가 아니어도 영상은 즐길 수 있어야 한다. 우리 는 영상 속 사운드를 즐기는 경험도 극대화하려고 큰 노력을 기울 인다. 소리를 들으며 영상을 보는 사람은 사운드를 통해 영상에 크 게 공감하고 활발하게 참여할 수 있기 때문이다. 그러므로 소리 없 이 영상을 보는 시청자보다 이들을 더 만족시킬 수 있어야 한다.

모바일

기억해야 할 중요한 것 중 하나는 매일 페이스북을 사용하는 사람들 가운데 90퍼센트가 모바일을 통해 접근한다는 것이다. 이런 시청자들을 위해 콘텐츠를 어떻게 프로그래밍해야 하는가는 중요한 문제다. 콘텐츠가 모바일에서 제대로 작동하는지 확인하기 위해 우리가 항상 사용하는 세 가지 실행 단계가 있다.

효과적인 모바일 콘텐츠를 위한 세 가지 실행 단계

▶ **세로로 보라**

요즘 영상의 표준 화면비는 가로 16 x 세로 9로 텔레비전 회면비와 같다. 세로로 보라는 것은 가로로 넓은 화면을 옆으로 세워 화면비 9 x 16으로 이미지를 길게 만들라는 것이다. 많은 플랫폼이 처음부터 표준 화면비를 채택하고 실제 페이스북도 이 화면비를 권장하지만, 우리 회사는 내부적으로 선호하는 셰어러빌리티 버티컬이라는 자체 포맷을 개발했다. 우리는 참여를 우선순위에 두고 페이스북의 인터페이스를 검토했고 (반응, 댓글, 공유 같은) 참여 활동을 표시하는 아이콘 공간을 둘 수 있는 화면 비율을 디자인했다. 사용자는 전체 화면에서도 참여 활동을 할 수 있다. 이 화면 비율은 1 x 1.25다. 가로보다 세로가 1.25배 길다. 간단히 말해 우리는 휴대전화에서 영상을 시청할 때 이 비율이 가장 적합하다는 것을 알아냈다.

전체 화면뿐 아니라 피드 안에서도 이 화면 비율이 효과적이다. 사용자에게 더 나은 시청 경험을 제공하고, 이들이 더 오래 참여하고 더 많은 참여를 할 수 있도록 한다. 또한 피드에 다음 게시물이 나타나지 않도록 한다. 방해 요소를 최소화하는 데 도움을 준다.

하지만 우리는 여전히 전통적인 16 x 9 포맷으로 거의 모든 영상을 촬영한다. 페이스북뿐만 아니라 유튜브와 다른 플랫폼에도 영상을 제공하기 때문이다. 세로 화면을 고집할 필요는 없지만, 콘텐츠를 제작할 때는 페이스북인지 유튜브인지에 따라 적합한 화면 비율을 확인하는 것이 좋다.

또한 밈 박스meme box를 사용하여 16 x 9 비율을 정사각형이나 세어러빌리티 버티컬 형식으로 전환할 수 있다. 밈 박스는 기본적으로 상단과 하단에 바를 배치하는 것으로 검은색부터 다른 여러 색깔이나 좋아하는 이미지로 만들 수 있다. 상단에는 영상의 맥락에 맞는 시선을 끄는 메시지를 넣고 하단에는 자막을 싣는다.

▶ 역동적인 섬네일을 선택하라

많은 사람이 페이스북에서 섬네일이 중요하다고 생각하지 않는다. 스크롤 하자마자 영상이 시작하기 때문이다. 하지만 절대 그렇지 않다. 데스크톱을 사용하면 한 페이지에 서너 개 이상의 게시물을 볼 수 있고 이 가운데 하나를 선택하여 플레이할 것이다. 모바일에는 와이파이에 연결되지 않았을 때 데이터 절약을 위해 자동재생이 되지 않게 하는 설정이 있다. 따라서 영상의 첫 모습인 섬네일은 영상이 재생되기 전에 누군가 실제로 클릭할 정도로 눈길을 사로잡을 수 있어야 한다.

▶ 최적화된 텍스트를 사용하라

음소거 상태로 시청하는 사람들과 소통하기 위해 당신은 이미 텍스트를 활용하고 있을 것이다. 하지만 이제 텍스트를 더 크고 진하고 노골적으로 만들어야 한다. 그래야 휴대전화 화면이 작더라도 한눈에 들어온다. 메시지를 전달하려면 그래픽 디자인의 기본 법칙을 어길 수 있어야 한다. 만약 당신이 뼛속까지 그래픽 디자이너라면 고민하는 것을 멈춰야 한다. 당신의 눈에 텍스트와 디자인이 거슬린다 해도 실제 사람들 눈에 그 텍스트가 훅 들어올 수 있다면 그렇게 해야 한다.

또 다른 중요한 요소는 포스트 텍스트 최적화다. 이것은 피드에 영상과 함께 나오는 텍스트로 시청자에게 이 영상에 어떤 내용이 담겨 있고 왜 봐야 하는지를 알려준다. 이 텍스트가 중요한 이유는 시청자가 당신이 만든 영상의 처음 몇 프레임을 보는 동시에 이 텍스트를 읽기 때문이다. 따라서 이 두 가지가 긍정적인 방식으로 진행되지 않으면 사람들은 다른 콘텐츠로 가버릴 것이다.

포스트 텍스트는 간략하게 요점만 담아야 한다. 최적 길이는 6~9단어다. 사용자가 플랫폼을 떠나도록 만드는 링크를 거는 것도 피해야 한다. 우리가 관찰한 바로는 링크는 시청 시간에 영향을 미칠 뿐 아니라 게시물의 유기적 도달율에도 부정적인 영향을 미친다. 다른 곳으로 링크해야 한다면 '더 보기' 같은 기본 링크 버튼을 사용해라.

인스타그램,
미술관

인터넷 도시에는 페이스북이라는 광장 가까운 곳에 인스타그램 이라는 미술관이 있다. 인스타그램을 볼 때 어딘지 거칠고 세련되 지 못한 느낌을 받을 수도 있지만 미술관과 비슷한 점이 생각보다 많다.

루브르 박물관이나 메트로폴리탄 미술관에 전시된 작품을 생각 해보자. 이곳에는 오래된 그림만 있는 것이 아니다. 오히려 최고의 미술 작품들을 위한 공간이다. 이 작품들은 큐레이터와 위원회에서 세심하게 선택하고, 때로는 돈을 많이 내는 후원자가 개입해서 특 정 작품이 전시되기도 한다.

인스타그램이라는 디지털 세상을 생각해보자. 이곳에 전시되는 작품은 우리 자신의 가장 좋은 모습을 보여주기 위해 올리는 것이 다. 사람들은 다른 사람에게 보여주기 꺼려지거나 두려운 모습을 인스타그램에 올리지 않는다. 그런 대화는 광장 역할을 하는 페이

인터넷 도시에서 페이스북이 광장이라면 인스타그램은 미술관이다. 미술관과 비교해서 인스타그램은 어딘지 거칠고 세련되지 못한 느낌을 줄 수도 있지만 미술관과 비슷한 점이 생각보다 많다.

스북의 몫이다. 인스타그램은 우리의 일상이나 브랜드의 가장 좋은 면만 드러내기 위해 정말 세련되고 완성도 있는 이미지만 모아두는 곳이다.

유튜브가 가든 놈을 만드는 방법처럼 깊이 있는 주제와 복잡한 설명을 검색하는 도서관이라면 인스타그램의 게시물은 모두 미적 감각을 환기하는 것들이다. 최고로 맛있는 초콜릿 케이크를 만드는 방법을 필요한 단계별로 매우 자세히 설명하는 영상이 유튜브에 있다면, 인스타그램에는 단계나 설명은 존재하지 않고 오직 최고로 근사해 보이는 초콜릿 케이크 사진이 있다.

사진 한 장이 천 마디의 가치가 있다면 300억 장 이상의 사진이 공유되고 있는 인스타그램은 30조 마디의 가치가 있는 곳이다. 인스타그램은 시각적 스토리텔링이 이루어지는 곳이다. 인스타그램이 강력한 이유는 이미지 하나만으로 자신의 이야기를 전달할 수 있기 때문이다. 그리고 이 이미지를 보는 사람들로 하여금 다른 누군가의 시선을 통해 세상을 볼 수 있는 강한 인간적 연결을 일으킨다.

지금은 영상이 피할 수 없는 것이 되었지만 인스타그램은 사진 기반 피드로 시작했기 때문에 영상에 대한 요구사항이 다른 플랫폼들과 다르다. 유튜브나 페이스북과 달리 인스타그램은 영상 길이를 최대 60초로 제한한다. 기본적으로 인스타그램은 시각 자료의 퀄리티에 프리미엄을 주는 시각 매체이기 때문에 페이스북에 비해 실험적이고 실질적인 콘텐츠보다 미적이고 화려한 이미지가 주목받는다.

페이스북이 인스타그램을 인수한 2012년 이후 같은 유형의 타깃팅이 일어날 수 있지만, 페이스북과 인스타그램의 사용자 인터페이스가 다르기 때문에 일부 핵심 요인은 달라진다. 페이스북이 큰 이슈를 만드는 데 도움이 된다면 인스타그램은 오히려 틈새에 유리한 플랫폼이다. 특정 주제를 좋아하는 페이스북 사용자들은 같은 플랫폼의 다른 주제에도 관심을 가질 수 있다. 친구와 가족, 뉴스나 쇼핑, 그들이 반응하는 광고는 말할 것도 없이 페이스북의 콘텐츠는 매우 광범위하다.

그러나 인스타그램의 창은 훨씬 좁다. 극소수의 사람만 아는 농담을 좋아하는 사람들은 계속 그런 농담만 좋아할 것이고 고양이 사진을 좋아하는 사람은 꾸준히 고양이 사진을 좋아할 것이다. 그 누구도 완전히 다른 주제의 기사를 읽거나 긴 영상을 보려고 인스타그램을 들르지 않는다. 한마디로 인스타그램에 오는 사람들은 예술 작품을 보려고 미술관에 있는 것과 같다. 그리고 사실 다른 것에는 관심이 없다.

인스타그램의 인기가 높아지면서 다른 플랫폼과 직접 경쟁하는 방향으로 기능이 확장되었다. 예컨대 인스타그램 스토리는 스냅챗을 겨냥한 것으로 스냅챗과 콘텐츠 유형이 정확하게 일치한다. 이기능은 좀 더 긴 영상이나 디지털 상점으로 사람들을 유도할 수 있어 브랜드에는 오히려 기회가 되었다. 인스타그램 숍은 이제 기업들이 제품 가격을 노출하는 것을 허용하기도 한다.

또한 인스타그램은 브랜드와 소비자 사이의 양방향 대화를 오픈했다. 인스타그램 스토리 안에 스티커를 도입하여 소비자가 브랜드에 직접 반응을 표현하게 한다. 따라서 팔로워들은 좀 더 참여하는 기분을 가질 수 있다.

인스타그램에서 성공하려면 불필요한 메시지를 모두 정리해야한다. 이야기를 명확하고 간결하게 전달하고 시각적으로 즐거움을 줘야 한다. 미술관의 아름다운 그림처럼 미적으로 보기 좋은 게시물에 참여율이 높다. 인스타그램에서 당신은 사람들에게 그 이미지를 감상해달라고 부탁하는 것이다. 이미지가 마음에 들면 사람들은 다음 단계로 넘어가 댓글을 남길 것이다. 누군가에게 어떤 이미지가 감정적 반응을 일으키거나 그 이미지와 실제 연관이 있다면 그들은 당신의 다른 콘텐츠까지 자세히 살펴볼 것이다.

시간이 지날수록 인스타그램은 단순한 감상을 넘어 사용자가 직접 참여하는 방향으로 진화했다. 특히 인스타그램 스토리와 스와이프 업 기능을 통해 사용자가 댓글을 달 수 있다. 과거 인스타그램 사이트에서는 얕은 수준의 상호작용만 가능했지만, 최근에는 단순한 이미지 감상을 넘어 좀 더 구체적인 스토리텔링이 가능하도록 변화했다.

물론 한 가지 전제는 사람들이 감상을 표현할 만큼 긴 시간을 머물러야 한다는 것이다. 모든 것은 첫 비주얼에서 시작한다. 누군가 어떤 계정이나 브랜드를 팔로우했지만, 시각적으로 매력적인 게시물이 올라오지 않으면 그 계정과 팔로우를 끊고 다시는 찾지 않을 것이다.

이 점을 알아두자. 인스타그램에서 팔로워를 얻기란 극히 어렵고 시간도 오래 걸린다. 그러므로 당신은 잠재 고객이 가치 있다고 생각하는 구체적인 목소리와 스타일을 찾는 데 가장 집중해야 한다. 즉, 사람들은 매우 구체적인 가치 제안을 찾아 인스타그램 계정을 팔로우하곤 한다. 범위는 X부터 Y까지 다양하다. 축구 스타 호날두와 일하기 시작했을 때 실제로 나는 극단적인 반응을 경험했다.

인스타그램이 앞으로 10년간 훌륭한 마케팅 플랫폼 가운데 하나가 되겠지만 나의 일에는 적합한 플랫폼이라고는 생각하지 않는다. 그래서 인스타그램에 게시물을 거의 올리지 않았다. 하지만 셰어러빌리티가 크리스티아누 호날두와 일하게 되었을 때 호날두가 인스타그램에서 나를 팔로우했다. 그 한 번의 클릭으로 나를 호날두와 관련 있는 사람으로 생각하는 팔로워들 때문에 감당할 수 없는 상황이 되었다. 호날두는 인스타그램에 이 세상 누구보다 많은 1억 4,000만 명이 넘는 팔로워를 가지고 있다. 그가 나를 팔로우했을 때

내 전화기는 팔로워 알림으로 폭발할 지경이었다. 사실 지금까지도 멈추지 않고 있다.

갑자기 나는 수만 명의 새로운 팔로워를 얻게 되었다. 하지만 이 모든 팔로워는 나름의 계획과 기대를 안고 왔다. 호날두 사진이나 호날두와 함께 있는 사진을 올리면 수천 건의 반응이 생겼다.

하지만 내가 우리 아이들과 낚시하는 사진이나 크리켓하는 모습, 비즈니스 콘퍼런스에 참석한 사진을 올리면? 잠잠하다. 호날두 매니저와 함께 있는 내 사진을 올리면 즉시 '좋아요'가 수천 건으로 올라간다. 여기서 얻은 교훈은 인스타그램은 변덕스러운 야수라는 것이다. 사람들이 당신을 보러 오는 정확한 이유를 계속 충족시킨다면 엄청난 참여를 얻을 수 있다. 하지만 길을 잃고 그들이 관심 없는 것을 올리기 시작하면 줄지어 언팔로우할 것이다. 따라서 인스타그램의 철학을 이해하는 것이 중요하다. 이를 위한 몇 가지 유용한 기술적 접근 방법을 소개한다.

▶ 팔로워

인스타그램에서 많은 팔로워를 얻는 것은 고공 줄타기에서 균형을 잡는 것과 같다. 여기서부터 시작해야 한다. 팔로워의 관심을 유지할 만큼 게시물을 자주 올려야 하지만 스팸처럼 느껴지거나 당신을 차단할 정도로 너무 많아서도 안 된다. 특별히 보여줘야 할 것이 없는 한, 일반적으로 게시물은 하루 한 개 이상 올리지 않는 것이 좋다. 평균적인 게시 주기는 일주일에 2~3회가 좋다. 이 정도가 채널이 건강하다는 신호다. 더 많이 올릴 수도 있지만 일단 시작하면 그 속도를 유지하도록 준비해야 한다. 게시 주기가 줄어드는 계정은 빠른 속도로 팔로워를 잃는다.

▶ 해시태그

해시태그는 인스타그램 커뮤니티에서 엄청나게 중요한 부분이다. 크리에이터가 만든 콘텐츠를 분류하고 브랜드를 정의하는 데 쓰일 뿐아니라 사용자가 새로운 콘텐츠를 검색할 수 있도록 한다. 각각의 해시태그에는 실시간으로 순위가 바뀌는 '1위 게시물'들이 모여 있다. 사용자가 어떤 해시태그를 클릭하면 1위 게시물이 제일 먼저 나타나므로 추가적인 팔로워와 더 많은 참여를 얻을 수 있다.

▶ 인스타그램 스토리

인스타그램 스토리는 올린 게시물이 24시간 후에 사라지는 기술을 사용하여 스냅챗에 직격탄을 날렸다. 유튜브 도서관과는 완전히 반대다. 팝업 전시처럼 당신이 사는 도시에 한 번 왔을 때 그때 보지 못하면 다시는 볼 수 없다. 지금 여기서 할 수 있는 단 한 번의 경험이다. 내일이면 영원히 사라진다.

실생활의 팝업 경험처럼 인스타그램 스토리에도 별도의 공간에 있다. 프로필이나 인스타그램 메인 피드에는 나타나지 않는다. 대신 당신의 피드 상단 바에 나타난다. 모든 인스타그램 계정은 친한 친구의 생일 파티부터 좋아하는 영화 시사회까지 스토리를 공유할 수 있다. 새로운 스토리가 생기면 프로필 사진 테두리가 다른 색으로 반짝거려 당신의 눈과 관심을 끌어당기고 거의 무의식적으로 확인하게 만든다.

마케터에게는 좋은 일이다. 처음에는 콘텐츠 제작에 들인 모든 노력이 24시간 안에 사라지는 무언가에 소비되는 것처럼 보였다. 하지만 그 순간의 즉각적인 관심 때문에 때론 비교할 수 없는 수의 트래픽을 몰고 온다. 이때가 인스타그램이라는 미술관에서 페이스북 스타일의 한방을 만들 기회다.

참고로 페이스북도 페이스북 스토리를 시작했다. 인스타그램 스토리와 기본적으로 같다. 그저 광장 뒤편에 있을 뿐이다. 우리 모두는 '진짜' 미술관 안에 있는 작품이 더 믿을 만하다고 생각한다. 그러므로 나는 페이스북 버전이 비슷한 인기를 얻을 것이라고 기대하지 않는다.

일단 사용자가 누군가의 스토리를 선택하면 전체 화면으로 바뀌고 (전달하려는 모든 것을 세로로 긴 화면비 9 x 16으로 제작해야 한다는 뜻이다) 게시된 모든 콘텐츠가 시간순으로 재생된다. 사용자는 스토리 앞뒤로 이동할 수 있고 당신의 콘텐츠가 지루해지는 순간 즉시 다른 사람의 스토리로 이동할 수 있다.

일반적인 게시물과 달리 '좋아요'나 공개 댓글 기능이 없다. 이용자가 피드백 활동을 할 수 없다. 이 중요한 순간을 다소 수동적으로 만들었기에 주의 집중 시간이 줄어들 수밖에 없다. 여기서 핵심은 간단하고 즐거워야 한다는 것이다. 일반적으로 실행 시간은 60초를 넘지 않는 것이 이상적이다. 한번 시도해 보라. 그리고 재미있게 실험해보라. 당신의 잠재 고객에게 무엇이 통하는지 찾아보라.

다이렉트 메시지 시스템, 우체국

마지막으로 모든 도시에는 우편물이나 소포 또는 소비자가 구매한 제품을 배달하는 시스템이 필요하다. 인터넷 도시에는 이 설명에 부합하지만 조금씩 다르면서 다양한 부가기능을 제공하는 여러 서비스가 존재한다. 여기서 다이렉트 메시지 서비스는 각 플랫폼의 핵심 기능에 대한 부수적인 것으로 생각해야 한다.

이렇게 분석하는 이유는 스냅챗, 트위터, 왓츠앱, 페이스북 메신저는 모두 다이렉트 메신저 생태계의 일부이기 때문이다.

매체는 다를 수 있지만, 목표는 같다. 사람들끼리 직접 메시지를 보내는 것이다. 한 사람이 다른 한 사람에게 보낼 수도 있고 특정 그룹에 속한 사람들끼리 주고받을 수도 있다. 메시지는 텍스트나 사진, 영상, GIF 파일, 밈 또는 모든 형식의 미디어나 개인에게 익숙한 첨부 형식일 수도 있다.

차이점은 구체적인 사용법에 있다. 우체국, 페덱스, 지역 배송업

출처: 각 홈페이지

스냅챗, 트위터, 왓츠앱, 페이스북 메신저 등 다이렉트 메시지 시스템은 사람들끼리 직접 메시지를 보내는 역할을 한다.

체를 다르게 취급하는 것처럼 각각의 다이렉트 메신저들도 다르게 생각해야 한다. 이를테면 조심스럽게 다뤄야 하고 집에서 가깝지만 안전하게 도착해야 하거나 정확한 시간에 도착해야 한다면 비용이 더 들더라도 가까운 지역 배송업체를 이용할 것이다. 내일 아침까지 대륙을 가로질러야 한다면 페덱스로 가야 한다. 정기 우편물이거나 평범한 물건이라면 우표를 붙여서 우체통에 넣을 것이다.

지금 이 장에서 우리는 유튜브, 페이스북, 인스타그램을 자세히 살펴보았다. 이 세 플랫폼을 강조한 이유는 브랜드와 개인이 영향력을 얻고 인터넷에서 소음을 뚫고 나가는 데 최고의 플랫폼이기 때문이다. 반대로 다이렉트 메신저 플랫폼은 브랜드를 구축하기에 적합한 곳이 아닌 것처럼 보인다. 물론 메신저도 훌륭한 도구가 될 수 있지만 내 경험으로는 풍부한 자원과 많은 인력, 인공지능 처리 능력을 갖추고 고객에게 메시지를 보낼 준비가 된 대기업에 훨씬 더 적합하다.

또한 본질적으로 메신저 플랫폼에 흡입력이나 충성도를 기대하

322 ▶ 유튜브 7초에 승부하라

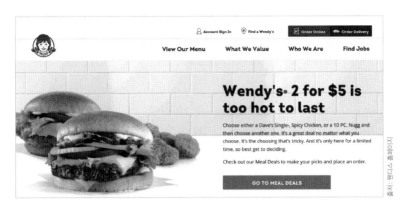

소극적인 브랜드가 되기보다 색다르지만 공감할 수 있는 무언가를 바라는 고객을 위해 웬디스는 전략적으로 트위터를 효과적으로 활용하고 있다.

기 어렵다. 기본적으로 일대일 또는 일대다 메시지 전송을 중심으로 구축되었고 실제로 매스 커뮤니케이션을 위한 곳은 아니다. 그렇다고 절대 대중 전달을 할 수 없다는 뜻은 아니지만, 앞에서 설명한 주요 플랫폼 세 곳에 충분히 익숙해지기 전까지는 시도하지 않는 것이 좋다.

유튜브와 페이스북, 인스타그램에 시간과 비용을 투자하는 편이 더 나은 결과를 얻을 것이라 확신한다. 그러므로 깊게 다이렉트 메신저 플랫폼을 살펴보지는 않을 것이다.

하지만 트위터에 관해서는 몇 가지 언급할 것이 있다. 트위터는 콘텐츠에 불을 붙이는 불쏘시개는 못 되어도 인터넷의 맥박을 느낄 수 있는 실시간 참여를 위한 유용한 플랫폼은 될 수 있다. 또한 트위터는 양방향 도로에 가깝고 '지금 여기'를 위한 가장 즉각적인 장소다. 작은 기업이 특정 산업 안에서 브랜드를 포지셔닝하고 일대일 관계를 만드는 데 효율적이다.

어떤 기업은 트위터를 고객 서비스나 고객과 직접 대화하는 용도로 사용한다. 해결해야 할 문제가 있는 고객과 소통하는 수단으로 트위터를 사용하기도 한다. 예컨대 누군가 몇 시간째 비행기 안에 갇혀 이륙을 기다리고 있다면, 이 상황을 트위터로 알려 항공사가 지연에 대한 설명이나 보상을 하도록 할 것이다.

트위터를 가장 효과적으로 사용하는 브랜드들은 플랫폼의 특징을 살려 사람들과 짧게 대화한다. 결코 긴 문장을 쓰지 않는다. 웬디스가 특히 잘하는 일이다. 웬디스는 고객과 대화하는 방식을 신선하게 바꾸려고 트위터를 사용했다. 소극적인 브랜드가 되기보다 색다르지만 공감할 수 있는 무언가를 바라는 고객을 위해 웬디스는 다소 까칠하고 불친절한 목소리를 내기로 했다. 바로 이런 식이다. 트위터에서는 이렇게 해야 한다.

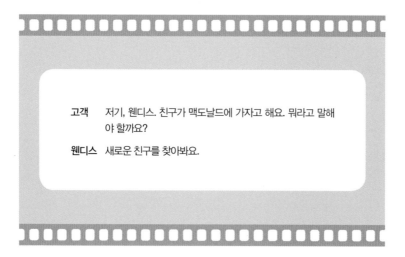

고객 저기, 웬디스. 친구가 맥도날드에 가자고 해요. 뭐라고 말해야 할까요?

웬디스 새로운 친구를 찾아봐요.

그 외 플랫폼

이 밖에도 브랜딩 목적으로 널리 사용하지 않지만 중요한 플랫폼들이 있다. 예컨대 링크트인은 콘텐츠 플랫폼은 아니지만 도움이 될 수 있다. 매우 구체적인 목적이 있기 때문이다. 링크트인은 비즈니스 세계에 당신을 마케팅하고 경력을 업그레이드하며 인간관계를 맺고 당신의 네트워크를 확장하는 데 사용할 수 있다. 링크트인은 기업보다 개인에게 더 가치가 있다. 특정 집단이나 타깃 기업을 대상으로 광고하는 방법도 있지만 대부분 사람은 연결성과 경력을 위해 이 플랫폼을 사용한다.

물건을 판매하기 위해 만들어진 아마존도 있다. 아마존은 세계 최대 규모의 최종 소비자 플랫폼이다. 당신이 소매업에 종사한다면 절대적으로 중요한 곳이다. 하지만 보통 간단한 제품 설명과 사진 이외에 아마존용 콘텐츠를 제작하지 않는다. 다른 플랫폼에서 고객과 관계를 형성한 다음 아마존에 걸어둔 당신의 제품을 판매하기 위해 아마존으로 고객을 데리고 올 수 있다.

레딧도 있다. 처음에는 뚫고 들어가기 불가능한 플랫폼처럼 보였다. 하지만 레딧조차 지금은 개방되고 있고 점점 브랜드 친화적으로 변하고 있다. 분명히 가까운 시일 안에 주목할 만한 흥미로운 공간이 될 것이다.

세상에는 수많은 플랫폼이 존재한다. 일부는 서비스를 종료하거나 다른 플랫폼에 합병되지만. 계속해서 새로운 플랫폼이 등장하고 있다. 인터넷은 커다란 도시고 모든 종류의 서비스를 수용할 공간이 있다. 당신이 누구이고 어떤 유형의 비즈니스를 운영하는지에 따라 어떤 플랫폼은 다른 플랫폼보다 더 가치 있을 것이다. 하지만 결국 플랫폼에 상관없이 모두 같은 기본적인 주제로 돌아간다. 그것은 당신이 전달하는 메시지와 고객이 맺는 관계다.

어떤 플랫폼에서든 누군가 당신에게 주목하게 만들려면 브랜드 본연의 공유 가능성을 반드시 찾아야 한다.

9장

투자하기 전에
테스트하라

7
seconds

II ▶I ◀ 0:07   ✿ ▣ ▢ ⛶

터트리기 전에
잘 포장하라

이제 콘텐츠를 터트릴 시간이다. 공유 가능함 뒤에 있는 원칙도 이해했고 가치 제공에도 초점을 맞췄다. 나만의 목소리도 발견했다. 강력한 헤드라인도 만들었고 인터넷을 면밀히 살핀 다음 파도를 탈지 각본을 뒤집을지도 결정했다. 인터넷이라는 도시를 돌아다니며 여러 플랫폼을 연구하고 어떤 플랫폼이 메시지를 전달하기 적합한지도 파악했다.

이 모든 시간(과 비용)을 쏟은 다음 제대로 시작도 하지 못한다는 것이 말이 되겠는가? 그건 선택사항이 아니다. 마치 항공사가 근사한 라운지와 호화로운 체크인 서비스를 마련해놓고 정작 비행기 조종사 훈련을 제대로 하지 않는 것과 같다. 얼마나 끔찍한가? 결국 비극적인 충돌 사고로 끝날 것이다.

당신은 준비 작업을 마치고 견고한 기초를 다졌다. 이제 가장 중요한 단계를 밟을 차례다. 당신의 콘텐츠가 아무도 모르게 숲에서

쓰러지는 나무가 되지 않으려면, 투자하기 전에 테스트해야 한다. 테스트는 반드시 필요한 단계지만 그동안은 완전히 간과되거나 기껏 한다 해도 잘못 실행되곤 했다. 테스트하면 올인하기 전에 콘텐츠를 점검하고 최적화할 수 있다. 제대로만 하면 높은 효율성을 가져올 뿐만 아니라 전반적인 콘텐츠 성공에 엄청난 영향을 미칠 수 있다.

이 장에서는 구체적인 테스트 방법을 설명하지만, 자세한 내용에 들어가기 전에 한걸음 물러나서 포장에 대해 이야기하려 한다. 다른 제품들처럼 훌륭한 콘텐츠에는 마땅히 훌륭한 포장이 필요하다. 고급 스테이크 나이프를 낡은 양말에 둘둘 말아 종이 상자에 넣어 배송하는 행동은 말도 안 되게 생각하면서 왜 소셜 콘텐츠에서는 그렇게 행동할까? 콘텐츠를 포장하고 테스트를 준비할 때 알아두어야 할 세 가지 원칙을 먼저 설명한다. 이들 세 가지 원칙은 서로 연결되어 있다.

조용한 영상을
만들어라

디지털 전문잡지 〈디지데이Digiday〉에 따르면 페이스북 영상의 85 퍼센트가 소리 없이 시청된다고 한다. 무려 85퍼센트다. 믿을 수 없는 숫자처럼 보이지만 (50퍼센트라고 주장하는 사람도 있지만 내 생각은 다르다) 이 문제는 당신이 실제 고민할 때 의미가 있다. 사람들은 대부분 스마트폰으로 소셜미디어에서 영상을 시청한다. 종종 다른 사람들과 함께 있거나 공공장소에서 영상을 볼 때도 있다. 이런 상황에서는 아무도 소리를 켜지 않는다. 다음에 페이스북 피드를 스크롤할 때 당신의 습관을 관찰해보라. 대부분 소리를 끄고 본다는 데 돈을 걸겠다.

사람들을 당신의 영상으로 끌어들이는 관점에서 보면 당신은 본질적으로 무성 영화를 만드는 셈이다. 그렇다. 시각적인 것이 전부였던 영화의 초창기로 돌아가는 것이다. 이것은 콘텐츠 포장과 관련된 매우 중요한 개념이고 또한 영상의 모든 구성 요소에 적용해

버스터 키튼의 최고의 발명The Wonderful Inventiveness of Buster Keaton
무성 영화 시대에 영사기는 움직이는 이미지만 보여줄 뿐 소리를 내지 못했기 때문에 대사는 모두 자막으로 전달되었다. 우리가 현재 소셜미디어에서 다른 사람에게 피해를 안 주기 위해 사용하는 방법과 동일하다.

야 마땅하다.

매력적인 개념 아닌가? 이 모든 기술적 진보와 더불어 콘텐츠를 시청하고 상호작용하는 습관은 지난 100년 동안 꾸준히 변화했지만, 동시에 크게 달라지지 않은 것도 있다. 인터넷에서 우리는 지금 출발했던 곳으로 돌아왔다. 1900년대 무성 영화 시대에 영사기는 깜빡이며 움직이는 이미지를 보여줄 수 있었지만 영상과 함께 소리를 전달하는 기술은 없었다. 물론 그 자리에서 직접 피아노를 연주하는 사람은 있었지만, 대사는 모두 자막으로 전달되었다. 우리가 소셜미디어에서 사용하는 것과 똑같은 방법이다. 1920년대 후반 유성 영화가 만들어졌던 것처럼 앞으로 우리도 오디오 혁명을 겪게 될지 누가 알겠는가. 다른 사람에게는 들리지 않는 청각적 디바이스나 진동 안경이 우리의 생물학적 한계를 뛰어넘게 할 수 있다. 몇 년 안에 인스타그램이 자체적으로 이런 기술을 개발할 수도 있다.

역사 수업은 이 정도면 충분하다. 그렇다면 당신의 콘텐츠에는 어떤 의미가 있을까? 5장 내용을 마음에 새기면서 강력한 헤드라인을 만들어야 한다. 그래야 사람들을 끌어들일 수 있다. 소리나 내레이션 없이도 이 영상의 내용을 매우 명확하게 알려주는 그래픽과 결합한 오프닝 이미지가 필요하다. 또한 '염소를 포기'하고 가장 중요한 부분을 빨리 보여줘야 한다. 그렇게 해야 미끼를 던질 수 있다. 그리고 시청자의 발길을 끌어당길 가능성이 커진다.

소리 없이 영상을 시청하는 과정을 반드시 시험해봐야 한다. 이때 어떤 느낌이 들고 메시지나 미끼가 명확하게 전달되는지 확인해야 한다. 일단 괜찮은 것 같으면 이 영상을 본 적이 없는 친구나 가족 또는 동료들에게 보여주고 무슨 내용인지 말해달라고 부탁해보라. 그들이 말하는 첫인상에 놀라게 될 것이고 다시 처음으로 돌아가 콘셉트를 명확히 하는 행동을 취할 수 있을 것이다. 도입 부분이 호기심을 자극해서 나머지 영상도 보고 싶었는지 아니면 이 영상이 피드에 뜨면 그냥 지나칠 가능성이 큰지 물어보라.

이 과정에서 가장 어렵지만 동시에 가장 중요한 부분은 이들의 대답을 마음에 새기는 것이다. 모든 플랫폼이 믿는 것을 당신도 굳게 믿어야 한다. 소비자의 직감은 항상 옳다. 그리고 꾸준히 긍정적인 반응을 얻을 때까지 포장을 계속 바꿔나가야 한다. 대부분 사람은 당신이 하는 것처럼 콘텐츠에 관심을 기울이지 않는다. 가볍게

훑어보다가 당신의 콘텐츠가 시선을 끌면 좀 더 살펴보겠지만 결코 소중하게 생각하지는 않을 것이다. 당신도 마찬가지다. 영화 제작자들이 관객은 신경 쓰지 않는 디테일에 집착할 때 흔히 듣는 말처럼, 개인적인 감정은 버려야 한다. 당신이 정말 열심히 노력했다고 해도 결과가 좋지 않으면 아무 의미가 없다. 오히려 우연히 사람들의 마음을 사로잡은 의도하지 않은 그 무엇이 더 가치 있을 것이다. 사람들이 반응할 때 그것이 가장 가치 있는 것이다.

결국 당신이 무성영화처럼 콘텐츠를 초매력적으로 만들 수 있어야 누군가 실제로 소리를 켜고 유성영화로 전환했을 때도 먹힐 수 있다.

텍스트와 이미지를
결합하라

무성영화를 만들 때 텍스트와 이미지는 관객에게 명확한 메시지를 전달하는 결정적 역할을 한다. 우리는 작업을 하면서 셰어러빌리티 매트릭스의 일부인 셰어러빌리티 소셜 에디토리얼이라는 포맷에 능숙해졌다. 셰어러빌리티 매트릭스란 어떤 시점이든 소셜미디어에서 제대로 작동하는 형식과 제작 방법을 끊임없이 분석하여 분류한 것으로 책 한 권의 주제가 될 만큼 무척 자세하고 복잡하다. 다시 셰어러빌리티 소셜 에디토리얼로 돌아가면, 이것은 기본적으로 3인칭 과거 시제를 사용하여 중립적인 목소리로 이야기하는 형식이다.

복잡하게 들리겠지만 신문 헤드라인을 생각해보자. 헤드라인은 관련 영상 위에만 나타나고 가끔 이 이야기와 연관된 사람의 말을 인용한다. 글과 사진만으로 이야기 전달이 가능하도록 가장 중요한 장면 위에 가독성이 높은 글꼴로 헤드라인 스타일 문구를 배치하는 것이다. 다시 말해 무음으로 영상을 시청하는 사람들이 이해하기 쉽도록 헤드라인을 사용하여 이야기를 전달하는 것이다.

중립적인 제3자의 목소리도 중요하다. 언론처럼 느껴지기 때문이다. 하지만 진실성을 유지하고 성실하게 이 방법을 사용하는 것이 관건이다. 독자는 1킬로미터 밖에서도 거짓인지 순식간에 알아차린다. 그러므로 가짜 저널리즘은 절대 권장하지 않는다. 그보다 사실을 정직하게 보도하는 중립적이고 관찰자적인 어조를 선택해야 한다. 3인칭이 모든 것의 핵심이다. 메시지를 훨씬 진실하고 공감하도록 만들기 때문이다. 이를테면 "우리는 바랍니다"라고 말하기보다 '어도비는 바랍니다'라고 말하는 편이 낫다. 콘텐츠와 브랜드 사이에 거리를 만들고 콘텐츠와 관련된 진짜 사람들을 앞세워 그들을 영웅으로 보이도록 해야 한다. 브랜드는 잘난 체하기보다 감탄하는 자세로 이 사람들의 행동을 지원하기 위해 존재한다는 식으로 어필해야 한다.

과거 시제를 사용하는 것 또한 솔직하게 보이기 때문에 중요하다. 내용을 따라가기도 쉽다. 우리는 이미 일어난 일을 다시 이야기하고 이 사건을 세상에 알리는 것이다. 과거 시제는 이야기를 이해하고 기억하기 쉽게 만든다.

물론 특별한 방법은 아니다. 비슷한 소셜 편집 스타일이 AJ+, 체더, 버즈피드 같은 주요 디지털 매체나 최근에는 페이스북에서도 다양한 용도로 사용된다. 여러 소셜 플랫폼을 살펴보면 이런 형식을 쉽게 찾을 수 있다. 오늘 당신의 피드에서도 이런 형식을 볼 수 있을 거라 장담한다.

보편적인 전달력 덕분에 인터넷에서 가장 많이 시청되고 공유되는 콘텐츠는 이와 비슷한 형식으로 만들어진다. 콘텐츠를 제작할 때 친숙한 언어를 사용하는 것이 무엇보다 중요하다. 당신이 제작하는 콘텐츠에 도움이 되는 매체에 기대야 한다는 뜻이다. 또한 품질 확인도 해야 한다. 세련되고 화려하며 잘 다듬어야 한다는 뜻으로 이해하겠지만 사실 정반대일 때가 많다. 우리는 브랜드 고객에게 왜 특정 플랫폼에서는 '보기 싫은 못생긴' 텍스트를 선택해야 하는지, 왜 그들이 사용하는 세련되고 정돈된 가는 글꼴을 사용하면 안 되는지 설명해야 할 때가 종종 있다. 놀랍지만 그게 먹힌다. 진짜 중요한 팁 한 가지. 콘텐츠를 브랜드 광고처럼 보이게 만드는 것만은 절대 피해야 한다. 판매를 강요당한다고 느껴지게 하는 것만큼 시청자를 빨리 도망치게 만드는 것은 없기 때문이다.

텍스트와 이미지가 제대로 결합한 사례로 우리가 투비 TV를 위해 2018년에 제작한 '악취 생선 챌린지' 영상을 들 수 있다. 투비 TV는 광고 수익을 바탕으로 무료로 온디맨드 영상을 제공하는 서비스로 MGM이나 패러마운트, 라이온스 게이트가 제작한 온라인 영화와 TV 프로그램을 배급하고 유통한다. '공짜 TV'라는 슬로건에 초점을 맞춘 투비는 사람들에게 공짜 TV라는 가치를 제공하고 서비스를 알리려 했다.

첫 번째 영상에서 우리는 사람들의 시선을 끌 극단적인 도전을 계획했다. 인터뷰어가 거리로 나가 사람들에게 한 가지 간단한 과

악취 생선 챌린지 Stinky Fish Challenge
텍스트와 이미지가 제대로 결합하면 시청자들의 참여를 유도하는 성공적인 챌린지 영상
을 만들 수 있다. 이 영상이 대표적인 사례다.

제를 완수하면 공짜 TV를 가질 수 있다고 말하는 것이다. 그 과제
란 세상에서 제일 고약한 냄새가 나는 생선을 두 조각을 먹는 일이
다. 그 생선은 스웨덴에서 온 통조림으로 몇 달 동안 발효한 청어와
비슷한 냄새가 나지만 맛은 훨씬 더 끔찍하다.

영상은 그럴듯해 보이는 통조림을 보여주는 것으로 시작한다. 그
러나 통조림을 개봉하면 역겨워 보이는 물체가 드러난다. 화면 위
로 "악취 경보! 세상에서 가장 냄새가 지독한 생선입니다!"라고 외
치는 헤드라인이 깜빡거린다. 그런 다음, 이 생선을 먹고 끔찍한 반
응을 보이는 사람들이 나오는 장면이 이어진다. 한 남자는 양동이
를 움켜잡고 곧 토할 것처럼 보인다. 됐다. 성공이다!

사람들이 통조림을 열고 반응하는 모습을 보면 생선 냄새가 얼마

338   ▶ 유튜브 7초에 승부하라

나 고약한지 실제로 냄새를 맡는 것 같다. 여기까지 총 8초가 걸린다. 시청자가 더 관심을 보일 즈음, 진행자가 나와 이 도전의 내용을 설명한 다음 영상은 계속된다. 텍스트와 이미지가 결합한 훌륭한 사례다.

냄새나는 생선 통조림을 여는 것처럼 시각적으로 강렬한 인상을 주는 영상은 어쩌면 운이 좋은 것일 수 있다. 대부분의 영상은 임팩트 있는 이미지를 만드는 데 어려움을 겪는다. 하지만 좀 더 고민하면 시청자들의 참여를 유도하는 챌린지 영상을 만들 수 있다. 이런 경우에 당신이 사용할 수 있는 비밀 무기가 텍스트를 담은 밈 박스다. 밈은 바이러스처럼 전파되는 문화적 상징 또는 사회적 생각이다. 우리는 매일 온라인에서 몇 가지 버전의 밈을 만난다. 밈에 친숙하지 않다면, '밈 박스'는 영상을 둘러싼 하나의 상자라고 보면 된다. 여기에 굵은 텍스트나 이미지를 넣어볼 수 있다. 이 밈 박스는 사람들의 시선을 끌기 좋다. 영상의 내용을 직접 나타내는 헤드라인을 넣을 수 있기 때문이다.

실제로 우리는 아이디어를 구체화하는 가장 첫 단계에서부터 이 밈 박스를 고려한다. 예컨대 우리는 고객을 위해 단편 영화처럼 재생되는 캠페인을 제작했다. 영화 수준의 콘텐츠 품질이 중요하다는 것은 알고 있지만 시선을 강탈할 오프닝을 만들 현실적인 방법이 없었다. 따라서 매력적인 맥락 속에서 작품 전체를 이해하도록 밈 텍스트를 추가함으로써 시청자들이 몰입하고 감정적으로 쉽게 받아들일 수 있게 했다.

출처: 유튜브

방금 헤어졌다면 이 영상을 보세요.If You've Just Broken Up, Watch This
밈 박스를 매우 효과적으로 활용하는 제이 셰티의 영상이다. 당신이 방금 애인과 헤어졌다면 분명히 영상 속 문구에 이끌려 자연스럽게 이 영상을 클릭할 것이다.

제이 셰티나 프린스 이에이 같은 인플루언서들은 디지털 밈 박스를 제대로 활용하는 데 선수다. 노련한 전문가처럼 이 형식을 사용한다. 두 사람의 영상을 보면 이 영상을 봐야 할 대상이 누구이고 이 영상을 왜 봐야 하는지에 대해 명확하고 강렬한 문구를 전달하는 밈 박스가 눈에 띈다. 이를테면 제이 셰티의 영상을 살펴보면 실제 사람들이 공감할 수 있고 도움도 받을 수 있는 보석 같은 지혜를 만날 수 있다. 밈 박스 제목에는 이런 것들이 있다. "방금 헤어졌다면 이 영상을 보세요.If You've Just Broken Up, Watch This"라는 영상이 있다. 당신이 방금 애인과 헤어졌다면 분명히 이 영상을 볼 것이다. "감사는 어떻게 인생을 바꿀 수 있는가How Gratitude Can Change Your Life"는 개인적으로 가장 좋아하는 제목이다. "압박감을 느끼기 전에 이 영상을 보세요.Before You Feel Pressure, Watch This."는 어떤가? 만약 당신이 스트레스에 시달리고 있다면 모든 관심이 이 영상에 쏠릴 수밖에 없다. 이 제목들은 시청자를 위한 명확한 가치 제안을 포함한다. 이해하기도 쉽고 구체적이다. 제이 셰터에게 배워라. 그는 밈 박스 장인이다. 그리고 사람들이 반응을 보이는 밈을 찾을 때까지 계속 실험하라.

처음 7초가
관건이다

앞서 자세히 설명했지만, 영상에서는 첫 부분이 그냥 전부다. 사람들은 소셜미디어 피드를 스크롤할 때 어디서 멈추고 관심을 둬야 할지 1초도 걸리지 않고 결정을 한다. 공감대가 있거나 흥미로운 것이 눈길을 끌면 사람들은 스크롤을 멈추고 클릭한다. 만약 즉시 관심을 끌지 못하면 다음 피드로 재빨리 넘어가고 다시는 돌아오지 않는다.

우리 회사는 첫 7초를 어떻게 만들지에 상상도 할 수 없는 시간을 투입한다. 집착에 가깝다. 수백 개의 영상을 작업하면서 우리는 첫 7초가 관건임을 알았다. 당신에게 오스카상을 받거나 바이럴 명예의 전당에 오를 만한 엄청난 스토리가 있어도 처음 7초 안에 관심을 끌지 못하면 사람들은 절대 그 영상을 보지 않는다.

우리는 이 교훈을 무척 힘들게 배웠다. 앞서 "구름 속에서 스노보딩을"이라는 영상을 소개했듯이 구름 위에서 스노보드를 타기까지

출처: 유튜브

7 seconds

메이크 어 딜Make A Deal | Cricket Wireless
스토리가 있는 뮤직비디오 형식으로 만든 재미있는 영상이었지만 소리를 듣지 않는다는 전제하에 처음 7초를 사로잡을 수 있는 임팩트가 없었기 때문에 아쉽게도 성공하지 못한 영상이다.

너무 오래 걸렸다.

힘들었던 다른 사례는 크리켓 와이어리스를 위해 제작한 "메이크 어 딜Make a Deal"이라는 뮤직비디오 스타일의 영상이다. 콘셉트는 간단했다. 물건을 싸게 잘 사는 방법을 아는 '알뜰한 사람들'을 추켜세우는 내용으로 기억하기 쉬운 하나의 뮤직비디오를 만드는 것이었다. 인터넷에는 할인을 좋아하는 사람들이 넘쳐나고 웹에는 절약에 관한 밈과 성공담이 널리 퍼져 있다. 이 캠페인은 우리가 이런 역동성을 즐길 완벽한 기회를 제공했다. 우리는 인터넷 최적의 장소인 유튜브에서 바로 재생되는 킬러 뮤직비디오를 제작했다. 보통 사람들보다 돈을 덜 내는 영리한 사람들을 축하하는 내용이다. 노래는 중독성이 있고 이런 가사가 포함되어 있다. "묶음 과자, 할인 코너, 세금을 피해! 경계선을 넘어! 여전히 가격은 후덜덜. 비밀 카드를 꺼내. 바로 쿠폰! 이제 모두 알지. 내가 싸게 해낸 거야!!!" 스토리가 있는 뮤직비디오처럼 다양한 장소에서 촬영되었고 상황에 어울리는 댄서들이 등장한다. 이 영상을 시사했을 때 고객사의 반응이 대단했다. 우리는 디지털 장식장에 또 하나의 바이럴 트로피를 추가할 것으로 기대했다.

하지만 그때 커다란 실수를 인정할 수밖에 없었다. 이 영상은 뮤직비디오이기 때문에 우리는 사람들이 처음부터 소리를 듣도록 하는 것이 중요하다고 생각했다. 그것을 알려주려고 영상 시작 전에 3초간 카운트다운 화면을 추가했다. 그리고 8초 뒤에 식료품 가게 전경을 담은 정적인 장면이 2초간 나온다. 이후 힙합 아티스트가 카메라에 다가와 '렛츠 두 잇'이라고 말하면 이미 10초가 지나간다. 그때쯤이면 온라인에 남아 있을 사람은 없다. 소리를 꺼둔 채 영상을 보는 사람에게 아무 의미 없는 10초였다.

이 프로젝트를 촉박한 일정 속에서 진행했기 때문에 영상을 테스트할 시간이 없었다. 일반적인 테스트 과정을 거쳤다면 분명히 문제를 발견했을 것이다. 하지만 이 경우는 그런 단계 없이 나름대로 최선의 판단을 해야 했다. 이내 좋지 못한 판단이었음이 이렇게 드러난 것이다.

시청자에게 어떤 가치도 주지 못하는 10초짜리 도입부로 시작하는 영상이 소셜미디어에 올라갔다. 결국 쿵 하고 내려앉았다. 우리가 크리켓 와이어리스를 위해 지금까지 실행한 13개 캠페인 가운데 "메이크 어 딜"은 조회 수와 참여 면에서 가장 성공적이지 못했다. 모두 처음 7초를 망쳤기 때문이다.

반면 멋지게 도입부를 성공시킨 긍정적인 사례도 있다. 영국 코미디언 숀 월시와 작업한 영상이다. 스탠드업 코미디는 소셜미디어 플랫폼에 적합하지 않을 수 있다. 마이크에 대고 이야기하는 남자나 여자는 시각적으로 단번에 시선을 끌기에는 너무 평범하기 때문이다. 그리고 소리 없이 이 영상을 본다고 생각해보라. 설령 사람들이 7초를 버틴다 해도 이 오프닝이 정말 재미있는지 아닌지 사실 짐작하기 어렵다.

숀은 사람들이 자신의 새로운 스탠드업 코미디 영상을 보게 하는 방법에 대해 고민하고 있었다. 그때 천재적인 아이디어가 떠올랐다. 그는 대사에 재미있는 시각적 개그를 첨가하기 위해 자신의 코미디 공연을 설명하는 장면을 연기하기로 했다. 간단히 말해 청각적 코미디를 영상으로 촬영해 시각적 코미디로 만든 것이다. 그는 보편적으로 공감할 수 있는 주제를 선택했다. (휴대전화나 소셜미디어 같은) 기술이 우정이나 소통하는 방식을 바꾸고 있다는 사실에 주목한 것이다. 이 영상은 인터넷 시대에 친구들과 어울리는 문제에 관해 내레이션이 들어가는 단편 영화처럼 제작되었다. 텍스트는 이 영상의 포장을 도왔다. 이 영상에 밈 박스를 활용하여 "기술은 친구들과 어울리는 방식을 어떻게 바꾸는가?"라는 텍스트였다.

이 텍스트는 간단하고 이해하기 쉬우며 누구나 직면하는 주제로

손 월시 코미디 Seann Walsh Comedy

손은 사람들이 자신의 새로운 스탠드업 코미디 영상을 보게 하는 방법에 대해 고민하고 있었다. 그때 천재적인 아이디어가 떠올랐다. 바로 밈 박스를 활용하여 텍스트를 넣는 것이었다.

공감대를 형성했다. 사람들의 관심을 얻었고 더 많은 시청자가 소리를 켜고 그의 코미디를 접하는 기회가 되었다. 이 영상을 꼭 확인해보길 바란다. 진짜 웃기다.

346   ▶ 유튜브 7초에 승부하라

테스트 중…
하나, 둘, 셋

이제 원칙은 이해했고 테스트를 할 시간이다. 이 책의 목적에 맞게 테스트 과정을 세 단계로 구분하려 한다. 우리 회사가 콘텐츠를 테스트하는 시스템은 이 세 단계를 거친다. 모든 곳에 우리처럼 소셜 분석 팀이 있는 것은 아니기 때문에 브랜드와 개인이 정보를 활용할 수 있도록 단계를 단순화했다. 첫 번째 단계는 돈이 별로 들지 않는다. 시간과 예리한 눈만 있으면 된다. 두 번째 단계는 비용이 든다 해도 값으로 환산할 수 없는 피드백을 얻을 수 있기 때문에 예산을 들일 만한 가치가 있다. 세 번째 단계는 여러 목표 대상자에게 배포해보는 것이다. 이 단계는 도달율과 미디어 효율성 면에서 몇 배로 보답할 것이다.

단계1
역방향 테스트

나는 많은 시간을 이 단계에 사용한다. 돈도 들지 않고 마케팅 대행사 없이도 할 수 있는 가장 유용한 일이기 때문이다. 이 단계에서 가장 이상한 점은 실제 테스트와 아무 상관이 없다는 것이다. 나는 이 단계를 역방향 테스트Backwards Test라고 부른다. 여기서는 뒤로 돌아가 과거로부터 당신이 얻을 수 있는 가능한 한 많은 관련 변수들을 모아 공부해보라. 다시 말해 당신과는 다른 사람들을 연구하고, 미래를 예측하는 대신 과거에 효과 있었던 것을 조사한다(그러므로 역방향이라고 부른다). 이 조사에는 세 가지 다른 형태의 버킷이 필요하다.

버킷 1 과거로부터 철저히 배워라

첫 번째 버킷은 개인이나 브랜드가 이전에 소셜미디어 플랫폼 계정에 올렸던 콘텐츠와 관련이 있다. 이런 콘텐츠들이 가장 적절하고 유용한 정보가 된다. 첫 번째 단계는 지금까지 당신이 작성한 모든 게시물을 꼼꼼히 살펴보고 체계적으로 분류하는 것이다. 플랫폼(유튜브, 인스타그램, 페이스북 등)별로 분리한 다음 날짜, 게시물 형식(영상, 사진, 제3자 콘텐츠), 게시 시간, 조회 수 또는 노출 수, 좋아요, 댓글, 공유 수 등을 스프레드시트에 입력한다. 플랫폼별로 세부사항은 다르겠지만 핵심은 항상 같다.

구독자 수 성장과 같은 요소도 필요하다. 약간 성장했다는 가정 아래, 일 년 전보다 구독자 수가 늘었다면 점점 더 많은 사람들이 당신의 최신 게시물에 노출될 것이다. 다음 단계 분석으로 넘어가고 싶다면 참여율이라는 항목을 추가하길 강력히 추천한다. 앞에서 언급한 것처럼 우리에게 참여율은 핵심 성과 지표다.

우리는 우리가 하는 모든 일의 참여율을 살펴본다. 이는 훌륭한 이퀄라이저 역할을 한다. 다른 영상들과 비교를 통해 이 영상의 수준을 파악할 수 있기 때문이다. 그렇지 않으면 완전히 달라졌을 것이다. 방법은 간단하다. 참여율은 영상을 본 다음 좋아요, 공유, 댓글 같은 행동을 한 사람의 비율이다. 참여율을 계산하려면 모든 참여(좋아요, 공유, 댓글) 수를 더한 다음 전체 조회 수로 나누면 된다. 예를 들어, 조회 수 1만 뷰에 참여 수가 100건이었다면 $100/10{,}000 = 0.01$. 소수점 아래 두 자리를 옮기면 참여율을 퍼센트로 바꿀 수 있고 이 경우 참여율은 1퍼센트다. 조회 수 30만 뷰에 참여 수가 1,500건이었다면 참여율은 $1{,}500/300{,}000 = 0.005$ 또는 0.5퍼센트다. 브랜드 분야의 경우 일반적으로 참여율이 매우 낮은 편으로 대부분 0.1~0.2 퍼센트로 나타난다. 5퍼센트는 브랜드 세상에서 아웃라이어다. 참여율 1퍼센트는 정말 훌륭한 숫자다.

당신이 유명인이나 인플루언서라면 참여율은 더 높게 나올 수 있다. 특히 구독자가 적은 초기에는 열심히 지지하는 가족이나 친구에 의해 참여율에 거품이 생길 수 있다. 규모가 커질수록 높은 참여율을 유지하기는 어려운 면이 있다. 제이 셰티의 영상 중에는 수백만 뷰의 조회 수를 기록하며 참여율이 4~5퍼센트가 넘는 것들이 있다. 꿈같은 일이다.

이제 당신은 데이터를 깔끔하게 정리했고 비판적인 시각으로 모든 입력 사항들을 살펴보느라 많은 시간을 쏟아부었다. 그리고 배울 점을 발견했을 것이다. 당신이 개인적으로 사진을 올렸을 때 가족들이라면 당신이 건전하게 자연에서 활동하는 모습을 좋아할 것이고 친구들이라면 당신이 잘 차려입고 도시의 밤을 거침없이 즐기는 모습을 더 좋아할 것이다. 기업 브랜드의 경우 제품 판매에 관한 게시물은 참여율이 극도로 낮지만, 회사가 참가하는 지역사회 봉사 활동과 관련된 게시물을 올리면 참여율이 훨씬 높아진다.

이것은 향후 콘텐츠 결정에 하나의 정보를 제공하고 방향을 정할 수 있는 다양한 질문을 끌어낸다. 사람들은 어떤 유형의 콘텐츠에 가장 많이 반응하는가? 어떤 형식에 긍정적으로 반응하는가? 영상, 사진 또는 제3자 콘텐츠인가? 게시물을 올리는 시간이 참여에 영향을 미치는가? 아침에 올리는 것이 좋은가 아니면 점심 또는 저녁 시간이 좋은가? 요일별 반응은 어떤가? 가장 성공적인 게시물의 공통점은 무엇인가? 가장 효과가 적었던 게시물의 공통점은 무엇인가? 조회 수는 낮지만 참여율이 높은 게시물이 있는가? 또는 그 반대의 경우가 있는가? 사람들과 관련이 있어 보이는 당신의 브랜드나 퍼스널리티의 구성 요소는 무엇인가? 공유성을 높이기 위해 되돌아가 바로잡아야 할 것은 무엇인가?

당신이 생각해낼 수 있는 한 많은 질문을 던져보고 모든 각도에서 숫자를 검토해보라. 간단하게 들리겠지만 이상하게도 대부분의 사람들은 시간을 내서 이 연습을 하지 않는다. 그러고는 콘텐츠에 공감하게 할 방법을 다른 데서 찾는다. 오직 이 첫 번째 단계를 밟아야 경쟁에서 크게 앞설 수 있다는 걸 명심해라.

버킷2 경쟁자를 샅샅이 분석하라

두 번째 버킷은 당신이 경쟁자라고 생각하는 대상과 관련이 있다. 어떤 일을 하고 무엇을 달성하고 싶은지 예컨대 스킨케어 분야의 브랜드를 만든다면 관련 있는 모든 브랜드를 샅샅이 검토해야 한다. 한 가지 방법은 배우고 싶은 브랜드의 주요 소셜미디어 계정을 조사하는 것이다. 유튜브, 인스타그램, 페이스북 계정을 살펴보고 가장 성과가 좋은 게시물을 10개씩 찾아내 그 결과를 앞에서 했던 것처럼 스프레드시트에 입력하라.

일단 정보를 취합했으면 다음과 같은 질문을 통해 최대한 배우고 특정한 패턴을 발견해야 한다. 전반적으로 이 분야의 콘텐츠 품질은 어떠한가? 어떤 브랜드가 가장 성과가 좋은가? 어떤 브랜드가 가장 효과적이지 못한가? 성과가 좋은 브랜드 가운데 콘텐츠에 대한 일관된 주제나 목소리가 있는가? 어떤 주제가 잠재 고객과 공감대를 형성하는가? 어떤 주제의 반응이 가장 낮은가? 꾸준히 좋은 성과를 내는 형식이 있는가? 특정 플랫폼에서는 사진보다 영상이 더 효과적인가? 얼마나 자주 게시물을 올리는가? 게시물을 올리는 요일이나 시간대에 따라 그 게시물의 조회 수가 달라지는가? 경쟁자의 참여율은 어떻게 나타나는가? 전체적으로 이 카테고리에서 잘 되는 것이 무엇이고 안 되는 것은 무엇인가? 아무도 선점하지 않은 기회가 있다면 어디인가?

이 작업에 시간을 투자한다면 어디에 기회가 있고 이 분야의 고객이 무엇에 반응하는지 정확히 알 수 있다. 값을 따질 수 없는 소중한 피드백이 될 것이다. 또한 경쟁 관계 속에서 어떻게 포지셔닝할지와 틈새시장 발굴에도 도움이 될 것이다.

버킷3 꿈은 크게 꾸어라

세 번째 버킷은 꿈과 관련이 있다. 여기서 꿈은 시간이 지날수록 당신이 되고 싶은 브랜드나 인물 또는 새로운 길을 개척하거나 소셜 콘텐츠로 엄청난 성공을 거둔 디지털 아이돌을 모두 포함한다. 이 버킷은 해당 분야에서 당신이 존경하는 사람이 누구이고 어떤 존재가 되고 싶은지 정의하는 훌륭한 연습이자 목표에 도달하는 로드맵을 만드는 출발점이다.

경쟁자 버킷과 마찬가지로 5~10개 브랜드나 인물을 선정하여 가장 성공적인 콘텐츠를 살펴보길 추천한다. 목록에는 브랜드나 유명인을 포함시킬 수 있고 당신이 활동하는 분야와 정확히 같을 필요는 없다. 하지만 산업 관련성이 있는 몇 가지 사례를 포함해야 한다. 다른 점이라면 그 대상들을 연구하는 접근 방법이다.

첫째, 모든 콘텐츠를 자세히 살펴보는 데 시간을 투자해라. 그들이 소셜미디어를 처음 시작했을 때로 돌아가 초기 게시물을 살펴보고 지금 올리는 영상과 비교해보라. 무엇이 달라졌는가? 그들은 무엇을 배웠고 그것을 어떻게 적용했는가?

초기 콘텐츠의 경우 대부분 초점이 명확하지 않고 지금 콘텐츠보다 자아도취에 머물러 있는 경우가 많다. 그걸 느꼈다면 좋은 소식이다. 당신의 영웅조차 가장 잘하는 것을 찾는 데 시간이 걸렸다.

이제 사례별로 상위 10개 영상 또는 게시물을 살펴보고 또한 가장 참여가 낮은 10개를 분석해보자. 두 범주 사이에 즉시 파악되는 차이가 무엇인가? 무엇을 제대로 했기 때문에 콘텐츠가 성공했을까? 무엇을 잘못해서 성과를 내지 못했을까?

모든 콘텐츠가 만족스러웠더라도 다음과 같이 질문해보자. 무엇이 각 브랜드나 인물을 특별하게 만드는가? 그들만의 독특한 목소리는 무엇인가? 이 브랜드나 인물을 친구에게 한 문장으로 설명한다면 어떻게 하겠는가? 그들이 다루는 주제는 무엇인가? 어떤 트렌드를 타고 있는가? 고객에게 어떤 가치를 제공하는가? 그들이 각본을 뒤집는 반전이 있는가? 다가가기 쉬운가 아니면 거리감이 느껴지는가? 그들이 누구보다도 잘하는 것이 무엇인가? 지금보다 더 잘할 수 있는 것은 무엇인가?

이 질문에 답한다면 당신이 원하는 곳에 더 가까이 성큼 다가갈 수 있을 것이다.

단계 2
콘텐츠 테스트

할 수 있는 모든 소프트 테스트를 마쳤다면 이제 현실 세계로 용감히 걸어 들어갈 때다. 이 단계에서는 실제 잠재 고객을 대상으로 콘텐츠를 테스트한다.

무섭게 들리기도 할 것이다. 브랜드 입장에서 완전히 만족하기 전에 무언가를 공개하는 것에 무척 민감한 게 사실이다. 하지만 이것이 소셜미디어에서 성공하는 핵심이다.

소셜 플랫폼을 통제하는 알고리즘은 너무 광대하고 그 처리 능력은 너무 강력하기 때문에 알고리즘을 활용하거나 실행 방법을 파악하기 위해 미리 콘텐츠를 운영해보는 것은 매우 중요하다. 그게 성공을 보장할 것이다. 특히 알고리즘은 당신의 잠재고객 앞을 지키는 AI 문지기다. 즉, 알고리즘이 당신의 콘텐츠를 좋아하지 않으면 잠재고객도 그 콘텐츠를 볼 수 없고, 운이 좋더라도 프리미엄을 지불해야 한다. 예를 들면, 페이스북에서 알고리즘 순위가 낮은 전통

영화 〈더 퍼지〉의 한 장면. 숙청이라는 뜻의 이 영화 제목을 비틀어 폭식이라는 뜻의 〈더 빈지〉라는 임팩트 있는 패러디 영상을 만들었지만 생각지도 못한 광고 차단 프로그램의 방해를 받았다.

적 광고에 드는 비용은 조회 건당 6~8센트다. 반면 공유할 만한 콘텐츠의 유료 조회 비용은 1~2센트다. 무척 큰 차이다.

그 중요성을 설명하기 위해 우리의 눈부신 실패 가운데 하나를 공유하려 한다. 배탈에 도움이 되는 허브 보조 음료 핏티 캠페인을 제작할 때 우리는 곧 개봉할 대작 영화의 파도를 타기로 했다. 〈더 퍼지The Purge〉라는 영화였고 이 트렌드에 기대는 것이 옳다고 생각했다. 시리즈 영화의 성공은 이미 검증되었고 여러 편의 속편이 만들어졌다. 우리는 〈더 퍼지〉의 예고편을 패러디해서 킬러 콘텐츠를 만들고 추수감사절 며칠 전에 공개하기로 계획했다. 사람들이 명절 기간에 과식한다는 전제 아래 무시무시한 분위기를 만들어냈다. 영화에서는 24시간 동안 모든 범죄가 허용된다면 우리 예고편에서는 24시간 동안 모든 음식을 먹을 수 있다. 사람들은 말 그대로 좀비처럼 거리를 배회하며 칠면조 요리를 찾아다니고 가게를 부수고 들어가 주체할 수 없는 탐욕으로 초콜릿과 사탕 진열대를 습격한다. 진짜 반전은 제목이었다. 숙청이라는 뜻의 〈더 퍼지〉를 비틀어 우리가 만든 패러디 영화의 제목은 폭식이라는 뜻의 〈더 빈지The Binge〉였다.

모든 것이 완벽했다. 시간이 없었다는 것만 빼면 말이다. 테스트할 시간이 없었을 뿐만 아니라 작업이 지연되는 바람에 출시 예정 몇 시간 전에 영상을 겨우 마무리했다. 심지어 영상이 제대로 나오는지 광고 플랫폼에서 확인할 시간도 없었다.

문제가 생겼다. 영상이 나오지 않았다. 광고 차단 프로그램이 영상 안에 부적합한 내용이 있다고 판단한 것이다. 우리 좀비들은 그저 칠면조 다리를 뜯었을 뿐이었다. 하지만 이 영상에 금지 표시를 붙이는 자동 비주얼 프로그램을 무슨 수를 써도 멈출 수 없었다. 금지 표시가 되었기 때문에 이 영상은 알고리즘 아래로 밀려났고 우리는 홍보에 들어간 비용을 단 1달러도 건질 수 없었다. 우리 모두 그토록 자랑스러워했던 찬란하고 창의적인 작업은 시원찮게 출시되었고 곧 시들해졌다. 참여나 관심을 끌기에는 너무도 제한된 상태인 죽은 페이지에서 시작했기 때문이었다.

처음 아이디어는 이런 것이었다. 이 영상이 일단 세상에 나오면 모든 것을 바꿀 것이고 콘텐츠에 시동을 걸기 위해 비용을 조금만 지출하면 그다음은 인터넷이 알아서 할 것이라는 생각이었다. 하지만 영상이 배포되지 않았으니 어떤 주목도 받을 수 없었다. 이 캠페인은 수백만 조회 수 대신 수십만 조회 수에 오래 머물러 있었다.

모두 우리가 테스트할 시간을 갖지 못했기 때문이었다.

이제는 촉박한 일정은 피해야 한다는 것을 잘 안다. 우리는 어떤 영상을 작업하든 되도록 2주에서 4주의 테스트 기간을 둔다. 이 기간에 끊임없이 다양한 버전으로 영상을 만들고 특정 대상자가 어떻게 반응하는지 확인하는 과정을 거친다. 바로 다크 포스트다.

여기에는 이해해야 할 개념들이 많다. 페이스북에서 유료 미디어를 사는 방법은 설명하지 않겠다. 이 개념에 친숙하지 않다면 웹에 들어가면 이를 설명해줄 관련 글이 수없이 많다. 바로 다크 포스트라는 개념에서 시작하자. 다크 포스트는 당신이 게시한다 해도 타임라인에는 나타나지 않는다. 페이스북 광고 플랫폼 안에 있는 설정이다. 다크 포스트로 올린 게시물은 실제 목표 대상자에게만 다른 게시물과 동일하게 나타난다. 당신을 검색해서는 이 게시물을 찾거나 발견할 수 없다. 목표 대상자가 아니면 이 게시물은 보이지 않는다.

그렇다면 이 다크 포스트에서는 무엇을 테스트할까? 먼저 영상의 시작 부분을 다르게 만들어 여러 버전으로 시험하기 좋다. 첫 7초가 전부라는 것을 알았으니 이 부분을 다르게 만들어 테스트해보라. 어떤 오프닝 이미지가 가장 시선을 끌까? 어떤 오프닝 자막이 이 영상을 처음부터 끝까지 보게 만들까? 자막 색깔도 영향을 미칠까? 자막에 움직임을 넣어야 할까, 아니면 자막 주위에 색깔을 넣어야 효과가 있을까? 본편에 들어가기 전에 스토리 끝부분으로 티저 영상을 만들면 어떨까? 수백만 가지의 변화를 줄 수 있다. 관건은 당신이 전달하려는 이야기에 진짜 영향을 미치는 요소를 찾는 것이다.

시간이 지나면서 데이터가 어떻게 변하는지 지켜보는 것도 매우 흥미롭다. 예컨대 어도비와 사진 복원 프로젝트를 진행할 때 처음 시사회에서 첫 번째 편집본이 가장 좋은 반응을 얻었고 두 번째 편집본이 약간 낮은 반응을 얻었다. 하지만 두 번째 편집본의 마지막 4분의 1 부분에서는 좀 더 높은 반응이 있었다. 특히 제일 마지막 메시지 전달 장면에서는 매우 많은 사람들이 반응을 보였다. 이 영상의 기대 영향력이 첫 번째 편집본보다 더 크다는 것을 의미했다. 결국 우리는 두 번째 편집본을 선택했다.

당신이 실제 무엇을 테스트하는지 이해하는 것이 중요하다. 사람들이 당신의 콘텐츠를 어떻게 생각하는지 알 수 있는 창의적인 피드백을 얻으려고 테스트한다고 생각하는가? 물론 그럴 수 있지만 사실 그보다는 알고리즘이 무엇을 좋아하는지 테스트하는 것이다. 알고리즘이 어떤 영상을 더 많은 사람에게 더 적은 비용으로 보여줄지를 드러내는 데이터를 얻으려는 것이다. 다 좋다. 하지만 영상의 궁극적인 목적을 잊지 말아야 한다. 매번 최고 조회 수를 쫓다가는 길을 잃기 쉽다. 중요한 것이 정말 조회 수일까? 아마도 꼭 그렇지는 않을 것이다.

단계 3
고객 테스트

콘텐츠도 수정했고 알고리즘이 무엇을 좋아하는지도 알았다. 이제 고객에 집중할 시간이다. 소셜 플랫폼에서 고객을 세분하는 도구는 굉장히 정교하다. 나이, 성별, 인종, 지역 같은 기본 요소로 구분하기도 하고, 강아지를 좋아하는지, 자전거 공기주입기에 관심이 있는지로도 구분할 수 있다.

우리는 학습의 일환으로 10대 소녀를 타깃으로 하는 〈라이크잇걸〉이라는 채널을 시작했다. 얼마나 효과적으로 타깃팅하는지 알아보는 연습이었다. 우리가 원하는 대상에게 도달하기 위해 어떤 스타일의 언어를 사용해야 하는지 파악하려고 영상 콘텐츠뿐 아니라 게시물 문구까지 세부사항을 수집하는 데 몇 달이 걸렸다. 너무 당연하게 보이는 것들을 배웠다. 이를테면 10대 소녀들은 이모티콘을 압도적으로 좋아하고 일반적으로 너무 긴 글을 읽기 싫어한다. 이를 뒷받침하는 실제 데이터를 확보하니 자신감이 생겼다. 게시물에 지나칠 정도로 많은 이모티콘을 넣고 3~5 단어 이상 사용하지 않는다는 규칙을 정했다. 우리의 고객은 급격히 증가했고 비용은 감소했다.

영상에 따라 적용하는 방법은 다양하지만 철학은 변함없다. 일단 이상적인 타깃을 파악하는 데서 시작한다. 구체적인 조건을 제시하는 고객도 있다. 큰 목표에 근거해 특정 그룹의 사람들에게 도달하고자 하는 것이다. 예컨대 새학기 관련 영상을 진행할 때 해안 지역의 중산층 가정 가운데 두 명 이상의 자녀를 둔 부부만을 대상으로 삼을 수 있다. 또는 더 구체적일 수도 있다. 쇼핑몰 개발업체 메이스리치를 위해 처음 제작한 영상은 경쟁업체가 있는 지역 인근의 브루클린 킹스 플라자 쇼핑 센터에 초점을 맞추도록 요청받았다. 그 쇼핑몰 근처에서만 조회 수 100만 뷰를 올렸다. 아는 사람이 브루클린에 산다면 그 영상을 봤는지 물어보라. 봤을 가능성이 높다.

콘텐츠를 테스트할 때 테스트가 다르면 타깃 그룹도 달라지는 것을 보게 될 것이다. 여기서 콘텐츠뿐만 아니라 타깃의 정확도를 높이고 개선하는 방법을 배워야 한다. 메시지 전달과 밀접한 관련은 없지만 비용에 큰 영향을 미치는 요인이 있을 수 있다. 알고리즘이 특정 하위그룹에 그 콘텐츠를 제공하는 것을 선호할 수 있기 때문이다. 테스트를 하지 않고는 사실 이것을 알 길이 없다.

자, 이제 비용이다. 테스트 진행에 비용을 많이 쓸 필요는 없다. 정작 비용을 사용해야 할 곳은 오직 두 가지다. 테스트 진행 횟수와 도달하려는 고객의 규모다.

진행 방법은 비교하고 싶은 다른 버전의 테스트를 2∼5개를 만드는 것이다. 최대 다섯 개다. 그 이상 넘어가면 분석하기도 복잡하고 변수가 너무 많아진다. 테스트를 광고 계정에 올리고 지출할 수 있는 비용을 설정한 다음 실행을 누른다(물론 지나치게 단순화했지만 기본적으로는 맞다). 비용의 범위는 몇 달러에서 몇 백 달러 또는 몇 천 달러 이상이 될 수 있지만 모두 필요한 부분이다. 아무리 작은 예산을 투입한다 해도 잠재고객 수천 명 정도의 정보는 알 수 있다. 어떤 TV 포커스 그룹보다 확실히 많은 수다.

문제는 시간이다. 각 테스트 과정을 반복하는 데 적어도 이틀은 필요하다. 10개 또는 20개의 다른 버전으로 테스트를 진행한다면 며칠이 걸릴지 한번 계산해봐라.

셰어러빌리티는 소프트웨어를 사용하여 이 모든 일을 진행하고 있다. 유료 소프트웨어나 특허 소프트웨어에 당신이 접근할 수 없다면 이는 매우 노동 집약적 업무가 될 것이다. 테스트는 몇 주가 걸릴 수도 있고 며칠 만에 할 수도 있겠지만 투입되는 노력을 과소평가해서는 안 된다. 우리는 실수에서 배운다. 당신이 상상할 수 있는 모든 테스트를 실행할 수 있는 충분한 시간을 확보했는지 확인하길 바란다.

마지막 참고사항

모든 콘텐츠는
평등하게
만들어지지 않는다

소셜미디어의 유료 광고에 관한 한, 모든 콘텐츠는 평등하게 만들어지지 않는다. 텔레비전에서 한 기업이 목요일 밤에 TV 광고를 집행한다면 광고 단가는 시간대에 기준하여 책정된다. 타코벨과 포드자동차는 30초 광고에 똑같이 80만 달러를 지불하고 광고 내용과 상관없이 대체로 비슷하게 노출된다. 하지만 인터넷에서는 비용 책정 방식이 완전히 다르다. 주요 소셜 플랫폼의 광고는 경매 기반이다. 플랫폼이 광고를 운영하기 얼마나 쉽고 어려운지에 따라 가격이 결정된다. 소셜미디어는 극도로 타깃팅되기 때문에 수백만 달러의 광고비용이 들지 않는다. 사실 몇 달러부터 시작해서 처음 얻은 결과를 보고 광고 효과를 확인하면서 점차 비용을 늘릴 수 있다. 인구 통계적으로 세분화된 대상이 있으면 고작 천 달러로도 큰 효과를 얻을 수 있다.

페이스북에서 이것을 결정하는 가장 중요한 것 중 하나가, 페이

출처: 페이스북

업로드되는 프로모션 가능한 모든 콘텐츠에 1부터 10까지 적합성 점수를 부여하는 페이스북의 기능을 활용해보라. 영상을 초기에 시청한 사람들을 바탕으로 그 콘텐츠가 얼마나 조회될지 예측 가능하다.

스북 적합성 점수Facebook relevancy score다. 놀라울 정도로 광고계 사람들조차 잘 모르고 있는 기능이다. 페이스북에 업로드되는 프로모션이 가능한 모든 콘텐츠에 알고리즘은 여러 가지 요인을 기반으로 1(최저)부터 10(최고)까지 적합성 점수를 부여한다. 중요한 것은 알고리즘이 그 영상을 초기에 시청한 사람들을 바탕으로 그 콘텐츠가 얼마나 조회될지 예측하는 것이다. 사실 대부분 광고는 잠재 고객에게 가치를 거의 제공하지 않는다. 그러므로 극도로 참여율이 낮고 결과적으로 적합성 점수도 1~4 정도로 낮다. 적어도 공유 가능한 품질의 콘텐츠는 중간 범위인 4~6에 해당한다. 공유 가능성이 높고 따라서 참여도가 높은 콘텐츠는 적합성 점수 7~10을 받는다.

당신의 콘텐츠에 유료 프로모션을 붙일 때 이 점수가 모든 것을 결정한다. 적합성 점수가 높은 영상은 알고리즘 순위가 올라가고 사람들이 이 콘텐츠를 더 많이 보려 할수록 페이스북은 이 영상의 노출 수를 늘리지만 당신에게는 더 적은 비용을 청구한다. 사람들은 적은 비용으로 볼 수 있는 콘텐츠를 상대적으로 많이 볼 것이다. 바로 그 차이다. 반면 알고리즘에서 순위가 아래로 떨어질수록 페이스북은 그 콘텐츠를 배포하기 어려워지므로 비용이 급등한다.

많은 참여를 유도하는 브랜드 영상을 올리면 높은 적합성 점수를 받고 알고리즘은 그 영상을 더 많은 사람에게 더 낮은 조회 비용으로 내보내도록 작동한다. 반대로 영상 참여가 낮으면 알고리즘에서 아래로 밀려나고 이 영상을 내보내려면 더 높은 요금을 지불해야 한다.

시리얼 회사가 통밀 플레이크의 섬유질 함량에 관한 따분한 광고를 진행한다고 하자. 시청자에게 공유 가치가 낮은 광고는 참여율도 낮게 예측되므로 1~2점의 적합성 점수를 받을 것이다. 낮은 적합성 점수는 페이스북 알고리즘이 이 광고를 전달하기 어렵게 만들고 따라서 페이스북은 이 광고를 내보내는 데 더 많은 비용을 청구한다. 2점이면 조회 건당 비용이 8~10센트에 해당한다. 반면 우리가 만든 독보적인 영상들은 순식간에 수십만 명이 보고 '좋아요'를 누르고 공유하기 때문에 적합도 점수 9점이 찍힌다. 영상이 적극적으로 조회되고 공유되기 때문에 페이스북 알고리즘은 사실상 우리의 조력자가 되어 영상을 더 광범위한 타깃에게 내보내지만 더 적은 비용을 청구한다. 그 비용은 조회 건당 1센트 미만일 때도 있다.

이것은 미디어 예산을 텔레비전 같은 전통적 매체에서 소셜 플랫폼과 디지털 미디어에 집중하는 거대한 기회를 제공한다. 이 책에서 소개한 원칙을 제대로 따르게 되면 소음을 뚫고 대중의 주목을 받고 온라인에서 소비자와 깊은 관계를 형성할 수 있다. 그리고 이 과정에서 수백만 달러를 절약할 수 있다.

새로운 규칙과 함께
길을 찾자

내가 이 책을 쓰면서 즐긴 것만큼 독자들도 즐기면서 이 책을 읽었길 바란다. 내게 책을 쓰는 과정은 한숨 돌리면서 쌓아온 경력을 돌아보고 얼마나 많은 것이 달라졌는지 반추하는 기회가 되었다. 지난 20년 동안 기술은 인간이 서로 소통하는 방식을 바꾸어 놓았고 우리가 브랜드나 새롭게 떠오르는 인물과 상호작용하는 방식에 혁명을 일으켰다. 디지털 혁명은 우버에서 넷플릭스, 달러쉐이브클럽Dollar Shave Club에 이르기까지 모든 브랜드 카테고리를 파괴적으로 혁신하는 계기가 되었다. 게다가 소셜미디어 스타들이 등장했다. 모두 전례 없는 소셜미디어의 영향력 덕분이다. 이런 수준의 혼란이 있을 때는 엄청난 기회도 있기 마련이다. 바로 디지털이 선물하는 놀라운 도구를 수용할 기회다. 콘텐츠와 데이터를 사용하여 고객과 직접 관계를 만들 기회며 이제껏 가능하다고 생각했던 것보다 훨씬 더 가치 있는 브랜드를 만들 기회다.

내 일에서 가장 마음에 드는 부분은 얼마나 빨리 모든 것이 변하는지 알 수 있다는 것이다. 닉 리드와 나는 종종 밤에 사무실을 떠나고 싶지 않다는 농담을 한다. 다음날 출근하면 상황이 달라지기 때문이다. 하지만 이런 종류의 변화를 적극적으로 포용하면 꽤 재미있는 장소로 우리를 데려다준다는 것을 알게 되었다.

회사를 세우고 첫 3년을 돌아보면 참 기발한 일을 많이 했지만 한 번도 음악 쪽 일을 한 적이 없었다. 하지만 워너브라더스의 떠오르는 아티스트 두아 리파의 매니지먼트 팀을 소개받으면서 모든 것이 달라졌다. 두아 리파는 현대적인 목소리와 뛰어난 재능이 있는 아티스트로 아마 지금쯤이면 당신도 이 아티스트를 이미 알고 있을 것이다. 하지만 우리가 그녀를 소개받았던 2017년 초는 그녀가 어떻게 미국 시장을 돌파해야 할지 고민하던 때였다. 당시 그녀는 유럽에서 인기가 있었고 주요 아티스트와 몇몇 컬래버레이션을 성공적으로 해냈지만, 미국에서는 사실상 무명에 가까웠다.

같은 시기에 하얏트 호텔은 새로운 브랜드인 하얏트 언바운드 컬렉션Hyatt Unbound Collection에 젊고 힙한 느낌을 가져다줄 음악과 소셜미디어를 찾고 있었고 이 일을 우리 회사와 논의 중이었다.

환상적인 만남이었다. 우리는 리아 두파 팀과 협업하여 두아와 곧 발매될 싱글 〈뉴 룰스New Rules〉를 중심으로 공유할 만한 여러 콘텐츠를 전략적으로 제작하기로 했다. 하얏트는 영국의 유명 감독 헨리 숄필드가 연출한 〈뉴 룰스〉의 뮤직비디오를 포함하여 모든 콘텐츠의 제작비용을 지원했다. 셰어러빌리티는 두 편의 라이브 퍼포먼스를 포함하여 두아와 메이킹 영상을 중심으로 제작 과정에 관련한 소셜 콘텐츠를 담당했다. 전체 캠페인에 막대한 미디어 비용이 뒷받침되었다.

촬영은 하얏트가 소유한 1950년대 아르데코 리조트를 개조한 호텔, 콘피댄트 마이애미 비치Confidante Miami Beach에서 진행되었다. 뮤직비디오에서 두아는 친구들의 도움을 받아 걱정에서 벗어나 가치 없는 남자친구는 잊고 자신의 인생을 살아가려고 노력한다. 친구들은 음악으로 격려와 활기를 불어넣는다. 이들은 춤을 추면서 호텔 안을 돌아다니고 사우스 비치의 햇빛을 받으며 호텔 야외 풀에서 모든 것을 씻어내듯 수영을 즐긴다. 그곳에는 홍학들이 모여 있고 지난 일은 수평선 너머로 멀어진다.

〈뉴 룰스〉의 뮤직비디오 영상은 온라인에서 폭발적인 인기를 얻었고 조회 수 10억 뷰를 돌파하며 곧 유니콘의 지위를 얻었다. 디지털 소음을 돌파하며 두아 리파는 수퍼스타 반열에 올랐다. 아델 이후 처음으로 영국 차트에서 1위 히트곡을 낸 여성 아티스트가 되었고 마침내 미국에서도 음원 순위 1위를 차지했다. 그녀의 스포티파이 스트리밍 수는 800퍼센트 이상 증가하여 음악 비즈니스의 새로운 기준이 되었다. 그 뒤로 그녀의 인기는 더욱 높아졌고 기존 라디오 방송에서 가장 많이 음악을 내보내는 아티스트 중 하나가 되었다.

또한 하얏트에 이 영상은 한 번도 경험하지 못한 가장 성공한 소셜미디어 캠페인이 되었다. 소셜 플랫폼 채널에 5,000만 뷰 이상의 조회 수와 엄청난 관심을 몰고 왔고 하얏트 언바운드 컬렉션 브랜드를 중심으로 무척 근사한 이미지를 만들 수 있었다.

무명 아티스트가 순식간에 음악 비즈니스 정상으로 올라가는 모습을 지켜보는 것은 무척 설레는 일이었다. 새로운 디지털 세계에서 이런 일은 브랜드의 경우에도 순식간에 일어날 수 있다는 것을 알려주었다.

나아가 셰어러빌리티의 주요 초점은 기존 브랜드가 디지털 전환을 탐색하도록 도울 뿐 아니라 새로운 브랜드가 탄생하도록 디지털의 힘을 사용하는 데 맞춰졌다.

우리가 런칭을 도운 대표적인 사례는 세이지SAGE라는 브랜드다. 세이지는 저널리스트 제시카 옐린의 작품이다. 들어본 이름 같다면 그녀가 전직 CNN 수석 특파원이기 때문일 것이다. 옐린은 2008년 대통령 선거에 앞서 2007년 CNN에 정치부 기자로 왔다. 당시 예상 후보는 민주당의 힐러리 클린턴과 공화당의 존 매케인이었고 이 두 사람은 CNN 선임 정치부 기자들의 집중 취재 대상이 되었다. 옐린은 조직 안에서 비교적 새로운 인물이자 경력도 짧은 편이고 게다가 여성이었기 때문에 미국 중서부 지역으로 배치되어 상대적으로 덜 알려진 일리노이주의 상원의원 버락 오바마를 담당하게 되었다.

오바마의 인지도가 상승하자 옐린의 인지도도 올라갔다. 그가 대통령이 되기까지 줄곧 따라다니며 취재했고 결국 CNN의 백악관 담당 책임 기자가 되었다.

이 모든 성공에도 옐린은 행복하지 않았다. 그녀는 뉴스 산업의 내부를 보았고 심지어 가장 높은 수준으로 이 산업에 기여하고 있었지만, 그것이 마음에 들지 않았다. 그녀는 "뉴스를 더 ESPN처럼 만들라"는 지시가 종종 내려왔다고 말한다. 스포츠 해설가들처럼 "열을 올리며 격정적으로 토론"을 벌이거나 더 정확하게는 크게 관련 없는 주제에 대해 소리 지르기 시합을 하라는 것이었다. 흔히 "뉴스는 갈등에 관한 것"이라고 말한다. "분노가 시청자를 얻게"하는 것이다.

수많은 미국인에게 영향을 미칠 새로운 정책을 도입하는 것처럼 백악관에 중요한 일이 생길 때마다 옐린은 시청자들이 사실을 파악할 수 있도록 이성적이고 깊이 있는 뉴스를 정보에 입각하여 차분하게 전달하려 했다. 하지만 뉴스가 너무 '건조'하거나 '지루'하다는 평가를 듣고, 오바마 대통령 출생 증명 '스캔들'에 대한 백악관의 반응이나 백악관 크리스마스트리 장식 배치를 취재하는 데 집중하라는 소리를 들을 뿐이었다.

뉴스 비즈니스는 너무 상품화되어 기존 방송사에는 선정주의가 스며들다 못해 넘쳐흘렀다. 진지한 뉴스와 속보의 보루로 여겨졌던 CNN조차 시선 끌기에 정신없는 인포테인먼트infotainment가 되고 있었다. 긴급한 단기 목표는 광고주를 만족시키기 위해 시청률을 올리는 것이 전부였다.

물론 이 모든 일의 최종 결과로 뉴스 산업 전체가 어려움을 겪고 있다. 줄지어 시청자를 잃고 있다. 사람들은 고양이가 나무 위로 올라갈 때마다 시끄럽고 과장되며 끊임없이 터지는 '속보'의 폭격을 피해 달아나고, 대신 소셜미디어 피드라는 안전한 공간에 의지한다. 옐린은 이 모든 것을 바꾸고 싶었다.

CNN을 떠난 옐린은 잠시 쉬면서 미래를 고민했다. 그리고 뉴스 산업에서 얻은 경험과 일반적인 뉴스 보도 방향에 관해 생각했다. 그녀는 처음부터 외부인의 시각으로 뉴스를 봤고 내부적으로 갈등을 겪을 때 얻은 한 가지 진실을 깨달았다. 다른 여성들은 모두 어디 있는 걸까?

그녀가 소속되었던 모든 보도국은 항상 남자들에 의해 운영되었다. 어떤 면에서는 전통이자 받아들여진 진실이었다. 여성은 보통 보기에 예쁘다는 이유로 카메라 앞으로 보내졌다. 옐린도 카메라 앞에 서면 끊임없이 보도국의 피드백을 받았다. 보도내용이 아니라 바람에 날리는 머리카락 때문이었다. "머리카락이 왜 움직여야 하지?" 그녀는 야외에 있었고 하필 바람이 불었을 뿐이다. 이것이 뉴스와 무슨 관련이 있을까? 전혀 상관없다.

옐린은 질문하기 시작했고 특히 사회 각계각층 여성들의 피드백을 구했다. 이들은 뉴스를 어떻게 생각할까? 뉴스를 볼까? 어떤 뉴스를 좋아할까? 어떤 뉴스는 좋아하지 않을까?

나중에 안 일이지만 뉴스는 여성에게 거짓처럼 들리고 긴장과 불안을 느끼게 한다. 그 결과 여성은 뉴스를 보지 않는다. '갈등과 분노'라는 뉴스의 영향력이 인구 절반에는 작용하지 않았다.

충격적인 사실이었다. 옐린은 더 깊이 파고들었고 유명 교육 기관들과 협력하여 진짜 연구를 시작했다. 경험에서 시작한 연구는 결과적으로 정확했다. 74퍼센트의 여성이 현재 뉴스를 '쉬고' 있었다. 68퍼센트는 뉴스를 시청하고 나면 불안감으로 속이 울렁거린다고 했다. 단지 23퍼센트만이 어쨌든 뉴스 시청으로 정보를 얻는 것 같다고 응답했다.

여성은 의견이 아니라 사실을 제공하는 뉴스, 유익하지만 반복되지 않는 뉴스를 원했다. 그리고 세금이 오르거나 내리면 자신의 생활뿐만 아니라 다른 사람들에게 어떤 영향을 미치는지와 그것이 무엇을 의미하는지 설명을 듣고 싶어 했다. 또한 이 모든 내용을 신속하지만 차분하게 전달받고 싶어 했다. 그렇게 해야 삶을 계속 살아갈 수 있기 때문이다.

옐린은 영상 뉴스를 직접 소셜미디어 피드에 전달하고, 여성이 주도하는 보도국의 필요성을 깨달았다. 에미상과 피버디상을 받은 기자들과 탐사 취재 기자들, 금융, 이민, 여성 문제, 과학, 엔터테인먼트, 문화, 정치 분야의 전문가들로 이루어진 팀을 구성해야 했다.

뉴스 매체는 현재 1,200억 달러 규모의 비즈니스이고 이것은 여성 시청자는 제외된 숫자다. 뉴스가 여성 시청자를 잡을 수 있으면 이 숫자는 2,000억 달러로 크게 증가할 수 있다. 시장의 차이가 무려 800억 달러다.

옐린은 세이지를 만들어 이 일을 확장하고 있다. 그녀의 노력이 관심을 끌고 차세대 미국 뉴스를 이끄는 목소리가 될 수 있을까? 시간이 지나면 알게 될 것이다. 인터넷 시대에 제대로 적응하지 못하는 국가 기관을 방해하려고 전면에 나서는 일은 확실히 재미있을 것이다.

우리가 진행 중인 또 다른 프로젝트는 유명 음악 스타와 파트너십을 맺고 스킨케어 브랜드를 출시하는 것이다. 이 브랜드는 주요 전자상거래 회사와 내가 나눈 대화에서 시작되었다. 이 회사는 Z세대에서 스킨케어 제품 판매가 급성장하고 있다는 데이터를 공유해주었다. 이유가 짐작되는가? 힌트는 이 책과 관련이 있다. 아직도 모르겠다면 대답은 소셜미디어 때문이다.

오늘날 평균 20세의 젊은 여성은 그들의 엄마들이 일 년 동안 찍는 사진보다 더 많은 사진을 하루에 찍는다. 좀 이상한 통계 같지만, 우리가 관찰한 것과 완전히 일치한다. 인스타그램에 올릴 클로즈업 사진 때문에 사춘기 청소년들은 피부에 더 많은 관심을 쏟고 이런 이유로 스킨케어 제품이 부상하고 있는 것이다.

그래서 우리는 처음부터 셀카 세대를 겨냥한 새로운 브랜드를 출시하려는 계획을 갖고 있다. 아름다운 외모를 위해 필요한 기초 제품과 화장품을 전부 포함하고 Z세대의 생각과 감성을 담은 명확한 브랜드로 포장하는 것이다. 예상하는 것처럼 우리는 이 브랜드를 전통적인 오프라인 매장 없이 거대 전자상거래 기업과 파트너십을 맺고 디지털 전용 브랜드로 출시할 예정이다. 이 브랜드 출시를 위해 우리는 엄청난 규모의 캠페인을 기획하고, 스타급 뮤지션과 손잡고 수천만 명의 소셜미디어 팬들에게 내보내며, 페이스북과 유튜브, 인스타그램부터 전자상거래 파트너에 이르기까지 각 플랫폼에서 프로모션을 추진할 것이다. 이 책이 출간되고 나면 곧 이 브랜드도 출시될 것이고 우리가 일을 제대로 했다면 그 정체를 곧 파악할 수 있을 것이다. 당신이 어떻게 생각할지 무척 궁금하다.

셰어러빌리티가 설립된 이후 단 한 가지 변하지 않는 것이 있다면 그것은 변화를 만들고 끊임없이 다시 시작하는 능력이다. 내가 전달하고 싶은 메시지는 당신의 관심 분야에 있는 이런 종류의 기회에 계속 눈을 열어두라는 것이다. 규모에 상관없이 아직 발견되지 않은 기회는 아주 많다.

인터넷 세상에서는 모든 것이 빨리 발전하기 때문에 당신은 지속적으로 진화해야 한다. 성공하는 사람들에게 계속 배우고 소셜미디어 플랫폼에서 무슨 일이 일어나고 있는지 끊임없이 공부해야 한다. 제이 셰티 같은 소셜미디어 스타부터 달러셰이브클럽 같은 혁신적인 브랜드나 포피 같은 발상의 전환자들에게서 말이다.

인터넷 정신을 앞서 나가는 것은 도전이며 쉼 없는 반복의 과정이지만 이 책에서 얻은 도구를 사용하면 이 도전에 맞설 준비를 잘 할 수 있을 것이다. 셰어러빌리티에서 우리는 혁신의 첨단에 있기 위해 항상 노력하고 높은 수준으로 에너지를 유지하려고 힘쓴다. 우리 회사의 한 고문은 자랑스럽게 말했다. "셰어러빌리티는 공이 있는 곳이 아니라 공이 갈 곳에서 항상 게임을 한다." 당신도 그런 게임을 할 수 있도록 이 책이 도움이 되길 바란다.

백만 조회수 영상 만드는 유튜브 마케팅 비법

유튜브 7초에 승부하라

초판 1쇄 2020년 3월 16일
초판 6쇄 2024년 3월 15일

지은이 팀 스테이플스·조시 영
옮긴이 이윤진
펴낸이 허연
편집장 유승현 **편집2팀장** 정혜재

펴낸곳 매경출판㈜
책임편집 정혜재
마케팅 김성현 한동우 구민지
경영지원 김민화 오나리
디자인 김보현 김신아

펴낸곳 매경출판㈜
등록 2003년 4월 24일(No. 2-3759)
주소 (04557) 서울시 중구 충무로 2(필동1가) 매일경제 별관 2층 매경출판㈜
홈페이지 www.mkpublish.com
전화 02)2000-2641(기획편집) 02)2000-2636(마케팅) 02)2000-2606(구입 문의)
팩스 02)2000-2609 **이메일** publish@mk.co.kr
인쇄 · 제본 ㈜M-print 031)8071-0961
ISBN 979-11-6484-087-8(03320)